UN
PRÊTRE MARIÉ

IL A ÉTÉ TIRÉ DE CET OUVRAGE

20 exemplaires sur papier de Chine.
20 — sur papier Whatman.

Tous ces exemplaires sont numérotés et paraphés par l'éditeur.

ŒUVRES

DE

J. BARBEY D'AUREVILLY

UN PRÊTRE MARIÉ

TOME PREMIER

PARIS
ALPHONSE LEMERRE, ÉDITEUR
27-31, PASSAGE CHOISEUL, 27-31

M DCCC LXXXI

DÉDIÉ

A

MARIE-ANGE SOUKHOWO-KABYLINN

NÉE DE BOUGLON

Ce Livre,
qui plaisait à son âme religieuse,
et que j'écrivais sous ses yeux purs, fermés hélas!
avant d'en voir la fin.

J. B. D'A.

UN PRÊTRE MARIÉ

INTRODUCTION

'ÉTAIS avec Elle, ce soir-là... Elle avait (comme elle l'a souvent) ce médaillon monté en broche, que je crois parfois, sans le lui dire, quelque talisman enchanté.
Nous étions assis sur le petit balcon, en face de la Seine, près du pont aux quatre statues, par lequel elle me regarde, tous les jours, ve-

nir vers cinq heures et qu'elle a nommé son *pont des Soupirs*. Nous avions roulé à cette place aérienne deux de ces fauteuils qu'on appelle assez drôlement des *ganaches*, peut-être parce qu'on devient bête, à force de se trouver bien dedans. Toutes les voluptés nous émoussent. Et là dans ces délicieuses gondoles de soie rose et blanche (c'est la plus convenable couleur pour des ganaches), nous causions, appuyés contre cette rampe en fer qui a porté et rougi tant de coudes nus dans les soirées d'été, lorsqu'elle reçoit et qu'on s'en vient, du fond du salon brûlant, boire deux gorgées d'air de rivière à ce frais balcon presque suspendu sur les eaux.

Pauvre rampe, autour de laquelle j'ai enroulé bien des rêves, morts là, tordus, dans la volupté ou dans la souffrance, et qui pour moi, seul, y sont encore comme de beaux serpents pétrifiés ! Elle posait alors, sans le savoir, sur ces serpents invisibles un de ses bras dans sa manche de dentelles foisonnantes, rattachées au-dessus du coude par deux nœuds de ruban cerise qui retombaient à flots le long de ce bras, non de reine, mais d'impératrice ; et l'air du soir agitait les rubans vermeils, comme des banderoles de victoire ! J'ai oublié ce que je lui disais. Mais mes yeux, qui m'ont souvent joué des tours perfides, ne s'allumaient point à mes paroles. Ils reflétaient probablement, les misérables ! tout ce que je ne disais pas, car j'étais fasciné, mais non par elle.

— Savez-vous que c'est fort impertinent, — interrompit-elle avec une langueur jalouse, — de me dire tout cela depuis une heure, sans me regarder une seule fois?:..

Qu'elle me dictait un beau mensonge ! J'avais les yeux sur son sein rond et hardi comme l'orbe d'un bouclier d'amazone, et qui respirait, avec la majesté d'un rhythme, dans les baleines et les ruches de son corsage. Mais elle avait raison : ce n'était pas elle que je regardais ! C'était le médaillon qui m'ensorcelait tout bas et auquel le mouvement du sein, sur lequel il était posé, semblait communiquer la vie. On aurait dit qu'il respirait aussi, au milieu de son cercle d'or.

— Savez-vous, me dit-elle encore, que si ce n'était pas là un portrait de femme morte, et de femme morte il y a déjà longtemps, je jetterais d'ici dans la Seine ce médaillon qui *m'intercepte à vous*, et que vous regardez à m'impatienter ?

— Alors, lui répondis-je en riant, mais, au fond, sérieux sous mon rire, je regarderais peut-être la Seine. Qui sait si ce médaillon n'est pas comme la bague charmée qu'on trouva sous la langue de cette belle Allemande qu'aima si follement Charlemagne, même après qu'elle eut cessé d'exister? Turpin, effrayé de cet amour pour un cadavre, jeta la bague dans le lac de Constance. Est-ce pour cela qu'il porte le nom de Constance? Mais Charlemagne aima le lac, comme il avait aimé la jeune fille.

— Vous m'aimez donc pour mon portrait?... répliqua-t-elle avec la colère voilée de dépit.

— Sait-on jamais pourquoi l'on aime?... répondis-je avec une profondeur vague et menaçante, conformément au précepte de Figaro : il faut les inquiéter sur leurs possessions !

Mais l'inquiétude qu'elle allait avoir devait être terriblement bizarre.

Ce n'était, comme elle le disait, qu'un portrait, ancien déjà, un simple médaillon, comme on en portait beaucoup alors : car il fut un temps, si on se le rappelle, où les femmes eurent la *douce fureur* de mettre en bijoux leurs grands-pères, leurs tantes, leurs frères et leurs enfants, et d'étaler en espalier, sur leur personne, tous leurs médaillons de famille, relégués depuis des siècles dans de vieux tiroirs.

C'était une gouache un peu passée. Sur un fond gris-poussière, une tête de très jeune fille, en robe d'un gris bleuâtre, largement sillonné de céruse, à la manière des gouaches. Voilà tout... mais c'était une magie! La tête de la jeune fille, qui sortait de tous ces *tons* gris, comme une étoile sort d'une vapeur, était un de ces visages qui nous brisent le cœur de ne pouvoir sortir de leur cadre ! Elle était belle et avait l'air malheureux, mais c'était d'une beauté et d'un tel malheur, qu'on se disait : « C'est impossible ! ce n'est pas la vie ! cette tête-là n'a jamais vécu ailleurs que dans ce médaillon. C'est la pensée d'un génie, cruel et charmant, mais ce n'est qu'une pensée ! »

Et de fait, pour mieux montrer sans doute que cette jeune fille n'était qu'une chimère, sortie d'un pinceau idolâtre, l'étonnant rêveur, qui l'avait inventée, n'avait attaché aux diaphanes épaules qui soutenaient un frêle cou de fleur qu'une robe sans date, de tous les temps et de tous les pays, — et comme si ce n'était pas assez encore, il avait accompli sur elle toute sa fantaisie, une fantaisie étrange et presque sauvage, en lui traversant le front d'un ruban rouge très large, qu'aucune femme assurément n'aurait jamais voulu porter, et qui, passant tout près des yeux, donnait une expression unique à ces deux yeux immenses ; le croirait-on ? navrés et pourtant suaves ! Je ne puis dire le charme incompréhensible de tout cela. On m'appellerait fou. Ce ne serait pas une idée neuve !

— Si un simple portrait agit sur vous

ainsi, reprit-elle après un silence, qu'aurait fait donc de vous la femme de ce portrait, si vous l'aviez jamais connue ?...

— Elle a donc existé ? m'écriai-je.

— Certainement, fit-elle nonchalamment. Elle a existé. C'est toute une histoire. Et même, ajouta-t-elle avec l'aplomb (un peu pédant, je l'avoue) d'un vieux moraliste, une histoire qui devient chaque jour de plus en plus incompréhensible, avec nos mœurs !

Que voulait-elle dire ? Cingler ma curiosité, sans nul doute. Elle s'était arrêtée... pour prendre le plus bel air de sphinx qu'une femme, assise dans une ganache, ait jamais pris devant une autre ganache, emplie d'un curieux. Elle avait l'intention féroce, et elle savait bien qu'en ce moment-là le silence était sa meilleure manière de me dévorer.

— Et la savez-vous, cette histoire ? lui dis-je presque avec flamme, car j'étais trop intéressé par ce qu'elle venait de m'apprendre pour faire du machiavélisme avec elle. Je me souciais bien de Machiavel !

— Mais, quand je la saurais, fit-elle, croyez-vous que je vous la dirais ? Vous n'êtes déjà pas si aimable ! Il faudrait être sotte vraiment pour s'exposer à augmenter vos distractions, en vous intéressant à une femme dont le portrait seul vous fait rêver... près de moi. Et puis elle est un peu longue, cette histoire, et le vent devient bien frais sur la rivière. Je ne me soucie pas du tout d'attraper une extinction de voix pour vous faire plaisir.

— Si ce n'était que cela, nous pourrions rentrer, dis-je modestement sans appuyer, car la curiosité m'avait rendu insinuant comme l'ambre de son collier et souple comme sa mitaine.

— Mais ce n'est pas que cela, — fit-elle mutinement. — Ce balcon me plaît et j'y veux rester !

Évidemment elle était outrée. Et elle avait raison ! J'étais un impertinent avec ma rêverie, qui n'était pas pour elle ! Je lorgnais encore du coin de l'œil le médaillon qui me fascinait, et je me tus pendant quelque temps.

Ce temps dura trop à son gré. — Tenez ! regardez-la, dit-elle ; — et, détrônant de son sein le médaillon, elle me le tendit d'une main qui semblait généreuse, mais qui voulait tout simplement tisonner un peu dans mon âme pour savoir combien il en sortirait d'étincelles !

Cléopâtre coquetant avec l'aspic qu'elle s'appliquait devait être piquante. Mais ici Cléopâtre appliquant l'aspic à un autre... n'était-ce pas infiniment mieux ?...

— Allons ! ne vous faites pas prier. Regardez-la ! je vous le permets. Elle est réellement charmante, avec son chiffon rouge à la tête, cette petite. Qu'ai-je à craindre? Elle est morte. Vous ne la ferez pas déterrer probablement, comme François Ier fit déterrer Laure. Et d'ailleurs, elle vivrait qu'elle aurait maintenant cinquante ans passés... l'âge d'une douairière...

Et elle souffla ce dernier mot comme si elle eût craint de casser le chalumeau de l'Ironie, en soufflant trop fort. Elle voulait rester du faubourg Saint-Germain dans son ironie, et cependant la Bégum qui enterra, vive, sa rivale, sous le siége où elle s'asseyait, pouvait bien avoir de l'air qu'elle avait alors dans sa ganache rose, — en plaisantant du haut de sa jeunesse, — comme si la jeunesse, la beauté, c'étaient là des trônes éternels d'où l'on ne doit jamais descendre!

Heureusement qu'au milieu de tout cela elle avait de la grâce! Elle était atroce et charmante. Or, il y a tant de choses maintenant que je préfère à mon amour-propre, que, quand une femme a de la grâce, je souffre vraiment très bien qu'elle se moque de moi.

Tout à coup une main souleva le rideau du salon qui était baissé et qui flottait sur le balcon derrière sa tête comme une draperie d'or sur laquelle son visage, ardemment brun, se détachait bien.

— C'est votre histoire qui nous arrive ! fit-elle. Ne vous désespérez pas. Vous allez l'entendre ! Vous vous imagineriez peut-être que je suis jalouse, si on ne vous la disait pas !

La personne qu'elle appelait mon histoire et qui parut sur le balcon où nous étions assis était un homme que j'avais vu maintes fois chez elle, et dont la physionomie marquée d'un caractère perdu dans l'effacement général des esprits et des visages actuels m'avait toujours frappé... pas autant que ce diable de médaillon qui menaçait de mettre la discorde dans le camp d'Agramant de notre intimité, mais cependant beaucoup encore.

Il est vrai que le médaillon était femme et que cet homme... n'était qu'un homme, mais un homme devient chaque jour chose assez rare pour que nous retournions vers *cela* moins languissamment nos sceptiques yeux ! Il s'appelait Rollon Langrune, et son nom, doublement normand, dira bien tout ce qu'il était, visiblement et invisiblement, à ceux qui ont le sentiment des analogies ; qui comprennent, par exemple, que le dieu de la couleur s'appelle Rubens, et qui retrouvent dans la suavité corrégienne du nom de Mozart le souffle d'éther qui sort de la *Flûte enchantée*.

Rollon Langrune avait la beauté âpre que nos rêveries peuvent supposer au pirate-duc qu'on lui avait donné pour patron, et cette beauté sévère passait presque pour une laideur sous les tentures en soie des salons de Paris, où le don de *seconde vue* de la beauté vraie n'existe pas plus qu'à la Chine ! D'ailleurs il n'était plus jeune. Mais la force de la jeunesse avait comme de la peine à le quitter. Le soleil couchant d'une vie puissante jetait sa dernière flamme fauve à cette roche noire.

Dispensez-moi de vous décrire minutieusement un homme chez qui le grandiose de l'ensemble tuait l'infiniment *petit* des détails, et dressez devant vous, par la pensée, le majestueux portrait du Poussin, le Nicolas normand, vous aurez une idée assez juste de ce Rollon Langrune. Seulement l'expression de son regard et celle de son attitude étaient moins sereines .. Et qui eût pu s'en étonner ? Quand le peintre des Andelys se peignait, il se regardait dans le clair miroir de sa gloire, étincelante devant lui, tandis que Rollon ne se voyait encore que dans le sombre miroir d'ébène de son obscurité. De rares connaisseurs auxquels il s'était révélé disaient qu'il y avait en lui un robuste génie de conteur et de poète, un de ces grands talents *genuine* qui renouvellent, d'une source inespérée, les littératures défaillantes, — mais il ne l'avait pas attesté, du moins au regard de la foule, dans une de ces œuvres qui font taire les doutes menteurs ou les incrédulités de l'envie.

Positif comme la forte race à laquelle il appartenait, ce rêveur, qui avait brassé les hommes, les méprisait, et le mépris l'avait dégoûté de la gloire. Il ne s'agenouillait point devant cette hostie qui n'est pas toujours consacrée et que rompent ou distribuent tant de sots qui en sont les prêtres !

D'un autre côté, en vivant à Paris quelque temps, il avait appris bien vite ce que vaut cette autre parlotte qu'on y intitule la Renommée, et il n'avait jamais quémandé la moindre obole de cette fausse monnaie à ceux qui la font. A le juger par l'air qu'il avait, ce n'était rien moins que le Madallo du poème de Shelley, c'est-à-dire la plus superbe indifférence des hommes, appuyée à la certitude du génie... Le sien, dont on parlait tout bas, était, disait-on, un génie autochthone, le génie du pays où il était né, et qui, jusqu'à lui, avait été à peu près incommunicable.

Quelque jour Rollon Langrune devait être, disaient les jugeurs, le Walter Scott ou le Robert Burns de la Normandie, — d'un pays non moins poétique à sa façon et non moins pittoresque que l'Écosse. On ajoutait même que cet étrange observateur qui, sous ses vêtements noirs, avait alors au balcon de Mme de... la dignité d'un prince en voyage, avait passé une partie de sa vie avec les paysans, les douaniers, les fraudeurs, les marins et les mendiants des côtes de la Manche, comme Callot avec ses brigands et Fielding avec ses aveugles, ses filles de mauvaise vie et ses Irlandais ; devant, comme eux, rapporter des tableaux immortels de ces ignobles accointances.

Pour mon compte particulier, je ne savais rien de précis sur Rollon Langrune, mais en regardant, en étudiant cette tête expressive, je m'étais souvent dit que les bruits qui couraient devaient avoir raison. Aujourd'hui, par un hasard heureux, l'histoire que je voulais connaître se rattachait, je ne sais encore par quel fil, à cet homme qui dédaignait le succès et portait sa supériorité comme on porte un diamant sous son gant, sans se soucier d'en faire voir les feux.

Si cet homme était réellement, ainsi qu'elle l'avait dit, mon histoire, et s'il voulait, comme elle avait l'air d'en être sûre, me la raconter, j'allais avoir deux grands plaisirs, — deux curiosités satisfaites, — l'histoire d'abord, puis l'historien ! — Mais le voudrait-il ?...

— Monsieur Rollon Langrune, — lui dit-elle, — vous savez bien..... ce médaillon que vous m'avez donné ?

Rollon s'inclina.

— Eh bien ! reprit-elle, ce médaillon a fait une fière conquête ce soir ! — Et toujours moqueuse, elle se prit, dès qu'il fut assis sur le balcon, à lui raconter, avec toutes les nuances chatoyantes d'un dépit qui le fit sourire, la préoccupation qui m'asservissait toujours, quand je retrouvais, embusqué dans les dentelles de son corsage, le chaste médaillon qui m'effaçait jusqu'au sein splendide sur lequel il était posé...

Mais Rollon Langrune était trop poète pour s'étonner de ce qui lui semblait, à elle, une insolence et peut-être une dépravation. Et, d'ailleurs, elle n'était pas trop en droit de se moquer de moi, comme vous allez le voir. C'était Rollon, — ils me le dirent bientôt, — qui, aux bains de Tréport, je crois, où elle l'avait rencontré une année, lui avait donné ce médaillon, lequel lui avait inspiré à la première vue l'espèce d'ensorcelant caprice dont j'étais victime à mon tour. Pour tous ceux qui l'apercevaient, en effet, ce portrait était une émotion et un évènement. On ne l'oubliait plus.

Rollon, avant nous, l'avait éprouvé comme nous deux, et s'il ne l'avait pas refusé aux désirs très vifs et très éloquents de madame de... c'est qu'il était poète et que les poètes peuvent très bien ne tenir à rien, comme les moines. N'ont-ils pas tout ? La rêverie des poètes est pour eux une réalité profonde, bien plus profonde que toutes les images. Même leurs maîtresses vivantes et possédées, les poètes les étreignent encore mieux avec une pensée qu'avec leurs bras, quand ce seraient des bras d'Hercule.

Certes, Rollon Langrune, un de ces puissants intellectuels, n'avait pas besoin de cette gouache, empatée de céruse par une main anonyme, mais inspirée, pour retrouver, là où Milton l'aveugle voyait son Ève, la tête ineffable de ce médaillon, près de laquelle le visage si touchant et si connu de la Cinci, peinte par Titien amoureux, quand elle allait à l'échafaud, manquait de délicatesse et de mélancolie. Il ne s'était donc pas appauvri en le donnant...

A dater du jour où il l'avait aperçu pour la première fois, « et vous ne devineriez jamais où je le trouvai, — ajouta-t-il en forme de parenthèse, — vous le saurez plus tard, » il s'était mis *en chasse* (ce fut son expression) pour savoir l'histoire de cet être qui, plus beau et plus virginal que la Cinci, la pure *assassine* de son père, semblait aussi porter comme elle le crime d'un autre sur son innocence.

Dévoré des mêmes curiosités que je ressentais, il voulut alors soulever ce bandeau rouge qui devait rester éternellement au front du portrait, ce bandeau qui était teint de sang, peut-être, et qui déshonorait les lignes idéales de ce front divin.

Pendant des mois, des mois entiers, il avait recueilli les fragments épars de cette histoire, comme on recueille par terre le parfum qui s'échappe d'un flacon brisé... Je la lui demandai avec instance, et quelle fut ma surprise ! il ne me la refusa pas ! Les âmes qui se comprennent se devinent. « Tous ceux qui ont été frappés du portrait sont dignes de l'histoire », me dit-il. Il l'avait racontée à madame de... sur les rochers de Tréport, la mer à leurs pieds, et pour ne pas l'ennuyer d'une redite, il me la raconterait, un de ces jours...

Mais elle exigea qu'il la dît encore et tout de suite, *là, sur ce balcon,* dût-elle y passer toute la nuit à l'écouter ! La taquinerie était finie. La girouette de son caprice avait tourné ! Elle ne craignait plus l'air de la rivière qui fraîchissait toujours davantage, qui roulait et déroulait en spirales folles ses rubans cerise !

Elle ne craignait plus rien. Elle était intrépide. Elle avait chaud. Elle brûlait. Elle était de marbre. Elle valait les quatre statues de *là-bas...* Elle en aurait le silence. Elle en aurait l'immobilité, car elle ne se lèverait pas de son socle ou de sa ganache que l'histoire qu'elle demandait ne fût entièrement terminée, ce qui était parfaitement impossible, mais ce qui était une raison de plus !

C'était donc décidé... Voulait-elle reprendre

une à une les sensations qu'elle avait éprouvées en écoutant une première fois ce grand conteur ? Voulait-elle pénétrer les miennes, chercher des griefs pour plus tard, des bobines que les femmes se plaisent à dévider avec ceux qui les aiment et dont elles ont l'écheveau toujours prêt sous la main ? Voulait-elle ?... Savait-elle seulement ce qu'elle voulait ? Mais nous eûmes l'histoire, ou plutôt nous eûmes, ce soir-là, le commencement de l'histoire, car cette histoire était trop longue pour qu'en une seule fois il fût possible de la raconter.

En la réentendant, elle ne pensa même pas à demander un châle à sa femme de chambre qui, vers dix heures, l'en enveloppa. Je compris alors ce que deviendrait Rollon Langrune, s'il voulait écrire. La nuit passa, toute, à l'écouter, sur ce balcon, tellement pris et enlevés que madame de..., qui n'avait jamais affronté la fin d'un bal, — cette agonie, — avait oublié qu'il y eût au monde une aurore, cruelle aux visages qui ont veillé ; et pour la première fois, avec son teint meurtri, ses cheveux alourdis, ses yeux battus, elle en brava les clartés roses. Le jour seul, le jour impatientant interrompit notre histoire.

Le lendemain, Rollon put la reprendre, à la même heure et à la même place, et, chose étrange ! elle ne perdit rien à être ainsi interrompue, cette histoire qui dura trois nuits, coupée par ces douze heures de journée bête qui forment les mailles du joli tissu de la vie! La vie! elle était pour nous transposée. Elle n'était plus que dans cette histoire de Rollon Langrune. Du moins elle y était pour moi qui ne repassais pas une première impression, comme madame de...

J'emportais chaque matin l'histoire de Rollon sur ma pensée, ou plutôt j'emportais ma pensée, toute plongée en l'histoire de Rollon, comme le plongeur qui marcherait sous sa cloche de verre et qui la déplacerait avec lui. Rentré chez moi en proie aux émotions qu'elle m'avait causées, je faisais comme Polidori, après avoir entendu ce poème inédit et perdu le lord Byron qui est resté perdu, car ce n'est pas le récit de Polidori qui l'a remplacé.

Je cherchais à fixer l'émotion que j'avais ressentie en me rappelant l'expression toute-puissante de ce conteur sans égal qui, comme Homère, n'écrivait pas, et continuait en pleine civilisation la tradition des anciens Rhapsodes. Hélas! l'expression envolée était bien... envolée! cette expression inouïe qui ne craignait pas, pour être plus forte, de se tremper aux sources sauvages du patois, dans ce premier flot salin de toute langue.

Rollon Langrune était un *patoisant* audacieux.

Il méprisait les Académies autant que la gloire et il se servait, en maître, de ces idiomes primitifs, tués et déshonorés par les langues, leurs filles parricides et jalouses.

Dans cette histoire qui sentait tous les genres d'aromes concentrés qui font le terroir, — « aussi âcrement, — eût-il dit avec son accent à la Burns, — que la bouche d'un homme qui a beaucoup fumé sent la pipe », il enchâssa, pour être plus vrai de langage et de mœurs, dans cette langue du dix-neuvième siècle que le temps a pâlie en croyant la polir, un patois d'une poésie sublime. Joaillier barbare peut-être, qui n'avait pas ce que les lettrés appellent le goût, mais qui avait le génie, et qui incrustait dans une opale, aux nuances endormies, quelque diamant brut, dans toute la brutalité de ses feux !

Malheureusement, tout cela devait rester, pour qui n'avait pas entendu Rollon Langrune, d'un effet à peu près incompréhensible, comme le médaillon de madame de... Les pages qui vont suivre ressembleront au plâtre avec lequel on essaye de lever une empreinte de la vie, et qui n'en est qu'une ironie ! Mais l'homme se sent si impuissant contre la mort, qu'il s'en contente. Puissiez-vous vous en contenter !

I

. . . .
E château du Quesnay, qu'il faut bien vous faire connaître, dit Rollon, comme un personnage, — puisqu'il est le théâtre de cette histoire, — avait appartenu de temps immémorial à l'ancienne famille de ce nom. Il était situé, car il n'existe plus, — et cette histoire vous dira pourquoi, — dans la partie la plus reculée, — la plus basse de la basse Normandie.

Son toit de châteaulin d'un bleu noir d'hirondelle brillait à travers un massif de saules dont les pieds et le flanc trempaient dans une pièce d'eau dormante, laquelle, partant du fond des bois profonds de cette terre boiseuse, s'avançait, — en style de charretier, *raz la route qui pas-*

sait sous le Quesnay et menait du vieux bourg de B... au vieux bourg de S..., — les bourgs étant encore plus communs que les villes, il y a quarante ans, dans ce coin de pays perdu.

Sans cette pièce d'eau qu'on appelait l'étang du Quesnay, d'une grandeur étrange et d'une forme particulière (elle avait la forme d'un cône dont la base se fût appuyée à la route), la terre et le château dont il est question n'auraient eu rien de plus remarquable que les terres et les châteaux environnants. C'eût été un beau et commode manoir, voilà tout, une noble demeure. Mais cet étang qui se prolongeait bien au delà de ce château, assis et oublié dans son bouquet de saules, mouillés et entortillés par les crêpes blancs d'un brouillard éternel, cet étang qui s'enfonçait dans l'espace comme une avenue liquide, — à perte de vue ! — frappait le Quesnay de toute une physionomie !

Les mendiants du pays disaient avec mélancolie que cet étang-là était long et triste comme un jour sans pain. Et de fait, avec sa couleur d'un vert mordoré comme le dos de ses grenouilles, ses plaques de nénuphars jaunâtres, sa bordure hérissée de joncs, sa solitude hantée seulement par quelques sarcelles, sa barque à moitié submergée et pourrie, il avait pour tout le monde un aspect sinistre, et même pour moi, qui suis né entre deux marais typhoïdes, par un temps de pluie, et qui tiens du canard sauvage pour l'amour des profondes rivières, au miroir glauque, — des ciels gris — et des petites pluies qui *n'en finissent pas*, au fond des horizons brumeux.

J'ai vu pas mal d'eau dans ma vie, mais la physionomie qu'avait cette espèce de lac m'est restée, et jamais, depuis que les évènements m'ont roulé, ici et là, je n'ai retrouvé, aux endroits les plus terribles d'aspect ou de souvenir pour l'imagination prévenue, l'air qu'avait cet étang obscur, cette place d'eau ignorée, et dont certainement, après moi, personne ne parlera jamais ! Non ! nulle part je n'ai revu place d'eau plus tragique, ni dans la mer où Byron fait jeter, sous un pâle rayon de la lune, le sac cousu dans lequel Leïla palpite et va mourir pour le giaour, ni dans le canal Orfano, à Venise, cette affreuse oubliette, une horreur distinguée entre toutes cependant, pour ceux qui, comme Macbeth, aiment à *se rassasier d'horreurs !*

Du reste, ainsi que le canal Orfano, l'étang du Quesnay avait ses mystères. On s'y noyait très bien, et très souvent à la brune. Étaient-ce des assassinats, ou des accidents, ou des suicides, que ces morts fréquentes ?... Qui le savait et qui s'en inquiétait ?... L'eau silencieuse et morne venait jusqu'à la route. Y pousser un homme qui passait au bord était aisé. Y tomber, plus facile encore Avant mon âge de douze ans, j'en avais vu déjà retirer bien des cadavres...

Dans ces campagnes isolées, on en jasait trois jours, et puis on n'en parlait plus. Seulement qui expliquerait une telle apathie, — tragique aussi, n'était l'immobilité du caractère normand, indifférent à tout, quand le gain n'est pas au bout de l'effort qu'il doit faire et qui se soucie de la vie pour la vie, comme d'un pot de cidre vidé ?

Ces morts dans l'étang du Quesnay ne firent jamais élever entre la pièce d'eau et la route, soit par le fermier du château, soit par l'administration de la paroisse, un pauvre bout de mur, en pierres sèches, qui eût à peine demandé une journée d'ouvrage, ni même la simple gaule sur deux fourches, piquées en terre, — le parapet des temps primitifs.

J'ai dit : le fermier, car les maîtres depuis longtemps ne vivaient plus au Quesnay. « Ils n'y tenaient plus leurs assises », ainsi que le disait ma vieille bonne, Jeanne Roussel, — une vraie rhapsode populaire, — à laquelle je dois, après Dieu, le peu de poésie qui ait jamais chauffé ma cervelle ; — et le mot de la vieille rhapsode peignait bien, dans sa solennité antique, le train de châtelain que les seigneurs du

Quesnay avaient mené dans leur châtellenie.

Jeanne Roussel avait parfaitement connu la dernière génération de cette famille, tuée par ses vices, comme toutes les vieilles races, qui ne meurent jamais d'autre chose que de leurs péchés. Or, un jour, ou plutôt une nuit de triste mémoire, cette génération avait quitté, sans tambour ni trompette, le vaporeux château, au toit bleu, qui ressemblait à un gros nid de martin-pêcheur dans sa saussaie.

Comme un amas de paille pourrie qui se lève de son fumier sous un coup de vent vigoureux, elle s'était dispersée dans les villes et les bourgs d'alentour — le père ici, avec la mère ; — là, les frères, — les sœurs ailleurs... On ne savait où, pour celles-ci, car elles avaient disparu, emportées par les plus abjects séducteurs. D'abord le scandale avait jeté son cri, mais ce scandale était si grand qu'il devint bientôt silencieux.

La raison, du reste, qui fit abandonner aux maîtres du Quesnay leur ancienne demeure, ne fut point leur opprobre. Ils avaient le front assez dur pour le porter. Ce fut la pauvreté, ce fut cette dernière misère qui rompt au-dessus de nos têtes la solive de notre toit ! Des dettes, longtemps cachées, avaient éclaté. Une meute de créanciers s'était levée.

Ayant déjà goûté par l'usure à ce patrimoine

déshonoré, ces ignobles chiens, qui avaient au museau du sang de cette belle fortune, dont ils voulaient tout boire, hurlèrent pour qu'on leur en donnât la dernière gorge-chaude et procédèrent à une expropriation qui devait être l'acte final de leur curée.

Retardée autant qu'il fut possible, la vente fut affichée à la fin. Mais un sentiment de répugnance, qui tenait peut-être à une sentiment de caste, quoique l'esprit de caste fût déjà en poussière, dès ce temps-là, comme tant d'autres liens sociaux, empêcha les gentilshommes de paraître à cette *vente aux bougies* — espèce de vente dont les formalités sont parfois la grande et sombre image de la ruine qu'elle vient constater.

Les loups ne se mangent pas entre eux, dit un proverbe ; mais le proverbe ne dit vrai que quand les loups sont sur leurs pattes, tandis que, même la faim au ventre, les lions ne touchent pas, de leurs nobles ongles, à un autre lion abattu. Telle, une dernière fois, se montra cette noblesse... En dehors d'elle, personne, non plus, parmi les gros bourgeois de B... et de S..., ne se présenta à la vente de la terre et du château de Quesnay, et on le comprend.

Tous ou presque tous avaient dans l'idée que l'homme qui ne serait pas noble et qui serait assez riche pour acheter la terre et le château, et pour y vivre comme les anciens possesseurs y avaient vécu, devrait être un *gars* plus que hardi : car, *s'il l'osait,* on l'y engraisserait d'humiliations, on l'y régalerait d'ignominies. Il pourrait y faire ripaille de mépris. C'était certain !

L'orgueil des nobles circonvoisins brûlerait l'herbe autour de sa demeure, et l'enfermerait dans un désert où la dernière goutte d'eau de la politesse ou de la charité lui serait refusée. Son château se changerait en une Tour de la faim, — de la faim sociale ! Il n'y mourrait pas, mais il y vivrait ! Perspective à effrayer les plus solides de cœur et de reins. Aussi dans l'opinion de la contrée, sembla-t-il longtemps que le futur acquéreur du Quesnay — — s'il s'en trouvait un — serait un homme qui viendrait de fort loin et qui ne connaîtrait pas le pays.

Eh bien ! il s'en trouva un cependant, — lequel vint de fort loin, il est vrai, comme on l'avait toujours dit, — et qui connaissait le pays ; mais ceux qui l'y ont revu, après une si longue absence, ne purent jamais s'expliquer ce téméraire et insolent retour d'un homme monstrueusement taré et qui portait l'Horreur et l'Épouvante, comme en palanquin, sur son nom !

Il est vrai que, quand ce singulier acquéreur, inconnu tout d'abord de visage, grâce au masque que les années avaient moulé sur son angle facial, arriva, un soir que personne n'y pensait, rue *aux Lices,* dans la modeste étude de maître Tizonnet, notaire au bourg de S..., et lorsque (les renseignements pris sur la terre et le marché débattu) il eut dit nettement qu'il achetait *comptant* le Quesnay, et qu'il eut prononcé, d'une bouche impassible, toutes les syllabes de son terrible nom, maître Tizonnet, qui était un notaire craignant Dieu et ses Saints, et qui avait senti, en entendant le client que le diable lui envoyait, la *chair de poule* monter de son dos jusqu'à son petit crâne, sous sa petite perruque, n'objecta rien sur l'atroce isolement dans lequel tout acquéreur du Quesnay se condamnait à vivre, s'il voulait habiter le château.

Il se contenta de gratter du bout de la plume qu'il tenait à la main sa fameuse perruque d'un châtain luisant et verdâtre, que les enfants du bourg de S... comparaient à « une bouse de vache, » avec plus d'exactitude que d'honnêteté... Mais il ne souffla mot... Et pourquoi aurait-il parlé ? Maître Tizonnet savait de vieux temps l'histoire attachée, dans les souvenirs du pays, au nom de cet homme assis devant lui, et probablement il se dit que, puisque le malheureux était assez endurci pour revenir là où il n'aurait jamais dû reparaître, n'importe où il voulût habiter dans ce coin de basse Normandie, que ce fût au Lude, à Néhou ou à Sainte-Colombe, partout, les hommes, les châteaux, les pierres mêmes des châteaux environnants, se reculeraient de lui et le laisseraient dans une solitude pire que celle du lépreux au Moyen Age, quand tout, jusqu'à la maladrerie, lui manquait.

En effet, pour ce coin de pays d'où la religion n'était pas déracinée encore (songez que je vous parle d'il y a plus de quarante ans), cet inconnu, qui n'en était plus un pour maître Tizonnet, était plus criminel et plus odieux que l'assassin, — que le bandit qui a tué un homme. Lui, il avait TUÉ DIEU, autant que l'homme, cette méchante petite bête de deux jours, peut tuer l'Éternel, — en le reniant ! C'était un ancien prêtre, — un prêtre marié !

Il s'appelait Sombreval. — Jean Gourgue, *dit* Sombreval, du nom d'un petit clos qui avait appartenu à son père, un paysan de la vieille roche, mort de la conduite de son fils. Ce paysan, qui avait eu quinze enfants, beaux comme des Absalon et forts comme des Goliath, et qui en avait perdu quatorze, les uns après les autres, ce qu'il appelait dans sa langue matérielle et poignante : « ses quatorze coups de couteau, » ne put sauver que le *trei-*

zième de ses fils, le moins beau, le moins fort et celui de tous qui devait donner le moins d'orgueil à son cœur de paysan.

Jean Sombreval n'avait, lui, de paysan que la race et les apparences extérieures, mais c'était une âme d'un autre ordre que celle de son père. Il appartenait à cette espèce d'organisations que Tacite, dont le mépris a tout simplifié et qui ne voit dans le monde que des maîtres et des esclaves, appelle les âmes faites pour commander.

Or, le commandement sur les deux bœufs de la charrue de son père; le pouvoir même absolu sur ce champ de quelques arpents qu'il pouvait tourner et retourner entre ses quatre haies; sur ce petit clos de Sombreval dans lequel devait *s'enclore* toute sa destinée, ne parurent pas à Jean Gourgue, lorsqu'il put penser, un empire suffisant pour l'ampleur de son désir ou de sa puissance. Aussi, à peine eut-il douze ans, qu'il supplia, à deux genoux, son père de le laisser *aller aux écoles*.

Le bonhomme hésita longtemps. Il aimait la terre de cet amour profond qu'ont pour elle ceux qui la labourent, qui entr'ouvent à toute heure son sein maternel. *Il ne lui duisait pas,* — disait-il, — de faire un *clerc* du seul fils qui lui restât et qui pût lui donner de cette *graine à garçons* qui avait levé sur son sillon, pour y périr. Mais Jean, persévérant, vainquit les répugnances de son père. Il fut mis *en camérie* au bourg de B... (être *en camérie*, c'est avoir sa chambre chez un bourgeois qui vous donne, moyennant un prix de... *la soupe sur du pain*), et suivit assidûment la classe d'un prêtre qui tenait alors un pensionnat pour les jeunes gens pauvres dont le projet était d'entrer plus tard au séminaire.

Jean se distingua dans ses études. « Il mord dans son latin, — disait le père Sombreval, — comme dans un morceau de pain blanc. » C'était une intelligence robuste comme un chêne, et qui sait si les précoces ambitions qui lui avaient fait jeter sa bêche et sa houe n'étaient pas les premières fermentations de son intelligence? Gœthe dit quelque part que : « Nos désirs sont les précurseurs des choses que nous sommes capables d'exécuter. »

Cela se pourrait bien!

Du bourg de B..., Jean Sombreval alla à Coutances, et, le temps écoulé des études nécessaires, il y fut sacré prêtre, malgré le noir chagrin de son père, qui voyait « sa race abolie » mais dont l'orgueil religieux finit par l'emporter sur l'autre orgueil, et le consola en lui répétant : que ce fils *sorti de lui* DIRAIT LA MESSE! Fierté prise à la plus sainte des sources et qu'on pardonne au cœur d'un chrétien!

Lorsque l'abbé Sombreval sorti du séminaire de Coutances avec les honneurs de cette dispense d'âge que l'Église, dans sa prévoyante sagesse, accorde si largement à ceux qui lui paraissent devoir être un jour les Machabées du saint ministère, il était, par le fait de sa réputation de séminaire, presque un pouvoir parmi le clergé du diocèse. Que dis-je! il était mieux qu'un pouvoir : il était une grande espérance, — de tous les pouvoirs humains le seul peut-être qu'on ne songe pas à contester!

C'était le temps où l'Église de France inclinait en bas. Elle allait bientôt, sous le genou de bourreau que la Révolution lui appuierait à la poitrine, toucher terre et plus bas que terre, car on enfonce dans du sang, pour se relever, divinement purifié par ce sang, qui purifie toujours ; mais, il faut bien le dire (car c'est la vérité), à cette époque, l'Église de France n'était ni dans ses mœurs, ni dans son personnel, ni dans sa doctrine, ce que des chrétiens, qui l'aimaient, auraient tant désiré pour elle!

Aux yeux de qui voyait le mal et prévoyait le remède, les jeunes gens, à tête carrée, à capacité forte, comme l'abbé Sombreval, paraissaient, dans le lointain, les colonnes qui soutiendraient le temple ébranlé. Cet abbé, en effet, semblait propre à tout, — au vicariat le plus militant, comme à la science la plus profondément contemplative.

Il avait, ce fils de paysan, une force de travail comparable à celle des bœufs de son père, et des facultés aussi intuitives que s'il eût été un génie assez grand pour se permettre d'être paresseux. Homme (disait-on) qui devait servir l'Église plus par le cerveau que par le cœur, un docteur plutôt qu'un apôtre. On comptait sur lui ; on y comptait beaucoup, mais il ne plaisait pas. Il n'inspirait point de sympathie. Ses deux mains ouvertes n'avaient pas de rayons, comme ceux qui pleuvent (symbole spirituel et charmant !) des mains de la Vierge Marie.

Il faut ajouter aussi qu'il manquait de ces agréments extérieurs, lesquels seront toujours d'un irrésistible ascendant sur ces femmes qu'on appelle les hommes.

Il était laid et il aurait été vulgaire, sans l'ombre majestueuse de toute une forêt de pensées qui semblaient ombrager et offusquer son grand front, coupé comme un dôme. Il était haut de taille, vaste d'épaules, doué d'une vigueur physique inférieure à celle de ses frères (des Goliaths !), mais assez redoutable encore pour qu'il pût, sans appeler à son aide, relever une charrette versée sur la route et la replacer droit dans l'ornière ; mais ses épaules, un peu voûtées, touchaient ses oreilles, et il n'était pas *fait au tour*, comme dit l'expression proverbiale, mais à la hache ; dégrossi à grands coups, inachevé.

Il avait les bras longs comme Rob-Roy, et comme lui, il eût pu, sans se baisser, renouer sa jarretière. C'était vraiment plutôt un énorme orang-outang qu'un homme. Il en avait les larges oreilles, la nuque fortement animale, les pommettes saillantes, les mains velues, le rictus, l'aspect noir et cynique, mais son œil et ses sourcils, dignes d'un Jupiter Olympien, le vengeaient et disaient, en traits de flamme, que le Satyre, dans sa peau de bête, avait l'intelligence d'un Dieu.

Sa voix un peu caverneuse roulait des accents qui devaient trouver de l'écho dans le diaphragme de la foule, soit qu'elle vînt de l'autel, cette voix, soit qu'elle tombât de la chaire sur les fronts, en l'entendant, devenus pensifs. Il n'était pas orateur. Il n'avait pas *cette main qui prend le cœur* de l'éloquence, mais sa logique vous dévidait une doctrine comme une machine dévide un homme, accroché à son engrenage, et n'en laisse pas un morceau.

Tel il était et tel on le vit pendant les premières années de son ministère. Il était régulier dans ses mœurs, sobre de monde, et, sa messe dite, au bourg de S..., il travaillait comme un Mabillon, retiré dans la petite maison où il vivait avec son père. Il se communiquait fort peu et, pour cette raison, personne, alors ou depuis, ne put dire ce qui passait dans cette tête de grand travailleur, et ce qu'il serait plus tard devenu, s'il était resté là entre ses livres et son clos de Sombreval ; mais le Crime comme la Science a sa pomme d'Adam ou de Newton. Il est un grain de sable qui fait choir et rouler l'édifice le mieux équilibré d'une destinée.

En 1789, l'abbé Sombreval fut chargé par son évêque d'une mission secrète. Il partit pour Paris, et, le croira-t-on ? il n'en revint pas. Paris, ce gouffre de corruption, de science et d'athéisme, l'avait dévoré. Il s'était jeté tout vivant, comme Empédocle, dans le cratère qui allait vomir la Révolution française et ses sandales de prêtre, on ne les retrouva même pas au bord du cratère, tiède et menaçant. Il n'écrivit pas à son père ; il oublia son évêque ; il garda enfin avec tous ceux qui le connaissaient un silence qui les fit trembler.

On sut, — comme on sait tout en province par les gens de province qui viennent à Paris, — que l'abbé Sombreval ne vivait plus que pour la science qui ne le conduirait pas en Sorbonne, car c'était la chimie dont il s'était affolé. Sa passion avait presque les caractères d'un empoisonnement. On disait qu'on le rencontrait dans Paris ne portant plus ses habits de prêtre. *Il a jeté,* disait-on, *le froc aux orties.* On ajoutait des choses affreuses, d'autres immondes... Mais on ne savait pas, mais personne ne pouvait savoir si la science volait seule à Dieu cette tête de prêtre, ou si d'autres passions lui arrachaient aussi le cœur.

Déplorable et criminel abandon, pour lequel il y avait peut-être dans ceux qui le pleuraient une miséricorde toute prête, mais pour laquelle il n'y eut plus rien, quand on apprit un matin, comme une bombe éclate, que l'abbé Sombreval avait consommé son apostasie ; qu'il avait accompli intégralement son sacrilège, plongé sa personne consacrée par le sacerdoce dans le bourbier des bras d'une femme et qu'il ne l'en retirerait jamais, — car il était marié !

Son père mourut de cette nouvelle, comme on meurt tué d'un coup de fusil, tiré à bout portant. En apprenant le crime et la forfaiture de son fils, il n'eut que le temps de le maudire. Un vaisseau se rompit dans sa poitrine et le flot du sang de ce cœur brisé noya les derniers mots de cette malédiction suprême dans un gargouillement plus affreux qu'une imprécation.

C'est ainsi que ce père de douleur, qui avait vécu avec « ses quatorze coups de couteau » dans la poitrine, comme la Mère des Sept-Douleurs avec ses sept glaives dans le sein, tomba achevé sous le quinzième. Les cheveux se levaient sur la tête des moins religieux, rien que d'y penser ! L'abbé Sombreval, déicide et parricide tout à la fois, fut mis au ban de l'opinion de ce pays, qui avait encore la vieille croyance des ancêtres.

Vers ce temps-la, on vit dans le ciel, raconte-t-on, des signes effrayants, des météores de forme étrange, qui ressemblaient à d'immenses astres contrefaits, titubant, dans le ciel incendié, sous l'ivresse de la colère de Dieu qu'ils annonçaient. Mais ces météores, qu'on regarda comme les précurseurs de la Révolution et des malheurs qui allaient la suivre, parurent aux gens de ce pays, dans leur moralité simple et profonde, de moins épouvantables augures que ce hideux phénomène de l'impiété d'un prêtre resté, avant comme après sa chute, pour tout le monde, *l'abbé Sombreval.*

En effet, on n'arracha jamais son titre d'abbé de son autre nom, et jusqu'à sa mort, quand on parlait de lui, et même parfois, quand on lui parlait à lui-même, on les lui donnait, en les joignant tous les deux, comme si par là on l'eût cloué à ce pilori d'infamie !

Cependant, il faut bien l'avouer, la Révolution, pour laquelle ce prêtre renégat semblait si bien fait, ne le tenta pas, comme elle avait tenté d'autres prêtres apostats, cupides, corrompus, qui se cachèrent dans ce trou de sang et de boue, — comme Adam se cacha, après son péché. L'insurgé contre Dieu n'apporta point son esprit de révolte à la révolte universelle. Mais il n'eut aucun mérite à cela.

La science le tenait trop fort pour le lâcher un seul instant dans l'arène brûlante de la politique. L'abbé Sombreval continua d'habiter Paris, — le Paris de Marat, de Fouquier-Tinville, des têtes fichées au bout des piques, des cœurs chauds et tressaillant encore, portés dans des bouquets d'œillets blancs, — mais il l'habita comme un plongeur habite une mer vaseuse sous la plus pure cloche de cristal. Pendant que le sang tombait sur la France, de l'échafaud de la place de la Révolution, comme d'un arrosoir, l'abbé Sombreval étudiait tranquillement la formation et la décomposition de ce sang qui avait étouffé son père.

La femme qu'il avait épousée était la fille d'un chimiste, fort riche, avec lequel il s'était lié d'une amitié d'adepte, son complice de science : ami ne dirait point assez pour exprimer cette confraternité ardente dans la recherche des mêmes faits mystérieux, dans la fureur des mêmes découvertes.

Cette fille, jeune et belle, l'avait-il épousée

par amour, ou tout simplement parce qu'elle faisait son lit scientifique, dans la maison de son père ?... La foi, que la science des choses physiques avait tuée en lui, céda-t-elle la place dans cet homme, chaste jusque-là, à la curiosité de connaître la femme ; et cette curiosité âpre et mordante, même pour les êtres les plus purs, s'empara-t-elle fougueusement de cette nature de satyre, renversant l'âme sous l'animal ?

Pour la jeune fille qu'il épousa, orpheline de sa mère, orpheline deux fois, puisque son père avait étouffé son cœur paternel sous la machine pneumatique de son cerveau de savant, elle trouva, en sortant du couvent où elle avait été élevée, l'abbé Sombreval logé chez son père. Il ne portait plus ses vêtements de prêtre. Elle ignorait qu'il en fût un...

Pieuse, mais tendre, elle ne vit en lui qu'un homme plein de génie, et elle se prosterna devant ce génie, devant cette force, cette profondeur et toutes ces grandes incompréhensibilités que les femmes adorent. Quand son père la donna à cet homme pour souder leur liaison par elle, elle aimait Sombreval déjà et elle lui tendit sa main dans toute la confiance d'une âme heureuse.

Nul hasard ne révéla le secret de l'apostat qui, d'ailleurs, avait pris toutes ses précautions et menti à sa fiancée comme il avait menti à son père. Seulement, dans les premiers mois de sa grossesse, une indiscrétion calculée apprit à la *citoyenne* Sombreval que le mari qu'elle aimait était un prêtre, et cela fit sur elle un effet tout aussi terrible que le supplice de la roue sur la femme dont parle Malebranche dans sa *Recherche de la vérité*, laquelle, étant grosse, eut *envie* du spectacle de ce supplice.

L'enfant qu'elle avait dans le sein dut en être marqué. Elle le mit au monde avant terme et elle mourut dès qu'elle n'eut plus à le porter. Elle mourut, n'osant plus regarder l'homme qui l'avait si scélératement trompée, se sentant plus malheureuse qui si elle avait passé par le viol, retrouvant une pudeur plus brûlante dans les affres de sa foi, ayant horreur de cette main qui avait touché au saint calice et qui avait souillé la sienne ; elle mourut, navrée, dans une honte immense et le plus amer désespoir; et ce crime s'ajouta aux autres crimes de cet être funeste, qui tuait avec ses crimes, comme d'autres tuent avec du poison et du fer !

Mais ici l'expiation commença, faible, sourde, il est vrai, mais déjà douloureuse, dans l'âme d'un homme qu'une seule passion semblait remplir. Sombreval engourdi par le serpent de la Science qui se tordait autour de sa vie, avait à peine senti la mort de son père et le dard de foudre de cette malédiction qui aurait dû être pour lui la première flamme du feu de l'enfer, et voilà que les larmes de sa femme à l'agonie, ces larmes obstinées, renaissantes, inflexibles, le poursuivirent encore, même quand les yeux qui les répandaient furent fermés et n'en versèrent plus !

En vain fit-il le fort avec son beau-père, et, matérialistes l'un et l'autre, expliquant tout par des combinaisons de gaz et de fluides, croyant tenir le secret de la création dans le creux de leurs fourneaux et de leur main, se prodiguèrent-ils leurs abjectes consolations de physiciens sur cette mort soudaine d'une jeune femme tuée par un sentiment et par une idée.

Le cœur de l'athée, qui avait trouvé le néant au fond du calice où il avait bu le sang du Sauveur, sentit quelque chose qui s'engravait dans son âme et qui pourrait bien être immortel ! Ce fut le souvenir ineffaçable de *ces* larmes. Le sentiment paternel qu'il avait traité chez son père, le paysan, avec une si hautaine indifférence, le prit à son tour, en regardant cette pâle forme d'enfant, à peine venue, — à peine *aboutie*, — qui était une part de sa vie, à lui, le solide, le puissant d'organes et de chair. C'était une fille.

Il eut peur qu'elle ne vécût pas.

Le confesseur qui avait assisté en secret la

mère à ses derniers moments et baptisé cette enfant fragile l'avait nommée du nom triste et presque macéré de Calixte, qui avait plu à la mourante, et dans lequel il y a comme de la piété et du repentir. Piété et repentir pour un crime involontaire, n'était-ce pas, en effet, toute la destinée de la mère de cette pauvre enfant ? Comme sa mère, elle semblait, elle aussi, vouée à la mort. On aurait dit qu'elle répugnait à l'existence.

L'expression d'horreur pour la vie qu'avait le visage de sa mère avait passé sur ses petits traits, à peine ébauchés, et les convulsait ; mais ce que la douleur et le remords fixe de la *Femme du Prêtre* avaient imprimé plus avant encore sur le fruit de son union réprouvée, c'était une croix, marquée dans le front de l'enfant, — la croix méprisée, trahie, renversée par le prêtre impie et qui, s'élevant nettement entre les deux sourcils de sa fille, tatouait sa face, innocemment vengeresse, de l'idée de Dieu.

Très visible déjà, quoique d'un rose meurtri sur la pâte de ce front presque malléable où les veines semblaient une voie lactée plus que les fils d'un réseau sanguin, ce signe devenait plus apparent au moindre effort de cette organisation chétive. Il se fonçait alors d'un rouge vif, vermeil comme le sang.

Les deux chimistes contemplèrent longtemps ce *jeu de la nature*, parfois si capricieusement féroce. Ils se dirent qu'il trouveraient bien, par la suite, une composition assez puissante pour effacer ce signe imprimé là par la *superstition* d'une mère, et qui devait troubler si singulièrement l'harmonie d'un visage fait peut-être pour être beau. Seulement le père, en parlant ainsi, ne put apaiser son inquiétude, et il trembla de cette perspective d'avoir à retrouver le Seigneur offensé et terrible, — immobile à jamais sur le front que sa fille tendrait un jour à ses baisers.

Car il aurait besoin de ses baisers et de ses caresses. Il le sentait bien! Ce qu'il commençait à éprouver d'affection pour cette enfant, suspendue à la vie par un fil à moitié rompu, devait devenir un sentiment profond, une vraie passion paternelle. Cet amour, qui est un mystère et qui asservit tous les êtres pour les êtres sortis de leurs flancs, s'accomplit dans cet homme, également doué d'une animalité et d'une intellectualité si fortes.

Il aima sa fille parce qu'il était père, mais il l'aima aussi parce que, née sans être viable, il fallait empêcher, à force d'art et de science, de précaution et de divination, qu'elle mourût, et pour ce savant, ce lutteur contre la Nature, elle eut l'intérêt haletant d'un problème. Il partagea son temps entre elle et la chimie, et il parvint à élever... est-ce élever qu'il faut dire? non! mais à faire durer, à conserver, et par combien de soins! une enfant victime des circonstances qui avaient, en quelques mois, détruit sa mère, dans toute la floraison de la jeunesse et de la santé.

Il est vrai que l'intelligence s'alluma plus tôt et plus fort dans ce jeune regard que la vie elle-même, et que des convulsions fréquentes préludèrent à la névrose qui s'empara d'un organisme toujours à la veille d'une excitation suraiguë. Jean Sombreval eut pour la petite Calixte des attentions, des surveillances et des adorations sans bornes.

Cet homme, rude d'écorce et d'une si intense préoccupation de travail, ce grand chimiste qui avait étonné Lavoisier, et qui plus tard fut lié avec Fourcroy, s'attendrit, se fondit, devint mère, de père qu'il était déjà! et présenta le spectacle le plus touchant à ceux qui savent la magie des transformations de la destinée par le cœur. Il épia avec une anxiété palpitante la première étincelle d'un esprit auquel il eût désiré communiquer toutes les énergies du sien...

Entre son père et son grand-père, entre ces deux cariatides, austères et soucieuses, de son enfance, ces deux géants de science et de pensée, la petite Calixte, qui manquait d'une douce influence de femme sur sa tête, aurait pu devenir une pédante comme madame Dacier, une de ces viragos d'intelligence chez lesquelles, comme chez Christine de Suède, l'hypertrophie cérébrale déforme le sexe et produit la monstruosité. Mais une délicatesse inouïe, rendue plus fine et plus exquise par la souffrance nerveuse, la préserva de l'affreux malheur de la *disgrâce* et lui conserva son velouté de fleur, sa poésie.

Son père était trop viril, d'ailleurs, pour ne pas adorer les suaves faiblesses de la femme, et trop grand observateur pour ignorer que là est le secret de l'empire exercé par elle sur les hommes les plus étoffés et les plus vaillants. Il se garda bien de toucher à cette toute-puissante débilité. Il eut pour sa fille, et dans son corps, et dans son âme, et dans son esprit, tous les genres de sollicitudes... hors une seule, hors un point fatal qu'il n'eut jamais le courage de dépasser.

Cet éducateur idolâtre, cette espèce de Prométhée qui aurait voulu faire descendre le feu du ciel dans sa créature, introduire toutes les idées dans ce jeune cerveau, en oublia une, — la plus grande de toutes — l'idée de Dieu.

Était-ce impiété réfléchie ? endurcissement de réprouvé ou impossibilité de traiter avec sa fille ce grand sujet de Dieu auquel il ne croyait plus ? Voulait-il, en laissant dormir à jamais la fibre religieuse dans son enfant, la faire davantage à son image, cette prétention de tout amour qui agit avec ce qu'il aime comme Dieu agit avec sa créature ? Craignait-il plutôt qu'en permettant à sa fille d'être chrétienne comme sa mère l'avait été, elle eût moins de tendresse pour un père qui n'eût pas partagé sa croyance ? Fut-il jaloux de ce Dieu, qui est aussi jaloux de ceux qui l'aiment ?

Mais, quoi qu'il pût être des motifs de cet homme chez lequel tout contractait un caractère de profondeur enflammée, Calixte grandit la tête dans la lumière humaine sans qu'une seule groutte de la lumière divine tombât sur ce front où pourtant on voyait une croix... Jusqu'à son âge de douze ans, elle sut moins de Dieu, de ses commandements, de son culte, que n'en savent la biche et la gazelle dans le fond des bois, lorsqu'une circonstance vint tout changer dans cette âme ignorante des choses divines et dut singulièrement troubler les plans de Jean Sombreval... ou ses rêves, s'il en faisait pour son enfant.

Il y avait déjà quelque temps que la Révolution était finie et que les émigrés avaient pu rentrer dans leur pays. Un de ceux qui rentrèrent le plus tard fut l'abbé Hugon, le parrain de Calixte, le témoin de ce drame intime et domestique qui s'était joué dans cette maison de recueillement et de travail (à ce qu'il semblait) et qui s'était terminé par la mort de sa pénitente.

L'abbé Hugon crut de son devoir d'aller visiter sa filleule, — sa fille spirituelle, que sa mère, au moment d'expirer, lui avait si ardemment recommandée. Il la trouva presque adolescente, trop grande pour son âge, épuisée de précocité. Le bon prêtre s'étonna du spectacle de cette tête, fragile comme une tige, que la science et l'amour paternel soutenaient à fleur d'existence, et qui, depuis douze ans, aurait dû se briser vingt fois.

Il étudia, mais non sans pitié et sans terreur, ce visage d'une beauté effrayante, cette pâleur sépulcrale et pourtant ardente au milieu de laquelle brûlaient deux yeux caves et éblouissants comme deux brasiers sous deux voûtes. Et il ne sut qu'admirer le plus, ou de cette miraculeuse conservation d'un être qui paraissait aussi facile à se dissoudre au moindre choc que les plus frêles poussières d'Herculanum, ou de cette intelligence allumée comme une torchère, dans cette tête malade, comme pour insulter à ces organes de la vie qui ressemblaient à des flambeaux à moitié fondus !

Jusque-là tout était bien ; mais que ne devint pas le prêtre, quand, en causant avec cette fille si avancée sur toutes les choses de la pensée, il s'aperçut que, sur les choses religieuses, elle était d'une ignorance de sauvage ? Oh ! alors le saint courroux du serviteur de Dieu déborda. Il s'expliqua cette ignorance. Il savait l'histoire de l'abbé Sombreval, et si ce jour-là, par une délicatesse qui prenait sa source dans les motifs les plus élevés il ne la dit pas à Calixte, il ne lui cacha pas néanmoins qu'une science orgueilleuse avait faussé l'esprit de son père. Il lui montra à quels périls ce père incrédule l'avait exposée, elle ! et, prévoyant quel vase d'élection pourrait devenir un jour cette jeune fille dans laquelle il reconnaissait une âme supérieure à celle de sa mère, il travailla, selon sa belle expression sacerdotale, à « replacer le Seigneur dans un de ses plus blancs tabernacles. »

Ce ne lui fut pas difficile, Calixte était prédisposée à la foi, et sa tête conformée pour croire tout aussi bien que pour comprendre. L'enseignement de l'abbé Hugon produisit sur elle l'effet de la lumière sur un gaz. Il fit explosion, — et du même coup il éclaira et enflamma cette âme qui fermentait et souffrait peut-être dans les facultés religieuses que son père avait jugées dangereuses et inutiles, et qu'il avait cru *chloroformer* au fond d'elle, en ne les développant pas.

Ce fut donc une vraie Pentecôte pour cette jeune fille pure, poétique, géniale, à la nature d'Inspirée, que les premiers rayons de la religion de sa mère, tombant soudainement dans son cœur. Elle eut comme les Apôtres la divine ébriété de cette langue de feu qni descendait sur elle, à la parole de l'abbé Hugon, et sa joie sainte se répandit jusqu'à son père...

Lui, déjà, avait pressenti, avec l'instinct sagace de l'ancien prêtre, l'influence que prendrait immanquablement sur sa fille cet abbé Hugon revenu de l'exil, ce confesseur qui, aux yeux de Calixte, aurait deux auréoles : — le souvenir de sa mère et l'ascendant du sacerdoce, — et il s'était promis de l'écarter... Malheureusement pour lui, heureusement pour elle, il était trop tard. Calixte s'était précipitée aux pieds de la croix, dès qu'on la lui avait tendue...

Comme la Pauline de *Polyeucte*, elle était devenue chrétienne avec emportement. Une idée terrible arrêta Sombreval. S'il avait tenté d'éloigner l'abbé Hugon de sa néophyte, qui sait si celui-ci ne lui eût pas disputé l'âme de l'enfant qu'il croyait avoir sauvée, et, pour ne pas la perdre, s'il n'aurait pas parlé ?... si de doux et de miséricordieux, devenu implacable, il n'eût pas dit tout ?... et par cette révélation s'il n'eût pas mis dans les yeux de Calixte ces cruelles larmes que lui, Jean Sombreval, ne pouvait oublier et qu'il avait vues jaillir *contre lui* des yeux de la malheureuse mère ?...

Telle est la raison qui *fut* plus forte que la volonté de Sombreval et qui lui fit tendre passivement le cou, comme le taureau du sacrifice, à cette première atteinte de la destinée. Il fut travaillé d'une transe éternelle... D'un jour à l'autre, l'âme de son enfant, — de sa chère enfant, — pouvait moins adhérer à la sienne. Elle pouvait tout à coup lui être arrachée !

Depuis qu'elle existait, il avait tremblé, bien des jours, bien des nuits, en voyant combien peu cette pauvre plante humaine plongeait de racine dans la vie ; mais ici, il ne s'agissait plus de la santé, de la vie et du corps : il s'agissait du cœur, et l'inconséquent matérialiste souffrit plus de la crainte de perdre l'affection de son enfant que son enfant tout entière ! Que de fois il la pressa sur son cœur avec une irrévélable angoisse, comme un homme blessé qui perdrait ses entrailles et les retiendrait avec la main !

Baignée dans la joie d'être chrétienne, Calixte faisait sans cesse intervenir l'idée de Dieu entre elle et son père. Elle avait des mots qui entraient dans l'âme de Sombreval comme des dards. Elle avait d'impitoyables tendresses.

Elle lui demandait pourquoi il ne croyait pas, et quand l'athée répondait tristement, — car il n'avait pas son assurance impie avec cette fillette dont la tête n'était plus pétrie par lui seul ; avec cette catéchumène de deux jours qui brillait de foi et presque déjà de doctrine : — « La pensée n'est pas libre, ma pauvre Calixte, de se faire autre chose qu'une foi scientifique, » — elle lui répliquait avec une grâce attendrie qui le déchirait comme un reproche : « Je prierai tant pour toi, mon père, que Dieu t'enverra la foi religieuse comme il me l'a envoyée. »

Elle lui disait cela si simplement, si profondément, que, troublé, bouleversé et voulant lui cacher ce qu'il éprouvait, il lui prenait la tête dans ses deux mains pour l'embrasser : mais la croix d'entre les sourcils lui jetait son éclair invisible ; et, foudroyé par ce signe muet jusqu'au fond de son être, il baissait tout à coup contre sa poitrine ce front qu'il n'osait pas toucher de ses lèvres, et il l'embrassait sur les cheveux.

Hélas ! les prières de Calixte furent impuissantes. Renversé de plus haut spirituellement que les autres hommes, il est rare qu'un prêtre tombé se relève. Judes, l'apôtre, se pendit. Des remords ne sont pas des repentirs. Jean Sombreval aimait sa fille avec l'enfance de cœur qui trouve un bonheur enivrant dans cette folle obéissance dont on sourit, tout en se regardant obéir, et il se laissait conduire par elle à l'église, lui qui n'y avait jamais mis le pied depuis son apostasie, et qui même évitait de passer devant un portail.

Il l'accompagna régulièrement à tous les offices de cette éloquente Église catholique, qui devaient être pour lui de poignants souvenirs! Il dut se dévorer pendant les longues heures qu'il enlevait à la science et qu'il ne donnait pas à la prière, mais il ne se plaignait jamais, quoiqu'il eût sur le cœur le poids de ces voûtes. Nonobstant cette docilité à la Thémistocle pour le doux tyran de sa vie, Jean Sombreval resta ce qu'il était. Le père expliquait tout en lui, mais l'homme gardait ses pensées.

Ceux qui le voyaient le dimanche à Saint-Germain des Prés, sa paroisse, debout auprès de cette jeune fille douloureusement charmante, à genoux comme un ange sans ses ailes et qui semblait une Mignon des cieux *regrettant sa patrie,* étaient saisis du contraste de ces bras croisés, de cette lèvre immobile, de toute cette attitude endurcie qui disait que l'impiété du réprouvé Don Juan avait passé dans la statue du Commandeur.

Et il en fut toujours ainsi. Même la première communion de Calixte, même la sublimité de cette jeune fille, transfigurée par un pareil jour, n'amena aucun changement appréciable dans Sombreval. Ce qui le tordit et le déchira, — si quelque chose le déchira et le tordit, — nul ne le vit dans l'abîme remué du cœur de cet homme, et rien n'en passa dans les sombres étreintes dont il faillit étouffer sa Calixte, quand elle revint de la table sainte à la maison paternelle, la poitrine pleine de son Dieu.

Ce fut le jour de sa première communion que l'abbé Hugon avait choisi pour révéler à Calixte tout ce qu'il savait de l'ancien abbé Sombreval. Puisqu'il fallait, un jour ou l'autre, lui faire cette épouvantable révélation, il l'appuya contre le Dieu qu'elle venait de recevoir pour la frapper de ce terrible coup...

Sa prudence, — cette prudence du prêtre catholique qui plonge si avant dans la vie et saisit l'âme humaine dans tous ses replis, — avait hésité bien longtemps, mais enfin il s'était dit qu'il valait mieux, à tous les points de vue, que cette *épreuve* eût lieu le jour où, pour la première fois, elle avait, par la communion, bu le sang de l'Agneau et partagé la force divine.

L'abbé Hugon ne se trompait pas. Calixte fut terrifiée de ce qu'elle apprit sur son père;

mais si, comme sa mère, elle l'avait appris par hasard, un tout autre jour, cette révélation inattendue lui eût peut-être été, comme à sa mère, mortellement funeste.

A dater de ce cruel et suprême moment, Calixte eut comme un secret effroi de son père, et Sombreval put deviner à certains frémissements de sa fille, quand il lui prenait sa main pâle, — car la virginité de cette enfant malade n'avait rien de rose, pas même les bras, — à certaines contractions d'horreur éphémère, qu'une pensée muette jetait dans son sourire — que l'abbé Hugon avait tout dit.

Aussi, parfaitement *sûr de cela*, il ne posa à Calixte aucune question directe; il n'essaya pour lui-même aucune justification, aucune explication de sa conduite. Elle aussi se tut. Et pourquoi auraient-ils parlé? Ils se savaient tous les deux. Les années vinrent et passèrent, amenant des évènements de toute sorte et leurs mille changements accoutumés.

Le beau-père de Sombreval mourut. Il resta seul avec sa fille. La névrose dont elle était atteinte multiplia ses phénomènes et finit par dépayser le savoir et le coup d'œil des médecins de l'Europe les plus renommés. Ils désespérèrent de cette jeune fille.

Est-ce à cause de cette désespérance que Jean Sombreval, dont la science était colossale et qui entreprit de guérir lui même sa chère Calixte, pensa à se retirer et à s'enfermer avec elle dans une campagne solitaire où il pût lui prodiguer, sans distraction, les soins qui devaient la sauver?...

Seulement, s'il en était ainsi, et pourquoi non? de toutes les campagnes qu'il pouvait acheter, pourquoi choisissait-il le Quesnay, c'est-à-dire précisément celle où depuis dix-huit ans son nom croupissait, sans périr, sous le déshonneur, l'exécration et la honte?... Voilà ce qui, dans le temps, fut un problème insoluble de cœur humain, pour les gens sages, et ce que ne purent jamais pleinement savoir les gens curieux.

II

AIS ce qui ne fut pénétré ou su par personne, Jeanne Roussel prétendait, à bien des années de là, le savoir, et elle le racontait — quelquefois — rarement — car elle n'aimait pas cette histoire ; et quand elle la racontait, elle ne disait point de qui elle la tenait, et je ne crois pas qu'elle l'ait dit jamais, mais enfin elle la racontait et d'un ton si étrangement puissant et si sûr de son dire, qu'on la croyait et que même il était impossible de ne pas la croire.

Eh bien, à ce soir-là, — disait Jeanne Roussel, — où Jean Sombreval arrêta le marché du Quesnay, dans l'étude de maître Tizonnet, notaire, et lui commanda l'acte de vente sous le plus bref délai possible, car il était pressé, — il sortit sans avoir rien pris (chose anti-normande ! maître Tizonet n'ayant pas osé l'inviter à se rafraîchir), et il tira droit du côté de la terre qu'il venait d'acheter.

La nuit commençait à se répandre, mais il faisait encore une goutte de jour qu'elle n'avait pas noyée dans son envahissante obscurité. Il résultait de cela un crépuscule qui faisait paraître les chemins plus blancs et les haies plus sombres... Quoiqu'il y eût plus de vingt ans que Jean Sombreval n'eût passé par les chemins qu'il enfilait, ce soir-là, d'un pied où l'on sentait encore le muscle de l'ancien marcheur, il ne se trompa point d'un seul pas aux carrefours qui, à certains endroits, courbaient ou étoilaient la route.

A cette époque-là, les chemins changeaient peu. A cela près de quelques ornières que le poids des charrettes gravait, comme une ride de plus, sur une vieille surface, ou encore de quelque effondrement de terrain, ici ou là ; de quelque mare survenue entre deux pentes et dans laquelle l'ocre et la glaise se dissolvaient tristement en silence, les chemins restaient de longues années ce qu'autrefois on les avait vus.

A travers les incertaines et fraîches brumes de ce jour baissant, Jean Sombreval reconnaissait jusqu'aux cailloux contre lesquels il avait butté dans sa jeunesse, mais il ne s'arrêtait pas à les contempler, en rêvant. Il marchait vite : le fermier du Quesnay pouvait être couché — car c'était la saison de l'année où, dans les fermes, on se couchait avec le jour. — Et puis, il y avait peut-être une raison pour qu'il fût bien aise d'avoir dépassé un certain point de la route qu'il connaissait bien...

Ce point, il allait y toucher tout à l'heure. C'était un petit tertre de gazon, placé au centre de trois chemins qui s'entre-croisaient, et sur lequel s'élevait jadis une croix en *carreau*, — sorte de pierre blanche et tendre, particulière au pays. Quand il était jeune et fervent, il avait prié devant cette croix. Il s'était beaucoup agenouillé au pied, dans ce temps où son âme était blanche comme elle.

Force du souvenir ! il y pensait... Il espérait bien que la Révolution avait jeté bas cette croix de pierre... et de fait, elle l'avait renversée, mais la dévotion des hameaux voisins l'avait remplacée par une croix d'un bois très grossier, qu'il aperçut, noire et décharnée, comme un spectre de l'autre croix, dans les ombres tombantes... Il ne s'arrêta point à la regarder, mais il passa devant, de son pas ordinaire, sans le hâter ni le ralentir.

C'était une âme perdue, mais ce n'était ni un fanfaron ni un lâche. Il ne croyait plus à Dieu, mais il ne le bravait pas... Quant, tout à coup, une voix qui semblait venir du tertre, où se dressait la croix, dit très haut, d'un ton d'ironie calme et mordante :

— Tu t'en vas donc au Quesnay, l'abbé Sombreval?

Ceci l'arrêta court. — Il était arrivé de la ville de. ., distante de quatre lieues du bourg de S..., dans l'après-midi. Il était venu à cheval et n'avait, au bourg dont il sortait, parlé à personne, si ce n'est au garçon d'écurie de l'*Hôtel de la Victoire*, chez Picot, et à maître Tizonnet, le notaire, qui d'ailleurs ne l'aurait pas reconnu, s'il ne lui avait pas décliné son nom. Il pouvait donc se croire parfaitement inconnu dans le pays.

D'un autre côté, excepté à Tizonnet, — il n'y avait qu'un moment, — il n'avait dit à âme qui vive son projet d'acheter la terre du Quesnay. Il devait donc y avoir pour lui quelque chose d'effrayant dans cette voix qui lui jetait insolemment son nom en pleine route, et qui lui disait si bien où, présentement, il s'en allait.

Mais il ne fut pas effrayé, car, malgré son incognito et son silence, il savait, à n'en pouvoir douter, qu'il existait dans le pays une personne, une personne seule, il est vrai, qui l'attendait depuis que le Quesnay était sans maîtres.

Seulement, que cette personne fût précisément là, à cette heure de vesprée tardive, et le reconnût après vingt ans qu'elle ne l'avait vu, comme il longeait ainsi les haies et se coulait dans l'ombre, c'était plus qu'étonnant, en vérité !

— Oh ! il n'y a qu'*elle* qui puisse me reconnaître, — fit-il tout haut, en plongeant de ses yeux fauves, dont l'âge n'avait diminué ni l'ardeur ni la portée, du côté de ce tertre qu'il ne s'était pas soucié de regarder.

— Et il n'y a, — dit la voix, — que Jean Sombreval, l'ancien prêtre, qui puisse passer la tête couverte devant la croix du Sauveur des hommes, sans y prendre plus garde que la bête qui passe, en paissant !

Et Sombreval vit alors au pied de la croix de bois et sur les tronçons du carreau renversé, qui avaient été la croix de pierre, une forme humaine, — une femme assise dont on ne distinguait alors ni vêtements ni le visage, tant il commençait de faire noir !

—Tu n'as pas menti, la Malgaigne,—dit Jean Sombreval, — car tu ne peux être que la Malgaigne, toi qui viens de parler et qui sais si bien qui je suis et où je vais à cette heure. Oui, c'est moi ! Jean Sombreval, qui passe et qui vas au Quesnay, à cette terre dont ne voulait personne et qui m'appartient, de ce soir !

— Vrai ! l'as-tu enfin ? Est-ce fini ?... dit-elle,

comme si une anxiété, pleine d'impatience, l'avait dévorée depuis bien longtemps.

— Oui, c'est fini! dit Sombreval. La chose a eu lieu comme tu l'avais *vue*, la Malgaigne!

— C'est à faire trembler, interrompit la femme. Toute ma vie, j'ai espéré que je m'étais trompée et que le démon s'était joué de nous deux... Mais c'est Dieu plutôt qui va se jouer de nous d'une manière terrible... Toi le maître du Quesnay, Sombreval!

— Aussi réellement que tu l'as vu sous le porche de l'église de Taillepied, le jour que le tonnerre tomba sur la tour — dit Sombreval. — J'ai passé ma vie à me moquer de cela et à y penser. C'est une chose étrange! La pensée en a toujours été plus forte en moi que la moquerie. A force d'y penser, sans doute, j'ai fini par faire ce que tu avais prédit, la Malgaigne. J'ai acheté le Quesnay, moi Jean Gourgue Sombreval, le paysan, la veste rousse, qui ai tant de fois rôdé, pieds nus dans la crotte, au bord de son étang, pendant mon enfance, et qui ai tant rêvé la vie des maîtres, en regardant ses murs!

— Il y a bien de ton ancien orgueil là-dedans..., dit la Malgaigne. Mais, si tu n'as pu faire autrement que d'acheter le Quesnay, au moins, n'y vis pas! Ils disent que tu as un grand esprit et un grand savoir, quoique tu te sois mal servi de l'un et de l'autre, mais crois-en la Malgaigne, si tu peux ! Crois-en celle qui t'eût épargné bien des fautes, si tu l'avais crue. Ne montre pas dans le lit vermoulu des du Quesnay un crime plus grand que tous leurs vices. Ne t'en viens pas dans un pays où tu es encore plus honni qu'eux... où l'on se signe quand, par hasard, on parle de toi ! Dieu t'a donc crevé les yeux, les oreilles, l'entendement, tout ! Tu veux donc vivre dans ton château comme le crapaud dans sa pierre ! Moi qui ne bouge plus guère de ma bijude, je suis venue ici ce soir, poussée par un instinct. Les moineaux sentent le faucon dans l'air sans le voir, et ils se hérissent... Moi, je sentais dans l'air Sombreval, et tu vois, je me suis trouvée juste sur ton chemin encore une fois, Sombreval ! Encore une fois inutile ! Car je te connais, tu n'as pas changé ! Tu es le même qu'il y a vingt ans, quand tu marchas par-dessus mon corps que je mis en travers de ma porte pour t'empêcher d'aller à la perdition ! Tu marcherais peut-être encore par-dessus moi, — ce soir — si je me mettais en travers du chemin que tu suis !

— Oui ! — dit Sombreval avec l'horrible sécheresse d'une résolution qui ne peut plus être ébranlée ni par raison humaine ni par raison divine, — et il tourna le dos à celle qu'il avait appelé la Malgaigne, et il s'en alla au Quesnay.

Voilà ce que racontait Jeanne Roussel. Mais, pour bien le comprendre, il faut dire aussi ce qu'elle ajoutait. Cette vieille femme, cette Malgaine, rencontrée si singulièrement à la croix des Trois-Chemins par Jean Sombreval, était une ancienne fileuse, voisine du clos au père Sombreval, et qui l'avait aidé à élever son dernier enfant.

Le père Sombreval était un *veuvier*, comme on dit dans le pays. Perpétuellement à la charrue, il avait eu besoin d'une main de femme à la maison pour décrasser le visage de singe du petit Jean avec le bas de son tablier et peigner sa chevelure crépue.

La Malgaigne, qui fut cette main-là, n'avait jamais pu trouver dans les dix-sept paroisses dépendant du bourg de S... un garçon assez intrépidement dégourdi pour l'épouser *soi-disant* parce qu'elle était *un brin* sorcière. Telle était du moins l'opinion de plus d'une commère dans les fermes, — de la Lande des Hériques au Gripois.

Quand Jean Sombreval attrapa ses quinze ans et fut mis *en camérie* au bourg de S... elle avait, elle, dépassé plus de la moitié de sa vie. Aux vacances, lorsqu'il revenait au clos, il ne manquait pas d'aller *voisiner* chez la Malgaigne:

mais, si elle aimait son espèce de nourrisson, elle ne se souciait ni des livres qu'il avait toujours à la main et dans les feuilles desquels il plongeait son vaste front pensif, ni des ambitions dont elle sentait la flamme couvant, à travers ce jeune homme, comme on sent à travers une cloison la chaleur d'une chambre qui serait en feu.

Cela devint même si fort, l'horreur dont elle se prit contre les livres et les études de Jean, que lui, qui alors étudiait presque malgré son père, crut longtemps que le vieux Sombreval induisait sournoisement la Malgaigne à le dégoûter de ses travaux.

C'était peut-être vrai, peut-être faux, que cette idée ! mais toujours est-il qu'elle se tuait à lui répéter sur tous les tons : « Tu travailles à ton malheur, Jean ! Tu *maçonnes sur ton dos* un édifice qui t'écrasera comme Samson, mais qui n'écrasera pas tes ennemis ! »

Or, un jour de certaine année, pendant les vacances, où elle s'était montrée plus acharnée que jamais contre les livres et les études de Jeanotin, comme elle l'appelait par mignonnerie, par manière de caresse, ils allèrent tous deux rôder du côté de Taillepied, qui n'était pas loin de leurs chaumières ; et toujours elle le harcelant à propos de ses *livreries*, et lui s'échauffant contre ses reproches, il s'impatienta tout à fait, le bouillant jeune homme! et, poussé à l'extrême, il finit par la mettre au défi, puisqu'elle en voyait si long et que d'aucuns la croyaient sorcière, de lui dire, une bonne fois pour toutes, ce qui arriverait de ses goûts d'apprendre et de son avenir.

Elle ne put, à ce qu'il paraît, résister à ce défi... sans y répondre, et elle dit à Jean d'aller chercher de l'eau plein son écuelle, à la première mare qu'il rencontrerait au bas du mont, tandis qu'elle chercherait des herbes dont elle avait besoin pour faire son charme.

Il y alla donc et, quand il revint, elle l'entraîna sous le porche de l'église de Taillepied, qui couronne la cime verte de ce mont, lequel a, comme on sait, la forme d'un œuf coupé par la moitié, et préoccupés ou plutôt possédés tous deux d'une curiosité qui leur fit oublier qu'ils étaient sous la porte de la maison de Dieu, elle attacha, après bien des simagrées effrayantes, ses deux yeux blancs sur l'eau charmée qui frissonnait comme si un feu avait été dessous, et elle dit à Jean « qu'elle le voyait prêtre, — puis marié, — et puis possesseur du Quesnay (or, à ce moment-là, les du Quesnay étaient encore dans l'opulence, et personne ne pensait à leur ruine), — enfin que l'eau lui serait funeste et qu'il y trouverait sa fin. »

Jean se mit à rire de cette prédiction, mais ce qui lui *renfonça le rire dans la gorge,* — disait Jeanne Roussel, — fut la foudre qui tout à coup tomba sur la tour du clocher et le coupa à moitié de sa hauteur aussi net que la serpette du jardinier coupe une asperge.

Un orage s'était formé, rapide, pendant qu'il étaient sous le porche de l'église fermée à la clef, comme toutes les églises dans les campagnes... Ils se crurent perdus, car les pierres de la tour roulèrent jusqu'à eux sous le porche.

Ce coup de tonnerre leur sembla comme un avertissement de Dieu. Du moins fut-ce à dater de ce grand péril que la Malgaigne renonça à ses sorcelleries et qu'on la revit aux églises où depuis longtemps on ne la voyait plus. Seulement, toute pieuse qu'elle fût redevenue, elle resta toujours sous l'impression de ce qu'elle disait avoir vu dans son eau charmée et cela lui fut une raison de plus pour supplier Jean, à mains jointes, de renoncer à ses lectures et à ses ambitions : mais, — ajoutait encore Jeanne Roussel, — rien n'y fit, pas même, quand il voulut partir pour le séminaire, de se coucher comme une chienne, à travers le seuil, pour l'empêcher de sortir... C'était la scène sublime de la légends de saint Colomban retournée.

En effet, si lui, le beau Saint des forêts de

la verte Irlande, passa sur le corps de sa mère, ce fut pour aller à la gloire du ciel parmi les hommes, tandis que Jean Sombreval... l'*abbé* Sombreval..., on ne savait que trop où il était allé !

Cependant il atteignit bientôt le Quesnay. On n'y voyait plus : la nuit était complètement venue. L'étang, qui dans toute saison était couvert d'une mousse verte, n'envoyait pas dans les ténèbres de ces reflets d'acier que l'eau jette parfois sous un ciel de nuit.

Sombreval en devina plutôt la place qu'il ne put la voir, mais il s'arrêta pourtant pour la contempler, comme s'il la voyait. Il se rappelait qu'il n'y avait point de parapet à ce traître bout de route, et, la prédiction de la Malgaigne lui montant à la tête, il recula de quelques pas. Jusque-là elle avait vu si clair !

III

'ÉTANG dépassé, Sombreval gagna le château, dont il ouvrit la grille sans sonner. Il était chez lui déjà ! Il y arrivait mystérieusement et tranquillement comme un maître qu'on n'attendait pas... Et de fait on n'attendait pas celui-là chez le fermier, Jacques Herpin, dont il poussa la porte sans que les chiens eussent seulement grogné.

Et il se trouva de plain-pied dans la cuisine de Jacques Herpin, grande pièce noire et *terrée* que la fumée avait bistrée aux vitres et aux murs, autrefois blanchis à la chaux, et qui n'était alors éclairée — mais qui l'était vigoureusement de bas en haut — que par un vaste feu de pommier et de fagot allumé sous une grosse marmite où bouillait le souper des gens.

Il n'y avait autour de ce feu que le vieux Herpin, assis ou plutôt accroupi sur un tabouret — une chaise dont on avait coupé les pieds — lequel Herpin ressemblait, pour la gravité, à un vieux hibou qui rêvait, et comme le hibou, clignait ses yeux ronds à cette vive lumière qui lui venait du feu.

Sa femme, la jupe relevée et nouée derrière elle, allait et venait et *sabotait* autour de sa marmite, qu'elle écumait de minute en minute et sous laquelle elle rapprochait les tisons croulés. A genoux dans un coin, une servante, au chignon défait et aux bras rouges comme de l'écarlate, frottait le cuivre d'une poêle à bouillie.

Une autre, plus jeune et moins robuste, coupait le pain de la soupe, au bord de la table. Les deux fils qu'on attendait pour la tremper étaient, l'un à l'écurie, l'autre à l'étable. Un vieux scieur de long, qui s'appelait Giot, et le couvreur en paille Livois, connu comme Giot de toute la contrée, étaient assis, genou à genou, sur la bancelle de la table.

Ils dirent, à quelques jours de là, qu'ils furent les premiers à reconnaître Jean Sombreval quand il entra, car ils avaient joué bien des fois avec lui à la *quillebote*[1] dans leur jeu-

---

1. C'est le jeu du bouchon, en patois normand.

nesse, et avant qu'il fût au séminaire : mais ils ne soufflèrent mot. Sa seule vue fit sur eux l'effet de la vue du Démon.

Du reste, Sombreval dit ce qu'il était sans barguigner, — racontèrent-ils, — et il tendit à Jacques Herpin la lettre du notaire de S... qui lui mandait que le Quesnay était vendu. Or, si le petit Tizonnet avait été presque effrayé en voyant tomber chez lui, à la brune, ce sinistre acquéreur d'une terre qui semblait devoir passer en de pires mains que celles qui jusque-là l'avaient possédée, Jacques Herpin ne fut pas moins désagréablement surpris en en voyant le maître avec lequel il allait avoir à compter.

Depuis que la terre était affichée, et même sous le dernier des Quesnay, lequel avait l'apathie des gens ruinés, qui se sentent perdus, Jacques Herpin, dit la Main-Crochue, régnait au château et sur la terre et y *faisait royalement ses orges :* mais avec l'homme qui venait d'entrer tout à coup sous les poutres de sa cuisine et qui s'annonçait comme le maître de céans désormais, il comprit fort bien qu'il aurait un houblon plus amer à brasser qu'avec le bonhomme du Quesnay, le dernier Roi Fainéant de sa triste race, cloué et roulé par sa goutte et par la paresse dans son fauteuil de basane et sa redingote de molleton blanc,

Quoique maître Jacques Herpin fût, comme tout paysan bas-normand, un esprit lent et à pas de bœuf, cette pensée-là ne mit pas grand temps à faire le tour de sa caboche. Dès qu'il eut jeté deux ou trois regards obliques à Sombreval, il sentit tout de suite quel homme c'était.

Jean Sombreval, en effet, quoiqu'il approchât de la soixantaine, suait encore cette force que les gens du peuple respectent. Sa figure osseuse, labourée de rides, où l'endurcissement de l'âme avait mis le calus d'une volonté de fer, forgée à froid ; ses yeux, — deux vrais coups de hache qui tombaient sur vous, en brillant, — ses sourcils grisonnants et touffus dans lesquels se cachait un monde de pensées, toutes ces choses faisaient de sa personne un ensemble difficile à braver et même à regarder avec indifférence.

Appuyé sur son bâton de houx à nœuds, revêtu de cette espèce de redingote de voyage, croisée sur la poitrine et à col droit, que l'on appelait en ce temps-là une redingote *à la saxonne*, avec son *charivari* de coutil à mille raies blanches et vertes et à gros boutons d'os blanc qu'il n'avait pas défaits, en descendant de cheval à S..., il ne rappelait guère l'ancien et jeune abbé qui avait fait autrefois l'édification du canton de S... et de ses dix-sept paroisses! Et qui même aurait dit que cet homme-là eût été jamais un prêtre?

Lorsque la lampe fut allumée et que Jacques Herpin se fut mis à lire la lettre de maître Tizonnet, Livois et Giot se montrèrent du coin de l'œil leur ancien camarade de quillebote. Il venait d'ôter son chapeau, couvert d'une toile cirée contre la pluie, et il passait sa main musclée sur son grand front soucieux.

Les cheveux boulus qui l'ombragaient étaient plus noirs que gris encore, mais le temps, cet atroce railleur, avait dégarni le sommet de cette tête, et y avait exactement dessiné une tonsure que Giot montra tout bas à Livois, en le poussant du coude : « En v'là une, du moins, dit le scieur de long, qu'il ne pourra pas effacer ! »

La lettre de maître Tizonnet à Jacques Herpin était positive. Le Quesnay était acquis par Jean Gourgue, dit Sombreval, qui l'avait acheté à prix débattu et qui voulait ce soir-là juger par lui-même des réparations intérieures qu'il y avait à faire au château.

— Nous avons du cidre et du jambon sur la tuile, monsieur Sombreval, dit Jacques Herpin, qui prit enfin le parti de faire bonne mine à mauvais jeu. Ma femme mettra des draps dans la chambre au *lit rouge*. Vous ne retournerez pas ce soir au bourg, et puisque vous êtes chez vous, vous ferez comme chez vous. — Sombreval dit en effet qu'il coucherait au Quesnay cette nuit-là, son intention étant seulement de voir l'état des appartements et de repartir à la pointe du jour, le lendemain.

Jacques Herpin prit donc une chandelle dans un flambeau de cuivre et conduisit Sombreval partout où ce dernier lui dit d'aller. Il le *pilota* à travers les escaliers et les corridors du château. Tous les deux marchant l'un devant l'autre, ils visitèrent les appartements étage par étage, le fermier donnant au nouveau maître les détails et les explications qu'il lui demandait.

Sombreval semblait prendre un cruel plaisir à voir l'état de délabrement de ce château dans lequel il s'était senti si écrasé et si petit pendant son enfance, quand il y venait avec son père vendre le gibier tué sur son clos.

Ce délabrement était affreux. Les tapisseries déchirées pendaient le long de leurs lambris comme des drapeaux qui semblaient pleurer leur défaite. Les glaces encrassées de poussière et tachées ignoblement par les mouches avaient du fond de leurs toiles d'araignée, des reflets verdâtres et faux. Les plafonds s'écaillaient.

L'air humide de l'étang avait pénétré dans les appartements dont les fenêtres surplombaient la pièce d'eau et y pourrissait les boiseries. Le vent jouait dans les ferrures des fenêtres et faisait, par intervalles égaux, grincer, en les agaçant, les persiennes. C'était enfin la poésie de la ruine et de l'abandon !

— Il était temps que cela fût vendu, monsieur Sombreval, — dit Jacques Herpin, fort peu sensible à cette poésie, en lui montrant tout un panneau qui s'effondrait. Rien ne tient plus ni à clou ni à cheville, et vous en aurez pour de l'argent, des réparations !

Sombreval ne répondait pas. Il cognait contre les vieilles boiseries sculptées, de son bâton de houx, et les bois vermoulus croulaient en poussière impalpable. Il pensait que sans cet abandon, sans cette ruine, le château du Quesnay ne fût pas tombé de la main de ses anciens maîtres, comme un nid brisé, dans sa main.

Quand Jacques Herpin revint à la ferme, on remarqua avec étonnement que le nouvel acquéreur de la terre ne le suivait pas. « Il est resté dans la chambre au lit rouge, fit le fermier. Il a dit qu'il n'en descendrait pas et qu'il n'avait besoin de rien, — pas plus de souper que de se coucher, car il paraît qu'il ne mange ni ne dort, ce réchigné-là.

« Un singulier seigneur que nous allons avoir au Quesnay, garçons ! Par la sainte Messe qu'il a dite autrefois ! il vous a un ton de commandement aussi fier que l'ancien grand Bailli

Ango, notre lieutenant général de justice ! Et c'est pourtant comme nous un fils de l'ornière, et un plus pécheur que nous, puisque c'est un défroqué.

« Quand, sur son ordre, j'ai dévalé de la chambre par les escaliers, je l'ai entendu qui tirait les verrous derrière moi, et il ne vous rouvrirait pas, Blandine ! Gardez donc votre jambon et vos draps, ma fille ! Je l'ai laissé assis à la table où le vieux monsieur du Quesnay nous *libellait* ses quittances, dans les temps ; mais ce qui m'a surpris plus que tout, c'est qu'il a tiré de sa poche un *cassetier*[1] plus gros que celui d'une ménagère, et du *cassetier*, une fiole dans laquelle il y avait quelque chose d'épais comme de l'huile et de rouge comme du sang, et il l'a bu tout à même la fiole en disant qu'il n'avait besoin que de ça...

« — Pas grand'chose, monsieur Sombreval (que je lui ai dit), pour vous *rafaler !* — Mais il m'a jeté un regard qui m'a ôté l'envie de rire, car, après tout, le v'là le maître, et il ne paraît pas commode, le vieux rénégat ! et j'ai descendu les escaliers lestement et la bouche cousue. »

Tel fut le récit de Jacques Herpin. Au fond, rien n'était plus simple que cette conduite dont

---

[1] Un étui.

le paysan s'étonnait. Sombreval avait résolu de passer la nuit à écrire à sa Calixte, à sa fille bien-aimée, pour lui apprendre son acquisition du Quesnay.

Cette huile rouge qu'il avait bue était une essence composée par lui et qui avait les propriétés d'un cordial chaleureusement tonique, lequel tout à la fois réconfortait et empêchait de s'endormir : mais la réputation de Sombreval était si atroce, que son atrocité créait, du coup, l'incroyable et le merveilleux..., et que ce fut de ce soir-là et de la ferme de Herpin que partirent, avec Giot et Livois, les premiers bruits qui commencèrent de circuler du bourg de B... au bourg de S..., à savoir : que les crimes de l'abbé Sombreval, le prêtre marié, l'empêchaient de dormir, et qu'il ne vivait plus, — soit pour le boire soit pour le manger, — que de la cuisine du diable, depuis qu'il avait si publiquement et si scandaleusement renié Dieu.

IV

R, quinze jours après cette visite nocturne de Sombreval à son château du Quesnay, on vit arriver au château des caisses de toute forme et de toute grandeur, lesquelles, — dirent les rouliers qui les apportèrent, — ne devaient précéder que de fort peu les nouveaux maîtres. On déposa ces caisses au hasard dans les appartements du château, mais quelques-unes étaient si grandes qu'elles ne purent passer par les portes et qu'on les laissa dans la cour, couvertes de leurs toiles cirées et dans la paille éparse de leur emballage.

Pour des paysans dont l'imagination fermentait et travaillait sur le compte de cet abbé Sombreval, entr'aperçu un soir, comme un revenant, après tant d'années, et qui venait tranquillement se mesurer avec le mépris de tout un pays exaspéré, ces caisses, aux formes étranges, placées dans la cour du Quesnay, étaient un perpétuel aliment de *dirie*. Les garçons de la ferme les regardaient assis dessus, en les frappant du talon de leurs gros sabots, et se demandaient ce que de pareilles boîtes pouvaient contenir. « C'est le mobilier de l'enfer, » disaient-ils, ne pouvant rien accueillir de la vie ordinaire sur cet homme qu'ils ont toujours cru capable de tout, ainsi que la suite de cette histoire va nous le faire voir.

C'était le 13 du mois et un vendredi, — car ils ont retenu les moindres circonstances de l'arrivée définitive de Sombreval au Quesnay et de son séjour dans le château qu'il ne devait plus quitter, — oui, c'était le 13 du mois de juin 18... qu'il y arriva avec sa fille, — *la fille au prêtre !* comme ils n'ont jamais cessé de l'appeler pendant tout le temps qu'ils l'y virent, et comme ils l'appellent certainement encore, si quelques-uns d'entre eux en parlent là-bas, comme nous ici sur le balcon de ce quai, maintenant silencieux.

Il était environ six heures du soir. Le soleil, qui passait obliquement ses rayons par-dessus la saussaie et enflammait un couchant teint de vermillon, semblable à un rideau de pourpre auquel le feu vient d'être mis, allumait aussi les toiles cirées des caisses, empilées dans les cours et attachait ses rosaces flamboyantes aux vitres des fenêtres, qu'on avait nettoyées au blanc d'Espagne, il y avait quelques jours. Les Herpin, qui venaient de rentrer des champs pour la collation, allaient et venaient dans la cour, et ils parlaient à travers la grille à un jeune homme qui ne passait jamais par là d'ordinaire : mais on ne fuit pas sa destinée. Ce jeune homme à cheval, et qui n'en était pas descendu, disait alors aux Herpin :

— Hé! les fils à Jacques! quel jour attendez-vous vos misérables maîtres, et le Quesnay va-t-il bientôt être infecté de la charogne de votre vieux scélérat de Sombreval ?...

Il n'avait pas fini cette phrase d'un mépris vomissant, qu'un vigoureux coup du plat de la main fut appliqué sur la croupe de son cheval. La main qui l'appliqua, large comme une roue de charrette, était si puissante que le cheval, surpris, se cabra sous cette claque retentissante, qui fit le bruit d'un coup de battoir sur du linge mouillé, et qu'en s'enlevant il fit porter la tête du cavalier, négligent et distrait, contre la grille de fer à laquelle il se blessa. Il ne tomba pas cependant de la force du coup, et même il leva sa cravache... Mais un nuage passa sur ses yeux et la tête blessée s'affaissa sur la crinière de l'animal qui ne s'était pas renversé.

— La charogne n'est pas encore trop pourrie, hein? — dit Sombreval d'une voix qui emplit toute la cour et qui attira les Herpin à la grille où ceci venait de se passer avec la rapidité de l'éclair.

C'était Sombreval, en effet. Il avait laissé à moitié chemin la carriole de S... qui l'amenait au Quesnay avec sa fille, et tenté par ce beau soleil couchant, le vrai soleil de Normandie, pays d'automne et de couchers de soleil, il était venu à pied, Calixte à son bras, voulant lui montrer, à pleine vue, le paysage au sein duquel elle allait désormais habiter.

Elle était encore à son bras, mais elle y était toute tremblante... Quand le cavalier inconnu s'était heurté contre la grille, elle avait poussé un cri, en se pressant contre son père, et par ce cri et par ce mouvement elle avait arrêté Sombreval, dont la main s'étendait de nouveau pour châtier l'insolent qui avait parlé et que, par hasard, il avait entendu.

— Père ! lui dit-elle, pardonnez-lui, puisqu'il est blessé !

— Bah ! répondit Sombreval, un coup à la tête, c'est une correction d'étourdi ! Mais, puisque tu veux sauver ce freluquet, que ta volonté soit faite, ma chère enfant !

Et il prit par le milieu du corps, à hauteur de ceinture, le jeune cavalier, à moitié évanoui et l'enlevant de la selle avec la légèreté d'une plume, il lui fit vider les étriers.

— Tiens, ma Calixte, — dit-il en éclairant son visage sombre d'un sourire qu'elle seule faisait naître, — je te l'apporte pour que tu guérisses le mal que ton père lui a fait.

Et il déposa le jeune évanoui devant elle, et il le coucha sur la margelle du mur à hauteur d'appui qui faisait soubassement à la grille de la cour.

Les Herpin étonnés regardaient cette scène avec des yeux grands comme des portes.

— De l'eau! leur dit-il avec sa brusquerie impérieuse, et l'un d'eux étant allé lui en chercher à la ferme, il y trempa le mouchoir de sa fille et il en lava le front du blessé qui rouvrit les yeux.

En apercevant Sombreval, le jeune homme se dressa sur son séant et, d'un geste plein de ressentiment, fut pour repousser la main qui pansait sa blessure; mais Calixte qui vit le mouvement prit le mouchoir des mains de son père... et le jeune inconnu s'arrêta, — il l'a dit lui-même, — comme s'il avait vu Dieu, et il tendit son front à la main de la fille du prêtre, quoique ce fût pour lui, en chair et en os, la fille du Démon!

De tous les hommes de ce pays, fermé si longtemps à l'esprit nouveau et qui avait encore l'arome des mœurs anciennes, comme le linge serré dans les armoires de ses ménagères garde la senteur des prairies où il a séché, l'inconnu, en effet, que le hasard et l'injure venaient de livrer au bras robuste de Sombreval et à la main bienfaisante de sa fille, était certainement celui-là qui devait le plus énergiquement résumer en sa personne l'horreur et les superstitions de la contrée.

Ni le petit Tizonnet, le notaire, ni Jacques Herpin, ni Giot, ni Livois, gens de mince état et d'ailleurs, d'âme assez tranquille ne pouvaient approcher en intensité de sensation de ce jeune homme absolu et fougueux. A celui-là, tous les préjugés, tous les sentiments, toutes les religions de la vie devaient s'insurger à la seule pensée des Sombreval. Ils devaient être réellement pour lui des démons — ou pis encore — des crachats de démon sous la forme humaine ! C'était un cousin des du Quesnay et le fils d'un gentilhomme du pays, qui, malgré la Révolution et la gloire de Bonaparte, alors au zénith de sa puissance, avait le plus opiniâtrément gardé les traditions de son berceau.

Il portait un nom aussi vieux que les marais du Cotentin. Il s'appellait Néel de Néhou. Les Néhou se vantaient de descendre du fameux

Néel, le vicomte, qui, sous Guillaume le Conquérant, avait arraché le donjon de Saint-Sauveur aux Anglais, et pour cette raison, l'aîné de leur famille portait toujours le nom de Néel, de coutume séculaire.

Issu d'une mère polonaise que son père, Éphrem de Néhou, avait épousée par amour, à Dresde, lors de la première émigration, et qu'il avait déjà perdue, quand il revint dans le pays lorsque les émigrés rentrèrent (car cet indomptable Terrien aimait tant la poussière dont il avait été Seigneur et maître, qu'il racheta des deniers de la dot de sa femme ce qui restait de son manoir décapité et quelques bribes de ses anciennes terres, alentour), le jeune Néel de Néhou, d'un an plus âgé que Calixte, avait la beauté de sa mère et l'impétuosité de ce sang slave qui arrêta si net sur une poignée de lances tendues les masses turques débordées ; puis, plus tard, perdit la Pologne pour avoir, dans des Diètes, ouragans d'orgueil et de colère, fait voir trop vite le jour aux sabres tirés.

De tempérament, Néel était plus Polonais que Normand, mais c'était un Polonais du temps de Sobieski. Il en eût porté héroïquement le carquois d'or. Sa violence, qui ressemblait à certains coups de vent dans les steppes, paraissait excessive et même un peu folle dans un pays de sens rassis, de ce bon sens normand, tout-puissant et calme, que l'on peut appeler *stator,* comme Jupiter! Mais cette violence était accompagnée d'un éclat si vibrant et si pur de qualités chevaleresques, que pour la première fois charmée, la Judiciaire normande la lui pardonnait.

Il semblait que ces qualités rayonnassent d'un éclat plus vif à travers cette fougue, un peu sauvage, comme les diamants de ces Polonais venus, sous Louis XIII, au mariage de mademoiselle de Gonzague, brillaient et se détachaient mieux sur le fond hérissé des martres zibelines et la toison des astracans.

D'ailleurs la vie que menait ce fier et noble jeune homme, et surtout l'avenir sur lequel il portait, en frémissant, ses beaux yeux d'antilope, si fauves et si doux, expliquait le jet de cette flamme qui jaillissait si vite de son âme émue! Il souffrait déjà de la vie. Créé pour la lutte et la guerre comme tous ses aïeux, il se dévorait dans un loisir qui pesait à ses instincts d'héroïsme.

Il avait besoin de sentir battre sur ses sveltes jambes d'Hippolyte le sabre courbe avec lequel ses pères maternels coupaient la figure des Pachas, et il n'y sentait jamais que le fouettement de sa cravache, rêveuse ou forcenée. De double race militaire, il aspirait l'odeur des combats dans le tonique parfum des bois et la poudre de son fusil de chasse, mais il pouvait croire qu'il ne la respirerait jamais mieux.

Les opinions, ou plutôt les passions politiques du vieil Éphrem (ancien officier de l'armée des Princes), défendaient impérieusement à Néel de servir sous un drapeau qui n'était pas celui de ses ancêtres, et il le regrettait amèrement. A cette époque, la France était en pleine épopée militaire. La lecture des journaux, les bulletins publiés par l'Empereur, les récits qui volaient de bouche en bouche, étaient autant de coups de trompette pour l'impatiente ardeur de ce jeune homme dont le cœur hennissait dans les liens respectés du devoir. Néel se demandait, parfois avec larmes, s'il aurait jamais la sensation enivrante d'une garde d'épée dans sa main.

Toutes les chouanneries étaient finies. Le *Corse,* — comme l'appelait le vicomte Éphrem de Néhou, Corse lui-même, du moins par la profondeur des ressentiments, — venait d'épouser une archiduchesse d'Autriche. Son empire de fer et bronze, qui devait se fausser plus tard, semblait avoir alors une solidité éblouissante qui désespérait ses ennemis.

Néel, que la conscription allait atteindre, si, avant que l'heure en fût sonnée, un brevet de lieutenant dans quelque régiment de cavalerie, comme Bonaparte, qui savait le prix des anciennes familles, en adressait parfois à ces *blancs-becs à aïeux*, ne lui était pas décoché par ce grand Sagittaire, qui visait toujours à la place où fleurit l'honneur dans le cœur des hommes, Néel n'avait d'autre perspective qu'un mariage de convenance ou d'amour : mais le roman de cette tête ardente et martiale passait de bien haut par-dessus les bonheurs calmes du foyer.

Déjà son père avait pensé à lui choisir une femme parmi les châtelaines d'alentour. Elle était choisie. Mais lui voyait avec tristesse s'approcher le moment où il faudrait, en se mariant, renoncer formellement à cette vie des armes vers laquelle l'entraînaient inutilement tous ses instincts.

Avant le jour où il vit Calixte à la grille du Quesnay, les femmes ne l'avaient jamais préoccupé, même une heure, quoiqu'il eût le genre de beauté qu'elles adorent et qui dit bien qu'on est capable de toutes les folies qu'elles peuvent inspirer. Cette beauté rare était accompagnée d'un air étranger, — l'air de sa mère, — qui faisait rêver les jeunes filles du pays un peu davantage. Avec les femmes, ce qui vient de loin n'est-il pas toujours merveilleux? Il était blond, comme toutes ces Normandes, mais il l'était d'une nuance plus profonde, d'une nuance, pour ainsi parler, redoublée, indice marqué de sa double origine d'homme du Nord. L'ambre éteignait l'or sur ses cheveux qui semblaient des plumes, tant ils étaient légers et diaphanes! et qui bouclaient, courts et pressés, autour de sa tête élégante, coiffée comme depuis on a vu se coiffer Byron.

Son front blanc, un peu busqué et ouvert, comme une plaine de neige durcie, à tous les rayons, à toutes les ombres, à toutes les tempêtes, était traversé de la belle torsade bleue de cette veine que les physiologistes appellent la *veine de la colère* et qui, partant de la racine des cheveux descendait entre les sourcils jusqu'à la naissance d'un nez plus correct et plus pur que celui de tous les sphinx grecs.

A chaque instant, cette veine se gonflait sur ce front, expressivement.téméraire, jusque dans son immobilité et sa blancheur.

On eût pensé, en la voyant, qu'elle était un signe de mort prématurée, — que le jour ne pouvait être loin où elle se romprait sous la joie ou la peine, comme cette autre veine qui se rompit de volupté dans la poitrine d'Attila.

Du reste, en attendant la catastrophe, les violences qui créaient un danger perpétuel pour Néel et pour les autres lui donnaient deux charmes inouïs de physionomie, lorsqu'elles le touchaient de leur foudre. Elles le pâlissaient tout à coup d'une pâleur profonde et lui noircissaient instantanément le bleu de saphir de ses yeux.

Ils devenaient alors entièrement et affreusement noirs. Quand la couleur tranquille de la vie revenait à l'opale rosée de la joue, l'azur aussi revenait aux prunelles, mais il était toujours près de s'en retourner ! Cela était charmant et terrible, et rappelait ces changements de couleur qu'a aussi la mer, sous de certaines latitudes, dans les pays et sous les cieux où elle est le plus une sirène.

Tel était le jeune homme en habit de chasse étendu aux derniers rayons du soleil couchant sur le mur du Quesnay, et dont Calixte pressait la tête saignante dans le linge qu'elle avait pris des mains de son père.

V

E gonflement de la veine sur ce front menaçant avait-il averti Calixte? Mais au geste de l'inconnu, quand il était sorti de son évanouissement, elle avait eu l'intuition de ce qui allait suivre entre son père et ce jeune homme, et elle s'était mise entre deux. Les Herpin qui connaissaient Néel de Néhou — qui l'avaient vu aux chasses et partout « où il y avait de *ça* à montrer, » comme ils disaient en relevant la manche de leur veste et en faisant saillir les muscles de leur poignet, s'attendaient à une rixe effroyable, quand il aurait repris connaissance : mais ils se trompaient, il n'en fut rien. La main de Calixte avait tout calmé en se posant sur cette tête blessée, à laquelle pourtant la blessure aurait dû faire

l'effet d'un tison tombant dans de la poudre. Néel, l'impétueux Néel, qui venait, — il n'y avait qu'un moment, — de parler de Sombreval et de Calixte avec l'insultant mépris que tout le monde avait pour eux, — apaisé maintenant, doux et presque soumis, non seulement ne souffrait pas de sentir la main de la fille au prêtre sur sa tête, mais encore il allait souffrir, et cruellement, tout à l'heure, quand il ne l'y sentirait plus !

Jamais il n'avait éprouvé rien de pareil à ce rêve vivant, car ce qu'il voyait ne ressemblait pas à la vie, du moins à la vie ordinaire. La femme qu'il avait devant lui et qui lui touchait sa blessure tenait elle-même bien plus du rêve que de la réalité.

En venant seule, au bras de son père, dans ces campagnes désertes où les brises de la fin du jour, chargées de senteurs végétales, apportaient des vagues de vie à sa faiblesse, Calixte avait ôté sa capote de voyage pour faire prendre un bain d'air à sa tête souffrante, qui s'était relevée comme la tige d'un beau lis, au soir. Avec sa blancheur, en effet, l'élancement de ses formes sveltes, le long châle de laine blanche, sans bordure, qui l'enveloppait tout entière comme une draperie mouillée enveloppe une statue, elle ressemblait à cette fleur, emblème des âmes pures, que les Vierges portent dans le ciel, comme le calice d'albâtre de leur sacrifice.

Néel de Néhou, qui depuis quelques jours pensait à elle, — car le bruit de la scandaleuse acquisition du Quesnay par Sombreval faisait sa tournée dans le pays, — Néel, qui s'imaginait que si la fille de cet abominable prêtre pouvait être belle, elle ne devait l'être que de la beauté orgueilleuse, matérielle et hardie d'une réprouvée, fut frappé jusque dans le cœur, quand il aperçut contre l'énorme et noire épaule de Sombreval cette tête de Sainte, aux paupières baissées, sublime de tristesse calme et de chasteté !

Calixte était moins une femme qu'une vision, — « une vision, disait Jeanne Roussel, qui me l'a presque montrée à force de m'en parler, comme Dieu voulait sans doute, dans une vue de providence, que ce scélérat de Sombreval en eût une, sans cesse, devant les yeux. » On aurait dit l'Ange de la souffrance marchant sur la terre du Seigneur, mais y marchant dans sa fulgurante et virginale beauté d'ange, que les plus cruelles douleurs ressenties ne pouvaient profaner.

Calixte souffrait dans son corps par la maladie et dans son esprit par son père, mais elle n'en était que plus belle. Elle avait la beauté chrétienne, la double poésie, la double vertu de

l'Innocence et de l'Expiation... Les pâleurs de
la colère de Néel n'étaient que des roses lavées
par les pluies en comparaison de la pâleur surnaturelle de Calixte. Comme un vase d'un
ivoire humain trop pur pour résister aux rudes
attouchements de la vie, son visage, plus que
pâle, était simplement encadré par des cheveux
d'un blond d'or clair, relevés droit et découvrant les tempes douloureuses, — coiffure inconnue à cette époque, et que la malheureuse
enfant avait inventée pour s'épargner les sensations, insupportablement aiguës, que le fer
et la torsion causaient à ses cheveux ; — seulement, chose étrange ! il était surmonté d'une
bande de velours écarlate, qui rendait plus
profonde et plus exaspérée son étonnante
pâleur.

Trop large pour être une parure, ce ruban
écarlate qui ceignait cette tête d'un blanc si
mat et passait tout près des sourcils figurait
bien la couronne sanglante d'un front martyr.
On eût dit un cercle de sang figé — laissé là
par de sublimes tortures — et on aurait pensé
à ces Méduses chrétiennes dont le front ouvert
verse du vrai sang sous les épines du couronne-
ment mystique, comme nous en avons vu couler
en ces dernières années, du front déchiré des
Stigmatisées du Tyrol. Elle aussi était stigma-
tisée ! Elle ne l'était pas par l'amour qui a de-

mandé à Dieu de partager ses blessures, mais par l'horreur involontaire d'une mère, — morte d'horreur !

Néel, qui ne savait pas ce que cachait cette singulière bande écarlate, Néel, qui ne pouvait pas se douter que la *fille au prêtre* fût une chrétienne, ne comprenait rien à ce diadème inexplicable qui faisait peur comme un mystère et fascinait comme un danger. Il ne comprenait pas. Mais n'est-ce pas l'incompréhensible qui enfonce toujours plus avant l'amour dans nos cœurs ?...

Le sang de la légère blessure de Néel était étanché. Ses cheveux mouillés encore bouclaient plus lustrés et plus beaux autour de son visage, auquel une passion naissante donnait une expression pleine de charme. Il se leva gracieusement du mur où il était étendu et, regardant avec des yeux, redevenus bleus de douceur et de tendresse, la jeune fille qui, en se penchant vers lui, s'était (à ce qu'il semblait) toute versée dans son cœur et qui l'emplissait, comme un liquide remplit une coupe :

— Merci, mademoiselle — lui dit-il avec trouble — oh ! merci et pardon ; pardon plus que merci encore ! Oubliez ce que j'ai dit, avant de vous connaître. Moi, je n'oublierai plus que je vous connais et que je vous ai offensée, — et je garderai mes remords !!

— On ne les garde pas quand on se repent, — répondit profondément la jeune fille, qui eut un tressaillement, comme si un aspic l'eût touchée, et qui regarda son père avec une sublime intention. — Mais vous ne m'avez point offensée, — ajouta-t-elle d'une voix charmante où vibrait la bonté du cœur le plus doux.

— C'est moi qu'on offense, jeune homme, dit Sombreval, et non pas elle ! Elle ! elle est trop haut du côté du ciel pour que l'injure puisse jamais l'atteindre, et d'ailleurs n'a-t-elle pas le cœur de son vieux père pour tout intercepter ?

Au mot du ciel prononcé par ce renégat qui n'y croyait pas, Calixte eut un regard magnifique de joie et de reconnaissance, car il venait de dire pour elle un mot qu'il ne disait jamais.

Les Herpin avaient ouvert la grille de la cour, et ils étaient venus saluer leur nouveau maître.

— Je ne vous invite pas, monsieur, dit Sombreval avec hauteur, à entrer chez un homme que vous haïssiez avant de le connaître. Il vaut mieux nous quitter comme si nous ne nous étions jamais vus et comme si nous ne devions plus nous revoir. Avec Gourgue-Sombreval pour maître, la grille de la cour du Quesnay sera désormais plus fermée qu'ouverte.

— Entre chez toi, ma Calixte ! dit-il en changeant de voix, qui de rauque et dure devint veloutée.

Elle avait repris le bras de son père, elle passa près de Néel, en le saluant d'un sourire. Parthe innocente! qui n'envoya jamais de flèche plus meurtrière, empennée d'un duvet plus doux !

Néel resta, le temps de respirer, à voir flotter le châle blanc et briller le bandeau rouge de cette fille du prêtre, qui vraiment avait, en montant le perron du Quesnay, la majesté d'une prêtresse qui monte à l'autel. Puis il s'élança sur son cheval et retourna à Néhou avec une pensée terrible. Sombreval était trop vengé!

VI

L l'était, en effet. Néel emportait ailleurs qu'à la tête une blessure dont il ne guérirait pas. Et comment en eût-il guéri ? Il aimait déjà son mal et ne cherchait pas à s'en défendre. Malgré la force d'un caractère très décidé, malgré tout ce que devait être, pour un jeune homme élevé comme lui, cette jeune fille, pire qu'une bâtarde, fruit d'un crime, à ses yeux chrétiens, plus grand que l'inceste, il ne se révolta pas ; il ne pensa pas même un seul instant à lutter contre l'ascendant souverain de cette femme-vision qui avait disparu derrière les vitres embrasées de la porte-fenêtre du Quesnay, mais qui ne disparaîtrait plus de sa pensée. Quoique son héros favori fût

Charles XII, le roi de Suède, dont il lisait sans cesse la *Vie,* il ne songea pas à imiter son héros.

Vous le savez, Charles XII (Néel l'avait admiré souvent!) n'avait jamais voulu revoir mademoiselle de Kœnigsmark, tant il avait été épouvanté de la capacité d'amour qu'il avait sentie dans son âme profonde, au premier regard de cette Méduse de beauté! Mais lui, Néel, dont toutes les pensées cependant, toutes les rêveries, étaient la gloire par l'épée, — par cette épée que l'honneur lui défendait momentanément de tirer, — n'eut pas peur de revoir cette troublante créature qui allait l'enlever probablement à toutes les idées de gloire et qui aurait dû, plus qu'aucune autre femme, le frapper de l'héroïque épouvante de l'amour. Que dis-je! il voulait la revoir, au contraire; il s'acharna dans cette volonté. Il n'aspira plus qu'à rencontrer de nouveau cette fille, une première fois rencontrée.

S'il avait été un Normand de race pure, il se serait demandé peut-être à quoi bon revenir à cette enfant à l'ignominie de qui la nature avait fait l'horrible mensonge de donner une forme divine, et il se serait payé des meilleures raisons pour la fuir. Mais il ne s'interrogea point, ne réfléchit pas, et, en vrai Slave qui va devant lui, comme les chveaux indomptés de ses steppes, il alla sans frein du côté de son désir et poussa toujours.

Parfaitement maître de ses heures, fils d'un père qui ne sortait presque plus de la tourelle de son manoir et qui lui laissait toute sa liberté, il crut pouvoir arranger sa vie de manière à revoir parfois, dans ces campagnes où elle allait vivre, la fille de cet homme chez lequel la convenance, la religion, la fierté, tout enfin, jusqu'à l'insolente volonté de cet homme d'opprobre, lui défendait de mettre le pied. Il le crut... mais ce problème d'une solution qui lui paraissait si facile rencontra bientôt plus d'un obstacle sur lequel il n'avait pas compté.

Il était chasseur. Il avait la patience de l'affût. Comme tous les hommes, même les plus bouillants, qui sont organisés pour la guerre, il avait la force de l'attente immobile, la puissance de comprimer les battements et les élans d'un cœur persévérant et d'une volonté infatigable.

Il vint donc presque tous les jours s'embusquer dans les environs du château, tantôt plus près, mais toujours dans l'étroit rayon qu'une femme qui habite la campagne et qui s'y promène ne peut guère, si elle est prudente, dépasser. Sous prétexte de course ou de chasse, il quittait Néhou de bon matin et n'y rentrait guère que le soir.

Depuis qu'il savait sangler un cheval et en rattacher les gourmettes, Néel avait toujours aimé à courir par monts et par vaux. Il jetait l'activité dont il débordait aux quatre angles de la rose des vents. Quand on le croyait à chasser le loup ou le sanglier sur un point éloigné de la presqu'île, tout à coup il apparaissait sur un autre.

Aux yeux de son père accoutumé à ses absences, et à qui d'ailleurs il n'avait rien dit de la scène avec les Sombreval, la vie de Néel, si changée au fond, ne fut point extérieurement modifiée, mais il n'en était pas tout à fait de même pour les gens qui allaient et venaient dans ce coin de pays, et qui l'y rencontraient, — comme ils disaient avec la narquoise expression de la contrée, — « un peu plus souvent qu'à son tour. »

Habitués aussi aux absences de Néel, qu'ils ne voyaient que de loin en loin dans les mêmes parages, ils durent s'étonner, sans nul doute, de l'y trouver hantant les mêmes places et battant toujours les mêmes buissons, quand il les battait. Mais à cette époque de mon histoire, nul d'entre eux n'aurait soupçonné dans quel but *monsieur Néel*, — car ils l'appelaient *monsieur Néel*, avec un respect familier et tendre, comme les paysans du Bocage appelaient Henri de La Rochejaquelein *monsieur*

Henri, — avait tout à coup resserré le cercle de ses courses et de sa volée, et s'était mis à tourner autour du Quesnay, comme le fil autour du fuseau.

Du reste, quand on le rencontrait, il était toujours seul, — avec sa carabine de chasse ; et il leur parlait des choses du temps, — marchant avec eux, — puis les quittant pour revenir là où il croyait qu'un jour ou l'autre finirait par passer cette châtelaine cachée du château de là-bas, dont le toit bleu l'impatientait d'étinceler toujours du même azur, dans la lumière monotone d'un lointain vide.

C'était comme un fait exprès, une gageure ; les jours étaient charmants, l'été magnifique, cette année-là. Calixte, qui était malade et asservie au traitement que lui prescrivait son père, ne prenait l'air et le soleil qu'à doses prudentes et surveillées, le long des espaliers du jardin, fermé de murs énormes et où l'on n'aurait pu l'apercevoir que du côté de l'étang, si l'étang n'avait appartenu exclusivement à Sombreval.

Néel ignorait la maladie de Calixte. La voix de la contrée, — cet écho fait de mille échos, qui dit tant de choses et qui plus tard en a tant répété sur cette infortunée, — ne lui avait pas appris qu'elle était positivement malade, et que la douleur dont il avait vu les reflets sur son beau visage n'était pas seulement une physionomie comme la nature en attache parfois au visage de ses créatures les plus calmes et les plus heureuses, mais une réalité cruelle qui la dévorait.

Il ne s'expliquait pas qu'une jeune personne si récemment venue des villes, restât invisible au milieu du plus tentant des paysages. Aussi y avait-il des jours où, ne résistant plus à ses impatiences et ne craignant pas d'ailleurs d'être indiscret (en termes de monde) avec des gens comme ces Sombreval, il s'avançait effrontément jusqu'à la grille de la cour, ne fût-ce que pour apercevoir encore, derrière la fenêtre où se tenait cette forme blanche qui s'était comme évanouie dans les rayons vermillonnés du soir, cette prodigieuse de pâleur, sous sa bandelette écarlate. Mais les rideaux strictement baissés à toutes les fenêtres de ce château silencieux, symbole en pierre de l'isolement de ceux qui l'habitaient, ne laissaient jamais passer même une main, — une de ces deux mains dont l'image, depuis qu'il les avait senties sur son front, voltigeait incessamment devant ses yeux.

En tournant et vaguant autour du Quesnay, Néel trouvait parfois Jacques Herpin ou ses fils sur sa route. Il leur parlait de leurs nouveaux maîtres, — et il aimait tant Calixte déjà, qu'il souffrait du ton qu'ils avaient, quand les Herpin en parlaient durement devant lui. Pour eux, en effet, elle avait le tort d'être l'enfant de Sombreval, et ils la confondaient avec son père dans la même imprécation.

Du reste, ils n'avaient aucun détail à donner sur cette inconnue, ensevelie dans ce château plus fermé alors qu'il ne l'avait été quand on ne l'habitait pas. Personne n'y pénétrait de la ferme. Les ouvriers de la ville voisine qui étaient venus ouvrir les caisses dont les formes avaient frappé ces imaginations primitives et tendre les appartements, étaient repartis le soir même du jour où ils avaient fini leur besogne ; et, comme s'il avait voulu couper court à tout commérage entre eux et les fermiers, Sombreval les avait payés et avait barré, de ses propres mains, la grille de la cour derrière eux.

Les hommes ont tant besoin de se savoir les uns les autres, que la curiosité trompée des Herpin les aliénait peut-être plus de Sombreval que sa funeste renommée. « V'là la huitième année de notre bail qui commence, — disaient-ils, — mais il est bien à croire que nous ne le renouvellerons pas... » En parlant ainsi, les Herpin tâtaient, tout en subissant l'influence de Sombreval, l'opinion d'une contrée qui se contractait et se retirait d'autour des Sombreval, ainsi que maître Tizonnet l'avait pressenti au commencement de cette histoire, et comme il était si facile à tout le monde de le prévoir.

Sombreval l'avait prévu lui-même, car ce grand esprit se jugeait. Il se rendait compte de l'effet de son infamie, comme un grand médecin malade d'une maladie hideuse se rend compte froidement du dégoût que son état inspire et de la manière dont il va falloir vivre et souffrir jusqu'à la fin... Broussais, — dit-on, — eut ce sang-froid cruel contre lui-même, cette vue d'observateur que rien n'aveugle et ne fait trembler.

Sombreval, qui venait habiter le Quesnay pour une raison plus forte que lui et que nul ne savait, excepté cette femme accablée de veillesse (pensait-il), qui serait roulée un de ces matins dans son cercueil, — la Malgaigne — Sombreval avait deviné qu'il ne trouverait pas une âme qui voulût le servir, et que même les Herpin retenus momentanément par leur bail, pourraient bien abandonner une terre épuisée qui avait été pour eux, pendant tant d'années, une vache à lait têtée jusqu'au sang par leur avidité de couleuvres.

Dans cette prévision, il avait amené de Paris deux domestiques, dont il ferait probablement des fermiers plus tard. C'étaient des gens à lui, — le mari et la femme, nègres tous deux, consacrant à son service cette masse de force organique, de dévouement et d'obéissance sans bornes qui distinguent les êtres vaillants de cette race.

Pour eux, il n'était pas un homme, il était un dieu ! Il avait sauvé le mari d'une maladie épouvantable, inconnue en Europe, sans relation avec les plus effroyables maladies endémiques, telles que le sibbens, la pellagre, le yaw, le pian, ces choses monstrueuses sous des noms aussi monstrueux qu'elles, et l'ayant traitée avec l'audace d'un homme de génie expérimentant sur un esclave, il l'avait radicalement guérie, à l'aide de poisons savamment et témérairement combinés.

Ces noirs, qui n'étaient pas, sur cette côte de marins et de pêcheurs, une espèce inconnue, et qu'on n'aurait pas remarqués, s'ils avaient appartenu à d'autres maîtres, redoublaient l'aspect sinistre du Quesnay. — « Dieu et le diable seuls savent ce qui se passe dans le château depuis qu'ils y sont, monsieur Néel ! » — continuait le fils Herpin, tout en fouettant les quatre bœufs de sa charrette, roulant péniblement dans ces ornières où la roue enfonce jusqu'au moyeu : — « les *faces de crêpe* (il appelait ainsi les deux noirs) ne parlent pas plus que des souches et ne viennent jamais, au grand jamais, flâner chez nous. V'là pourtant un bon mois et le pouce qu'ils sont arrivés au

Quesnay, et ils ne bougent! Ils ne remuent pas plus que les taupes poursuivies, quand elles se sont coulées sous les herbailles de l'étang. La fille n'a pas mis tant seulement une fois le pied dehors, depuis qu'elle vous a bassiné la tête, monsieur Néel, avec cette layette d'enfant Jésus, qui sert de mouchoir à cette... vous savez bien qui je veux dire, pas vrai, monsieur Néel?... Il n'y a que le vieux Sombreval qui sorte et rôde par-ci par-là, car il marche la terre *à sens* et *à dessens*, le vieux *Rapiamus!* comme un nouveau marié choie sa femme. Vous ne l'avez pas vu, monsieur Néel? Non? Eh bien, tant mieux! c'est p't-être un bonheur que vous ne l'ayez pas rencontré entre les deux haies du chemin creux des Long-champs où le beau Du Parc a si bien régalé de son bâton gaufré le dos du vieux usurier Desfontaines, car vous êtes un jeune taureau, monsieur Néel, à qui il ne faut pas faire du vent trop près des narines, et qui sait? vous lui auriez p't-être fait payer un brin trop cher les intérêts de cette claque qu'il a abattue si mauvaisement sur la croupe de votre pouliche, l'autre jour!»

Les yeux noircissaient bien un peu à Néel et la *veine de la colère* se gonflait comme une petite vague bleue, sur son front de marbre blanc, en entendant ces paroles où tout le paysan normand se distillait; mais il ne pouvait pas exiger plus de respect du fils Herpin, en parlant du prêtre marié et de sa progéniture.

Quand ce finaud de paysan lui rappela cette action de Sombreval qu'il aurait châtiée sans l'intervention de Calixte, il sentit nettement la position fausse vis-à-vis de lui-même que son sentiment devait lui créer, et il commençait d'avoir honte de l'état de son cœur. Hélas! toute passion rompt par la moitié l'âme d'un homme et fait de son être deux tronçons qui ne se rejoignent pas pour se guérir, mais pour se blesser!

Néel de Néhou, le fils du vicomte Éphrem, le descendant de Néel de Saint-Sauveur, le grand vicomte de Cotentin, et par sa mère, de vingt générations de Palatins et de Castellans amoureux de la fille à Jean Gourgue, dit *Sombreval*, le renégat et le sacrilége, était une de ces monstruosités morales et sociales dont l'existence lui aurait paru, avant ce moment, impossible!

Livré depuis un mois à des rêveries et à des curiosités brûlantes, dans cette campagne où il errait comme une âme en peine; oisif et solitaire, il n'avait pas eu d'autre idée et d'autre espérance que celle-ci : « Je veux et je vais la revoir! » Et voilà que les paroles du fils Herpin dont il avait partagé, il y avait si peu de temps encore, les manières de sentir sur les

Sombreval, l'offensaient comme si, dans son âme, il les avait épousés, elle et son père, et qu'il fût solidaire du mépris qu'on versait sur eux.

Quel éclair projeté tout à coup dans cette âme qui s'était précipitée vers Calixte avec l'aveuglement et la rapidité d'un tourbillon ! Le fermier, occupé à fouetter ses bœufs, ne s'apercevait pas que Néel baissait une tête humiliée sous sa pensée, comme eux sous leur joug ; Néel, le jeune taureau, comme il venait de l'appeler ! Lorsque l'imagination est vierge et qu'elle est attirée par un être incomparable à tout ce qu'on rencontra jamais, les troubles se joignent à l'ignorance pour vous abuser, et l'on aime sans savoir comme on aime.

Jusque-là, Néel avait senti son amour pour Calixte sans le voir. Maintenant il le voyait. Il le discernait clairement dans son âme et ses rêves, — comme on voit les formes précises d'une peau de tigre dormant dans les jungles. Découverte terrible ! menace inquiétante pour l'avenir, que cet amour qui ne pouvait être qu'une source infinie de malheurs... Mais comprenez bien ce caractère ! La crânerie de cœur de Néel de Néhou équivalait à la crânerie de sa tête. En audace, il était complet. C'était une de ces natures qui oublient les lois du monde, même ses lois physiques, dans le vertige de leur désir et de leur volonté, et pour lesquelles rien n'est impossible. Si la fantaisie l'en avait pris, il aurait marché à cheval sur la mer... Vous souriez ? Il y avait marché !!!

Oui, il y avait marché ! Laissez-moi vous donner la clef du caractère de ce jeune homme en vous racontant ce fait insensé, ce détail unique dont tout le pays avait parlé, et qui avait laissé à Néel un fond de tristesse auquel un moraliste attribuerait peut-être son amour subit pour Calixte, car le chagrin, en attendrissant les âmes fortes, les prédispose mieux à l'amour.

VII

’ÉTAIT il y avait un an à peu près : Néel s'en allait à Bayeux avec un de ses amis, Gustave d'Orglande, jeune noble, son voisin de terre et qui, comme Néel, était obligé, par préjugé d'honneur et de parti, de garder dans ses veines le trop-plein du sang qui fait les héros.

Ils allaient à Bayeux pour danser à une fête que l'on y donnait tous les ans, — un bal de la Toussaint, — et ils voyageaient à cheval, à la manière des ancêtres, qui laissaient aux femmes les molles délices de la voiture, et ne s'estimaient que sur ce trône vivant du dos d'un cheval où l'homme est vraiment lui-même, d'où il peut combattre et commander.

Du point qu'habitaient ces jeunes gens, à Bayeux, il y a environ vingt-deux lieues, et ces vingt-deux lieues étaient interrompues, entre Isigny et Saint-Lô, par un bras de mer, large et profond, qu'on appelle le Vey, et sur lequel on n'avait point bâti encore le pont actuel qui a coûté tant de peine, et qu'un jour la mer détruira.

A cette époque ce bras de mer se passait en bac, et c'était un dangereux passage ! La mer, resserrée dans cet endroit (un goulet pour elle !) devenait, à certaines marées, d'une méchanceté furieuse et folle, et tellement folle que les bacs n'osaient plus se hasarder à la passée, si intrépides que les Normands soient à la mer !

Or, c'était par une de ces marées que Néel de Néhou et Gustave d'Orglande arrivèrent à la Maison-Blanche, l'auberge du Vey, où ils déjeunèrent et envoyèrent querir le pilote du bac et ses fils, lesquels attendaient que la mer fût basse et retirée pour remettre le bac à flot.

Pressés d'être le soir même à Bayeux, à l'heure de la fête, les deux jeunes gens voulaient passer à quelque prix que ce fût. Mais ni pour or, ni pour argent, ni par prières, ni par menaces, ils ne purent décider les gens du bac à se risquer sur cette mer enragée qui faisait trembler la population de ses bords.

Néel et Gustave la regardaient, mêlés aux

gens du rivage, et le spectacle effrayant qu'elle offrait ne désarmait pas Néel de la volonté qu'il avait exprimée. L'obstacle soulevait son caractère comme la tempête soulevait le flot. Il était pâle et son beau visage avait cette expression de volonté surhumaine qui est un défi porté aux choses elles-mêmes. « Gustave! dit-il, nos chevaux valent bien les planches d'un bac. Si nous passions! »

Et il aimantait de ses yeux les yeux de son ami, qui lui répondit un mot aussi simple et aussi sublime que le *J'y pensais* du sire de Joinville à la reine de France : « Va devant, Néel, et je te suis ! » On parle encore à la Maison-Blanche de cette incroyable folie à laquelle on voulut en vain s'opposer !

Les chevaux, dont l'instinct était plus sage que leurs maîtres, se cabraient devant les vagues qui semblaient rouler la mort dans leur écume, et ils les flairaient, hérissés, comme ils auraient flairé des obus fumants. Mais la volonté de leurs cavaliers finit par entrer dans leur ventre, sous les coups redoublés des éperons et ils se précipitèrent. Néel faisait ce que Gustave avait dit. Il allait devant, — sans se retourner, — sûr de son Gustave, fouettant les houles de sa cravache, comme Xercès dut fouetter la mer. Ce fut long, disputé, terrible! Ils coupaient le flot. Le flot les coupait. Du rivage, on les voyait paraître et disparaître. On les croyait perdus.

Au bout d'une heure d'efforts inouïs contre les courants, Néel toucha l'autre bord. Il était passé! On l'aperçut, ruisselant, sortir de l'abîme et retourner son cheval vers la mer, cherchant des yeux où était Gustave, dont la voix depuis longtemps s'était perdue dans le bruit de la tempête. Tout à coup, comme un peuplier qui tremble, il se dressa debout et tout droit sur ses étriers pour voir de plus loin sur l'étendue agitée : mais il ne vit rien ! ô angoisse ! et le noble enfant qui appelait Gustave rentra vaillamment dans la mer pour aller au devant de cet ami qu'il ne voyait plus ! Ce fut inutile. Gustave et son cheval avaient sombré.

Néel resta haletant, cherchant, sondant le gouffre, fou de douleur, aveugle de larmes. Il eut l'idée de se tuer ; mais il pensa à son père, qui n'avait que lui et qui l'attendait au coin de la cheminée de Néhou. « Me tuer ? non ! dit-il, mais rester là tant que mon cheval aura un souffle ! » Et il resta cherchant toujours. Hélas ! il vit bientôt passer le cadavre de son ami, désarçonné, que le flot portait à la côte. Il le suivit, et quand il l'atteignit sur la rive, son cheval épuisé tomba mort.

Voilà tout Néel ! Ce trait vous le peint mieux que toutes les analyses. Comme vous le voyez, il avait ses raisons pour aimer Charles XII. C'était un Charles XII sans royaume, sans armée, sans batailles ; un Charles XII plus grand que le cadre dans lequel Dieu l'avait placé.

Devant l'amour qu'il se surprenait dans le cœur, il était comme devant ce bras de mer du Vey où il avait laissé un ami. Que laisserait-il dans ce nouvel abîme ? Instruit par une première catastrophe qui pesait sur sa vie, il n'avait plus cette confiance qui, déflorée, ne refleurit plus sur nos âmes, et qui fleurissait sur la sienne, quand il entra, ne doutant de rien, dans cette mer funeste : mais il ne reculait et ne s'arrêtait pas plus devant son amour que devant le gouffre. Le désir de cet être passionné, tout en élan comme le peuple auquel appartenait sa mère, et qui formait autrefois l'avant-garde de l'Europe contre l'Asie, ne pouvait être abattu par le premier malheur, par la première leçon de la destinée. De plus si le cruel chagrin qu'il avait ressenti de la mort de Gustave d'Orglande avait, ainsi qu'on peut l'admettre, rendu son âme plus apte à l'amour, l'espèce de remords gardé de cette mort dont il avait été la cause était une raison pour se jeter à corps perdu dans cet amour. En s'y jetant, il se séparait de lui-même. Il rompait par une préoccupation nouvelle avec une idée qui le torturait. Il se retrempait dans une eau vive... Il remplaçait un sentiment par un autre. Dieu, qui lui avait pris une amitié, lui rendait un autre sentiment. Et si cet amour, assez fort déjà pour qu'il le crût invincible, devait lui coûter quelques souffrances : « Eh bien, se disait-il, pour la mort de Gustave, n'ai-je donc pas mérité de souffrir ? » Motif admirable d'une âme généreuse mais ignorante, car, si coupables que nous puissions être, nous n'avons jamais mérité ce qu'une passion vraie nous cause de douleurs !

Quand les paroles du fils Herpin apprirent à Néel la profondeur de son sentiment pour Calixte, c'était un samedi, et le dimanche qui tombait le lendemain était une grande fête. L'obstiné rôdeur des environs du Quesnay fut obligé de conduire son père à la grand'messe de la paroisse. Élevé chrétiennement, Néel ne manquait jamais à remplir ses devoirs extérieurs de chrétien : mais le bonhomme Éphrem, goutteux et couvert de blessures, ne venait à l'église de Néhou qu'aux grands jours... Il y venait alors appuyé sur le bras de son fils, beau comme le jour, le portrait vivant de sa mère et qu'il aimait d'un amour paternel, orgueilleux et immense. Il avait pour Néel ce sentiment qu'ont tous les hommes pour leurs enfants ; mais, de plus, il avait l'amour qu'avaient les Nobles autrefois pour leur descendance.

La Féodalité, qui fit les hommes plus grands que nature, avait trouvé moyen d'ajouter au plus beau sentiment qui soit parmi eux — l'amour des enfants. Le dimanche dont il est question, le vicomte Éphrem, venu en char-à-bancs du manoir de Néhou à l'église, parut de bonne heure à la messe dans son banc seigneurial que la Révolution avait fermé, mais que certaines paroisses où tout respect pour les anciennes coutumes n'était pas aboli, avaient rouvert à leurs seigneurs. Innocent privilége qui consolait ces grands cœurs de la perte de tous les autres.

D'ailleurs, qui aurait osé, à Néhou, interdire au vicomte, à celui qui portait le nom de la paroisse, l'entrée de son banc séculaire, ces quatre planches de chêne où, de génération en génération, les Néhou venaient, sur le corps de plusieurs de leur ancêtres, enterrés là, s'agenouiller humblement devant Dieu?

Le banc des Néhou, comme presque tous les bancs seigneuriaux, du reste, était placé dans le chœur de l'église, — du côté droit, et posé de manière à ce qu'on vît également sans se retourner et le prêtre qui officiait à l'autel et les fidèles priant dans la nef.

Le vicomte Éphrem, qui s'y trouvait alors

était un noble vieillard, aux traits pleins de majesté, haut comme un homme de guerre, mais qui commençait à se voûter un peu. Il avait été plus grand et plus fort que son fils Néel, et quand il s'appuyait sur son bras, il paraissait maintenant moins grand que le jeune homme. Il était vêtu d'un simple habit de camelot gris, coupé à l'antique, sur lequel était attaché ce ruban de croix de Saint-Louis que l'Empereur, qui se connaissait en héroïsme et qui savait parfois fermer avec génie ses yeux d'aigle, n'empêchait pas de porter, quoiqu'elle eût été gagnée au service de la maison de Bourbon.

Le vicomte Éphrem gardait la coiffure de sa jeunesse. Il avait de la poudre et cette queue allemande qu'il avait portée en émigration, et qui allait si bien aux mâles tournures et aux larges épaules de ces lions de guerre, qui se tressaient ainsi leur crinière pour le combat!

Son fils, debout auprès de lui, dans son habit de chasse vert, à boutons d'argent et à tête de loup en relief, apparaissait comme la branche verdoyante, l'orgueil et l'espérance du vieux tronc. Recueillis et dans des attitudes pieuses, ils écoutaient l'office qui s'ouvrait, quand un mouvement singulier qui se produisit dans les profondeurs de la nef attira leur attention... Ils regardèrent.

Néel sentit passer une palpitation dans son cœur, et presque aussitôt il aperçut Sombreval, dominant la foule de la coupole de son front bronzé et s'avançant résolûment dans la nef, fusillé par mille regards de mépris courroucé et de haine, mais n'y prenant seulement pas garde, car il suivait et surveillait sa Calixte, qui s'avançait aussi cherchant un banc, une chaise, une place, et n'en trouvant pas.

C'était la première fois, depuis qu'ils étaient au Quesnay, que les Sombreval osaient paraître au grand jour, et quoique partout leur vue eût causé un scandale, à l'église où ce prêtre défroqué et marié venait se montrer impudemment avec sa fille, le fruit de son crime, le scandale était encore plus grand... Lorsqu'on les avait aperçus franchissant le portail, l'indignation avait parcouru l'église, frémissante et près d'éclater.

Calixte avait alors senti un peu mieux, sous la bandelette rouge de son front, s'enfoncer son invisible couronne d'épines, mais ses yeux se portèrent sur Celui à qui le bois d'une croix enfonçait la sienne, et elle s'était avancée courageusement, à travers cette foule hostile qui s'écartait d'elle et de son père, les isolant, à force d'horreur. Elle était arrivée ainsi jusqu'à l'entrée du chœur où elle s'arrêta de respect.

L'église de Néhou, comme toutes les églises

de village, n'avait que des bancs et quelques chaises, mais en petit nombre. Chacun, en voyant Sombreval et sa fille, avait mis la main sur sa chaise et s'était un peu retiré, comme s'il eût craint le contact de ces pestiférés de l'infamie... Néel, qui avait le regard perçant de la jeunesse et de l'amour, avait vu tout cela. Il fouillait de l'œil le chœur et les chapelles, mais il n'apercevait pas ce qu'il cherchait...

Arrêtés à l'entrée du chœur, Sombreval avait dit tout bas un mot à sa fille, et il l'avait quittée, la laissant seule, sous le crucifix. Puis il était revenu bientôt, tenant deux chaises à bras tendu passant par-dessus la tête de tous. Il les avait arrachées à un de ces paysans malveillants, lequel avait fait mine de les défendre et les avait abandonnées en sentant les muscles de cet homme qui, comme le maréchal de Saxe, aurait rompu un fer à cheval dans sa main. Il les planta devant sa fille en jetant à la foule un regard qui, de même qu'un coup de pompe fait monter l'eau, fit monter le sang aux yeux de Néel.

L'amoureux de Calixte admirait le père de celle qu'il aimait! Avec sa poitrine soulevée, sa colère gouvernée, son mépris jeté, dans un seul regard, à cette foule, Néel trouvait Sombreval presque beau. Mais sa fille? Que devenait-il en regardant sa fille? Calixte s'était agenouillée et mise en prière. Vapeur de l'encensoir qui se détachait de la terre et montait vers Dieu !

Il la revoyait pour la seconde fois, et il la trouvait encore plus belle que quand il l'avait entr'aperçue à la grille du Quesnay, — divine de pitié et si pâle dans les rayons pourprés du soir ! Elle était en blanc, comme ce jour-là, et son voile relevé et retombant derrière ses épaules permettait d'apercevoir son visage, toujours de la même pâleur, et ses grands yeux de Sainte Thérèse sous leur bandeau de velours ponceau, qui n'était pas le placide bandeau de lin de la Carmélite, et qu'il s'étonna de retrouver à ce front qu'il eût voulu voir. Elle, Calixte, perdue en son Dieu, s'absorba dans la contemplation de l'autel.

Néel et son père, la foule, l'église, tout avait disparu pour cette fille angélique, qui priait avec l'inspiration des cœurs choisis. Elle resta, tout le temps que dura la messe, agenouillée. Sombreval était auprès d'elle, la couvrant de ses fiers regards, tendres et jaloux.

Attiré lui-même par cette beauté adorablement recueillie, le vicomte Éphrem dit à son fils un de ces mots légers qui poignardent, et dont il ne vit pas l'effet dans le tressaillement du pauvre Néel : « Ce sont les acquéreurs du Quesnay, lui fit-il tout bas ; c'est ce prêtre...

qui a bien l'air de ce qu'il est, par parenthèse, mais la fille est intéressante ; elle a vraiment de la tenue pour la fille d'un gueux ! »

Lorsque la messe fut finie, Néel reconduisit son père à l'échalier du cimetière où son char-à-bancs l'attendait. Il passa tout près de Calixte encore agenouillée, et, malgré lui, il chercha des yeux la jeune fille, qui avait les siens baissés sur son livre et qui ne les releva pas.

Ses beaux cils, brillants et doux comme des pinceaux trempés dans de l'or liquide, estompaient d'une ombre où perlait vaguement la lumière les joues d'opale de ce visage où sous les ferveurs de la prière semblait trembler la lueur mystérieuse qui scintille au front des Anges adorateurs, dans une étoile ou dans une flamme, symbole de l'Amour éternel.

Tout en reconduisant le vicomte, il pensait revenir assez tôt pour retrouver à la même place cette jeune fille, ardemment contemplée et dont il ne pouvait rassasier ses regards, enivrés et altérés dans leurs ivresse. Mais quand il revint, elle sortait de l'église, son livre blanc comme elle, à la main, ainsi que Marguerite, la première fois qu'elle rencontra Faust. Elle s'en venait, son bras nu et d'une chair de fleur, coulé sous le bras de son père.

Il y avait pour un poétique jeune homme, épris comme l'était Néel, des harmonies charmantes et qui chantaient, entre cet être ravissant, si souffrant et si jeune, et ce cimetière de campagne, ceint d'aubépines en fleurs, semé de pâquerettes, où les pigeons du cimetière, familiers et farouches, s'envolaient, comme des âmes, de l'herbe des tombes.

Tout d'elle aux choses et des choses à elle était paix, pureté, mélodie, sainte tristesse des élus qui sourient à la terre avec leur bonté céleste ; tout devait faire oublier qui elle était, cette fille d'un homme déshonoré, cette fille de prêtre !...

Mais les paysans de ce pays, qui n'étaient pas amoureux comme Néel, ne l'oubliaient pas. A leurs yeux, le prêtre jetait l'ombre de son péché sur cette créature de lumière. Implacables pour lui, ils étaient durs pour elle qu'ils ne connaissaient pas et qu'ils jugeaient à travers son père. Groupés dans le cimetière de Néhou, ils se trouvaient plus libres de manifester leurs sentiments que quand Sombreval et Calixte avaient paru dans l'église. Aussi les murmures, lorsqu'ils en sortirent, firent-ils explosion.

Le peuple est naturellement exécuteur des hautes-œuvres d'une justice dont il a l'instinct et à laquelle, sans ses tribuns, je me fierais. Ici, il n'avait que sa huée pour tout supplice, et ce supplice, il voulait l'appliquer à un grand coupable impuni qu'une législation athée protégeait. Il avait raison.

Dans un coin de terre chrétienne encore, cette poignée de paysans allait châtier, du seul châtiment que la loi n'eût pas enlevé aux mœurs, un homme... déicide autant qu'un homme peut l'être. Ces paysans avaient raison contre Sombreval ! Et quoique sa fille fût une créature à les faire tous tomber à genoux, s'ils l'avaient connue, et à qui ils auraient baisé les pieds sans bassesse, ils avaient raison contre Calixte elle-même, et elle le reconnaissait bien, elle, tant l'esprit de cette enfant avait de clarté et de profondeur !

L'élève de l'abbé Hugon était trop chrétienne pour admettre l'irresponsabilité des enfants dans le crime ou la faute des pères, ce premier coup de hache, donné par une philosophie antisociale, dans la plus vivante des articulations de la famille, le lien inextricable qui unit le père aux enfants.

A l'église, elle avait déjà souffert de l'effet produit par la présence de son père, mais elle n'avait pas murmuré. Lorsqu'elle en sortit et qu'elle aperçut l'air de ces groupes, animés et menaçants, qui semblaient épier son passage, elle appuya doucement la main sur le bras de son père, dont elle avait senti les redoutables muscles se roidir !

— Père! dit-elle avec cette voix dont elle connaissait la puissance, — rappelez-vous ce que vous m'avez promis !

— Oui, ma fille, — répondit Sombreval, je serai calme, puisque tu l'exiges. Je n'entendrai rien que ta voix.

Il avait entendu autre chose : une injure avait cinglé son oreille comme une balle et y avait appelé la flamme. Cette injure trouvait mille échos; des mots cruels, des mots vengeurs se détachaient sur le murmure grossissant des groupes. Indécis d'abord, puis redoublé, ce murmure prit enfin les proportions d'une huée, d'un tonnerre.

Si Sombreval avait été seul, il y avait en lui assez de Cromwell pour braver cette clameur et rester impassible. Mais il avait à côté de lui, à son bras, sa vie, son âme, sa passion, tout ce qu'il valait encore, cet homme tombé, car il ne valait que par elle! L'injure qui passait par cette fille adorée et qui la déchirait, lui atteignait le cœur !... Fort comme il était, il pensait qu'en s'avançant sur ces groupes et en saisissant le plus robuste de ces hommes grossiers pour s'en faire une massue vivante et frapper les autres, il allait dissiper ces insolents ou les dompter par cette foudre humaine, — la force, — que les hommes adorent; et la tentation l'envahissait : mais il n'y succombait pas. Il avait donné sa parole à sa fille, qui avait tout prévu, le matin même.

— Il faut que ce calice soit bu, mon père ! — lui avait-elle dit avec la tristesse presque fatale de l'Ange des Oliviers ; — et dominé par cette enfant chrétienne, Sombreval avait courbé la tête. Le démon s'était résigné comme le Dieu.

— D'ailleurs, nous serons deux pour le boire ! — ajouta-t-elle avec tendresse. Jésus-Christ but le sien tout seul.

Sombreval avait donc promis. — Seulement, parle-moi, — disait-il pour apaiser le courroux qui lui remuait le cœur, — parle-moi ! que j'entende ta voix et que je n'entende plus ces rustres. Saül a besoin de la musique de son David.

Et disant ceci, il pressait le pas pour sortir de l'enclos et regagner au plus vite le chemin du Quesnay. Mais la huée continuait, opiniâtre. La colère léchait de sa langue de tigre, qui veut du sang, l'intérieur de la poitrine de Sombreval, de cette poitrine qui avait l'énergie ardente et le développement d'un poitrail.

Croyez qu'il souffrait ! et qu'il s'élevait dans l'âme de cet homme, lié par sa parole et si puissamment organisé, quelque chose de semblable à l'effort terrible de Damiens, quand il ramenait et faisait tomber sur leur croupe les quatre chevaux qui le tiraient et qui, sans le rasoir du bourreau, n'auraient pas pu l'écarteler!

C'est à ce moment que Néel de Néhou était rentré au cimetière. Ce qui avait eu lieu dans l'église l'avait-il averti ?... Vous vous le rappelez, la veille, les paroles du fils Herpin lui avaient appris qu'entre lui et ces Sombreval abhorrés la solidarité du plus étrange sentiment était établie.

Eh bien! cette messe, pendant laquelle il n'avait cessé de contempler l'innocente et virginale Calixte dans le martyre de son isolement, avait mis par la pitié une dernière main à cette solidarité, nouée dans son âme par l'amour. Aussi, quand il rencontra Sombreval et sa fille traversant le cimetière, fut-il frappé d'un éblouissement qui ne venait pas seulement de la beauté nitescente de Calixte, marchant dans l'éclat solaire d'un jour d'été. Il avait vu un grand danger. Il connaissait le peuple de ces campagnes.

Il avait espéré que Sombreval et sa fille ne seraient pas sortis de l'église avant que la foule des paysans se fût écoulée par les routes, et il les trouvait, tous les deux, s'avançant à travers cette foule dont les cris avaient une expression sur laquelle on ne pouvait se méprendre.

Il y avait plus. Cette foule commençait de s'entasser contre la barrrière de l'enclos, et elle allait s'opposer peut-être au passage des Sombreval, afin de prolonger leur supplice. Cette idée, qui fut une intuition, éleva en lui comme le cri de l'amour frappé, qui l'appelait, qui lui sonnait la fanfare suprême du cor de Roland à Roncevaux ! Chevaleresque et généreux comme il était, dans tous les cas, la pitié l'eût rangé du côté d'une femme insultée, mais il s'agissait de Calixte ! Il n'hésita pas. Il alla droit à Sombreval, dont les yeux disaient suffisamment la colère intérieure et l'angoisse, et, découvrant respectueusement sa tête blonde :

— Monsieur, dit-il, je les connais. Ils ne sont pas dix contre un ; ils sont deux cents, cinq cents, mille peut-être. Tout courageux que vous êtes, vous n'y pourriez rien, et il faut éviter à une femme des spectacles qui seraient indignes d'elle. Que mademoiselle votre fille quitte votre bras et prenne le mien, et je réponds qu'ils se tairont et nous livreront le passage. — Voulez-vous, ajouta-t-il en se tournant un peu vers Calixte, et la voix plus émue, me faire l'honneur d'accepter mon bras, mademoiselle ?

— Le voici, monsieur ! — dit Sombreval, qui passa lui-même le bras de Calixte sur le bras de Néel, et qui fut touché de l'accent et de l'air du jeune homme. Vous venez d'effacer la trace de votre injure de l'autre jour.

Le cœur bondissait à Néel de Néhou de sentir le bras de Calixte sur son bras. Il avait bien deviné ce qui devait suivre. Néel était aimé de ces paysans parmi lesquels il avait vécu dès l'enfance. Quand ils l'aperçurent parler, tête nue, aux Sombreval, l'étonnement, — un étonnement sans bornes, — leur coupa la parole ; ils se turent. Ils ne comprenaient pas que *leur monsieur Néel* pût *frayer* avec des Sombreval ! ! !

Un autre que Néel aurait perdu sa popularité, ce jour-là. Mais il avait les dons irrésistibles qui plaisent à l'imagination des foules. Il avait la jeunesse. Il avait la beauté fière, dégagée, ouverte et souriante. Il marcha, avec l'aisance et l'assurance qui enlèvent tout, sur ces paysans étonnés qui obstruaient la porte du cimetière.

Ils s'étaient tus, ils s'écartèrent, ôtant leurs chapeaux devant Néel et devant cette fille qu'ils venaient d'insulter ; — n'en croyant pas leurs yeux — stupéfaits, confondus !

Néel n'avait pas même eu besoin de leur parler. Sombreval marchait derrière les jeunes gens comme un énorme molosse ; et tous les trois, après avoir franchi la porte de l'enclos sans encombre, ils se perdirent sous les chemins couverts qui conduisaient de ce côté-là au Quesnay.

VIII

EPENDANT, en remontaut avec Calixte les routes par lesquelles, depuis qu'il l'aimait, il avait tant de fois passé seul, Néel se taisait, délicieusement opprimé par ce bras nu qui lui appuyait sur tout son être un bonheur difficile à porter. Sombreval et Calixte pouvaient croire que le silence de ce jeune homme si résolu, il n'y avait qu'un moment, cachait une délicatesse, et qu'il avait l'embarras généreux de la scène à laquelle il avait mis fin. Pour lui encore plus que pour eux, ils évitaient donc toute allusion à cette scène douloureuse.

Mais qu'est-il besoin de paroles quand le cœur est plein? La reconnaissance infusait son accent profond dans tous les mots prononcés par le père et la fille, en causant des choses les plus indifférentes — de la splendeur du jour ou de la beauté du payssge — avec ce jeune homme inconnu encore, leur ennemi naguère, comme cette foule à laquelle il venait de si noblement s'imposer.

Mais cette reconnaissance devait être inutile... du moins pour le bonheur de ce jour-là. La passion de Calixte n'était pas finie. Avant de rentrer au Quesnay, elle devait, sur cette voie où elle marchait délivrée, entre son jeune sauveur et son père, essuyer encore une injure — plus sanglante que les autres — un de ces outrages aussi impossibles à punir qu'à éviter !

Il était à peu près midi, lorsque Néel, Calixte et Sombreval débouchèrent, par une montée douce, du chemin couvert, sur une espèce de butte qu'on appelle le mont Saint-Jean dans le pays, et d'où l'on embrassait, un peu plus bas dans la vallée, le Quesnay, avec ses bois et son étang conique qui, de loin, sous sa mousse et son fucus verdâtre, ressemblait plus à une pièce de gazon qu'à une pièce d'eau. Moi qui vous raconte cette histoire, que de fois j'ai passé par là, mais j'y ai cherché en vain le Quesnay, au toit d'ardoise, et ses bois tombés ! Tout cela n'existe plus ! Il n'y reste que le long étang qui n'a plus figure d'eau ni de gazon, mais de marécage — immonde lagune où veillent les crapauds !

Quand les Sombreval atteignirent cette butte aride et poussiéreuse, il faisait redoutablement chaud sur son sommet, calciné par le soleil depuis le matin. La chaleur était lourde. Le soleil, au plus haut point de sa course, dardait d'aplomb sur cette butte chauve, toute semblable à l'écaille rugueuse d'une vieille tortue. L'air embrasé paraissait blanc. La terre bouillait. Le silence du dimanche planait sur ces campagnes accablées ; et dans cette somnolence du midi, où les bœufs dorment dans l'ombre raccourcie des haies, on n'entendait que le bourdonnement aigu de la *vêpe* (comme ils nomment la guêpe en Normandie), ou le cri strident de la cigale, dans le sillon.

— Il faut se hâter de descendre cette butte — dit Sombreval, qui venait d'étendre une ombrelle sur la tête de sa fille et qui lui épargnait ainsi la peine de la porter — nous retrouverons de l'ombre en bas. Hâtons-nous, mon enfant. Ce soleil à rendre fou pourrait te faire mal.

Néel pressa le pas, mais Sombreval n'avait pas achevé de parler qu'un spectacle, qui devait remuer toutes les pitiés du cœur de Calixte, les arrêta courts tous les trois, malgré la chaleur.

Au point le plus élevé et le plus pelé du mont Saint-Jean, tombée plutôt qu'assise sur une pierre, comme si le soleil lui avait donné ce coup terrible dont parlait Sombreval, et qui peut produire la folie ou l'apoplexie foudroyante, une femme, une mendiante, une masse humaine gisait terrassée, n'ayant, sans doute, pas eu la force de faire dix pas de plus pour gagner le chemin couvert. Cette mendiante, d'une vieillesse qu'il n'était plus possible d'apprécier (Jeanne Roussel disait, elle : « Je l'ai vue toujours vieille, et je ne suis pas d'hier non plus ! ») était une des pauvresses du bourg de S... lesquelles allaient *tracher*¹ *leur vie* (comme elles parlaient) dans les campagnes voisines du bourg. Elle s'appelait Julie la Gamase.

La fatigue, la chaleur, la poussière, l'accablement, surajoutés à sa décrépitude et à sa misère, la rendaient affreuse et lamentable. La sueur trempait, comme si on l'eût retiré du puits, son pauvre bonnet en lambeaux, plaqué de travers sur sa tête branlante. Assise, ou plutôt couchée, le dos appuyé à son bissac, assez plein ce jour-là pour la soutenir contre un repli de terrain, elle figurait, dans ses haillons enflés par sa chute autour d'elle, un mon-

---

1. *Tracher*, chercher (normand).

ceau de guenilles, que le premier vent, qui se mettrait à souffler, emporterait. Quand elle était debout, sa taille était courbée comme une faucille, et le temps, qui bouffonne avec ses ravages et nos infirmités, avait pris plaisir à la tordre en un Z bizarre. Elle était si déjetée que, sans sa béquille, elle aurait pu choir en avant et se serait brisé le visage.

Caché d'ordinaire par l'inclinaison de son corps, redressé et tiré en arrière par la pesanteur du bissac, ce visage devenu hideux se voyait en plein, dévoré par ce soleil féroce qui le mordait, comme un chien enragé, qui passe, mord dans un tas d'os, au bord d'un chemin ! Ruisselante, gonflée, luisante, prête à se fendre sous l'action de l'horrible infiltration sanguine qui y ramenait pour un instant les forces de la vie exaspérée, on n'aurait guère reconnu dans cette face, tuméfiée et violâtre, la pelote de rides et les chairs terreuses qui avaient d'habitude la couleur grise et les plis d'une pomme de reinette, oubliée pendant des années snr la planche pourrie d'un fruitier. Cette femme, ou plutôt ce reste de femme, allait-il mourir sur cette butte ? Elle soufflait comme une cornemuse. Était-ce le râle de l'agonie ? Ses yeux, injectés et déjà blancs, avaient la stupidité d'un être désorganisé, près de se dissoudre.

— O mon Dieu! elle va expirer, la pauvre femme! — s'écria Calixte en s'approchant d'elle. Et, comme, après Dieu, elle croyait à la puissance de son père : — Mon père, dit-elle, empêchez-la donc de mourir!

Rapide comme l'éclair, Sombreval donna l'ombrelle à Néel, qui la tint sur la tête bien-aimée; puis, de ses deux larges mains, il haussa et affermit la mendiante sur sa sacoche. Il prit dans un étui de chagrin qu'il portait toujours un petit flacon rempli de cette essence qu'il avait composée. Il en frotta les tempes de la vieille et il attendit deux secondes, mais elle ne remua pas!

— Je pourrais la saigner, fit-il, en consultant les artères, mais elle est ruinée de vieillesse. Et, d'ailleurs, qui sait? les mendiants de ce pays ne meurent pas de faim! qui sait ce qu'elle a bu et mangé ce matin dans les fermes? L'estomac est tendu, ajouta-t-il en passant la main sous les haillons de cette créature, rongée peut-être par la vermine... Mais le savant en lui avait tué le dégoût. Il s'était colleté depuis longtemps avec toutes les substances et il ramenait tout à quelques gaz!

— C'est Julie la Gamase du bourg de S... dit Néel, je la reconnais. Vous ne risqueriez pas grand'chose de la saigner, monsieur Sombreval. C'est une mendiante sobre.

— Possible ! répondit-il : mais je ne suis pas un vieux chimiste pour rien, jeune homme, et je crois plus à l'efficacité de mes essences qu'à la vertu du baume d'acier.

Et desserrant la bouche contractée de la vieille, il insinua plusieurs gouttes de son élixir dans cette bouche livide, qui semblait un trou dans du limon.

Palpitante d'émotion et d'anxiété, Calixte avait pris l'ombrelle à Néel et l'étendait sur la vieille femme.

— Ma divine enfant — dit Sombreval en relevant la tête, et ses deux yeux noirs s'humectèrent — si je tremble pour toi, je ne verrai plus rien à ce que je ferai.

— Eh bien ! mon père, je garde l'ombrelle. N'aie pas peur ! — fit-elle avec une expression d'enfant surpris, naïve et charmante.

— Tenez ! dit cet homme qui pensait à tout, en poussant ces deux beaux jeunes gens l'un à côté de l'autre, — mettez-vous tous deux là. Votre ombre tombera sur la vieille, et ta tête chère, à toi, sera à l'abri de cet épouvantable soleil.

Il recommença l'expérience de son élixir, mais pour cette fois elle fut heureuse. La vieille pauvresse fit un mouvement. Ses yeux perdirent leur expression spasmodique. Ils roulèrent sous la paupière redevenue mobile, et deux prunelles rousses, encore hébétées, mais où la vie revenait, apparurent.

— Elle est sauvée, dit Sombreval, mais il était temps! Deux minutes plus tard, la congestion était complète.

Le visage violacé avait perdu sa couleur âpre. Il était devenu plus pâle et le sang accumulé reprenait cours. Les yeux de la vieille étaient fixes, mais l'hébétement qu'ils exprimaient s'effaçait peu à peu et ils s'emplissaient d'intelligence. Ils regardaient les choses, et ils s'y réaccoutumaient.

— Eh bien! la mère, comment vous trouvez-vous? fit Sombreval.

Elle ne lui répondit pas. On voyait qu'elle cherchait ses idées et ses souvenirs, troublés par son évanouissement et sa chute. Ses lèvres remuaient et prononçaient à mi-voix des paroles inintelligibles d'abord et qui devinrent bientôt moins confuses.

— *Aga*[1] *!* disait-elle, v'là le grand jour! quelle heure est-il donc? Faut que j'aie trop dormi. Hier j'étais si lasse! C'est lundi c'matin, et j'arriverai trop tard ès Hauts-Vents, pour le sûr. C'est à si bonne heure qu'ils font leur charité chez les Golleville! Dès dix heu-

---

1. Exclamation normande.

res, la porte est fermée, et les traînards s'appellent Goûte-de-Rien.

Mais quand son regard se fut un peu raffermi : — Que j'sis bète! reprit-elle. J'me craiyais sur ma paillasse, et me v'là par terre... Où que j'sis donc ? Mais c'est le mont Saint-Jean. V'là le chemin de l'église ! C'est cet, butte maudite que j'ai grimpée à force d'ahans et qui m'a tuée de lassitude... Eh ! mais, j'étais donc *évanie ?*

— Oui, vous étiez évanouie, bonne femme, répondit Sombreval. Le soleil vous avait frappé sur la tête. Ce ne sera rien ; reprenez courage. Vous pourrez marcher tout à l'heure et vous en venir au Quesnay, qui n'est pas bien loin, avec nous.

— Au Quesnay ! qu'est ce qui a parlé du Quesnay ? s'écria-t-elle en faisant un effort vain pour se redresser. Il n'y a plus de Quesnay pour les pauvres du bon Dieu maintenant. C'est une maison morte. J'passons tous à la grille sans p'us y regarder que si le château s'était effondré dans l'étang. Ne disent-ils pas que c'est Jean Gourgue Sombreval qui l'a acheté et qui y demeure avec une fille à li — une jeunesse!

— Oui, c'est Sombreval, la vieille, dit-il à son tour, mais avec une rondeur presque cordiale, — c'est Sombreval qui peut vous venir en aide et vous donner, quand vous y viendrez, un bon morceau de pain.

— Je ne veux point de son pain ! répliqua-t-elle d'une voix plus élevée, — et la haine, qui commençait à se remuer à travers tous ces souvenirs dégourdis, redonna toute leur lucidité aux prunelles fauves de ses yeux roux. — Du pain de Jean Sombreval ! les chiens eux-mêmes n'en voudraient pas. C'est bon pour des porcs et pas pour des chrétiennes ! J'aimerais mieux crever de faim devant sa porte que d'en ramasser une seule miette. Il a trahi Dieu. C'est un Judas ! La chaudière de l'enfer bout pour lui. C'est un ancien prêtre. *Il y a pus* de vingt ans que je l'ai vu donner la communion dans l'église de Taillepied... Dans ce temps-là, il passait pour un saint et mangeait des boisseaux d'hosties, mais il est tombé comme Lucifer et il s'est joint à une *fumelle* [1]. Il s'est *aretiré* [2] au château des du Quesnay, — car nous sommes dans un triste temps où les domestiques ont chassé de chez eux les maîtres, — et j'ai ouï dire qu'il y vivait avec sa génisse, — cette honte vivante, sortie de son flanc... — Et tout à coup, comme elle le fixait en parlant, quelque éclair de cette mémoire en-

---

1. Femelle.
2. Retiré.

dormie qui, chez les vieillards, sait se réveiller à ses heures, passa sans doute sur l'homme qu'elle avait devant elle et l'illumina :

— Mais, — dit-elle en se fronçant et se hérissant, comme si elle eût vu un reptile, — *c'est-y* pas vous qui seriez *l'abbé* Sombreval?

Lui, qui retrouvait dans cette créature sur le bord de sa tombe et qu'il venait d'arracher à une mort certaine, l'indignation universelle, sous sa forme la plus repoussante, la plus cruelle et la plus aveugle, avait croisé ses deux bras, et il regardait la vieille femme, avec le sourcil impartial et profond de l'observateur. Il était le seul qui fût froid en entendant Julie la Gamase. Quant à Néel, il avait senti le long de ses nerfs le frissonnement de Calixte — de Calixte qui ne pouvait pas être plus pâle, mais sur les pommettes de laquelle la Honte appuyait la tache rouge de ses doigts ardents.

— Oh ! dit-elle d'une voix qui aurait attendri les pierres de cette butte, si elles l'avaient entendue, — priez pour le père et la fille, pauvre femme, au lieu de les maudire !

Et faisant le bien pour le mal, selon le précepte du divin Maître, elle jeta sa bourse dans le tablier de la vieille, en se détournant pour cacher les pleurs qu'elle avait dans les yeux.

Mais cette aumône pour un outrage fut la goutte d'huile sur le feu du brasier.

— Ah ! c'est donc toi qui es *la fille au prêtre !* — fit la Gamase au dernier degré de la furie. Mais t'ai-je demandé quelque chose ? t'ai-je tendu la main ? Tiens, vois-tu ? je crache sur ton aumône ; j'aimerais mieux me couper la main ou la voir tomber à mes pieds desséchée, que de la tendre à une fille de l'enfer comme toi !

Et la malheureuse ajouta le geste aux paroles ; elle cracha sur cette bourse que lui avait jetée une charité suprême, et elle la lança à Calixte, heureusement d'une main faible, car elle aurait pu la blesser, si elle l'avait atteinte.

— Calixte, dit tristement le père, tu m'as fait sauver la couleuvre, et elle s'est remise à siffler ! C'était juste. Mais ne restons pas ; viens, ma fille !

Et il l'entraîna.

Néel allait les suivre... il revint et fit deux pas vers la mendiante :

— Julie la Gamase, lui dit-il, vous-êtes une méchante et une ingrate qui mériteriez...

Il avait fait un geste, — puis sa colère s'éteignit en voyant cette misère, cette décrépitude, ce cloporte humain, roulé à ses pieds, qu'il pouvait, sans honneur, écraser.

— Dites donc ce que je mérite, monsieur

Néel! — fit-elle impénitente et implacable, avec une ironie qui le défiait. — Je m'en vais au château de Néhou. Faudra-t-il que je dise à monsieur votre père avec *qui que* je vous ai rencontré ?

Le nom de son père atteignit Néel à l'endroit sensible, mais il ne répondit pas. Il emporta le coup et rejoignit les Sombreval.

— Cette femme est à moitié folle, dit-il. Et, en effet, la rage de Julie la Gamase s'était exaltée jusqu'à la folie. En descendant la butte, ils l'entendirent encore qui parlait seule et leur jetait, d'une voix enrouée, des imprécations.

— Non, elle n'est pas folle, — répondit Sombreval, qui semblait l'absoudre, tant cet homme, devenu tout intelligence, admettait tranquillement qu'on le détestât ! Néel, qui comprenait moins que jamais pourquoi Sombreval, indépendant par la fortune, était venu volontairement acheter l'outrage en achetant le Quesnay, crut qu'il allait dire son secret, et il était curieux de l'entendre ; mais l'ancien prêtre se tut. Les âmes fortes dédaignent de parler. Calixte aussi était silencieuse. Néel partageait les tristesses de son silence. Et c'est ainsi que, livrés aux émotions de cette première journée d'une vie à trois, qui commençait sous de se tristes augures, ils arrivèrent bientôt à la grille fermée du château.

Ce jour-là donc, Néel entra au Quesnay. Il pénétra dans cette maison fermée qu'il avait contemplée si longtemps de tous les points de ces campagnes, sans savoir comment il y pénétrerait jamais. Ce qu'il y vit, ce qu'il y recueillit d'impressions nouvelles et profondes dut augmenter les proportions de son amour, comme le bois sec jeté sur le feu augmente l'étendue de la flamme. L'amour naît d'une seule chose, mais il se compose de toutes. Il ressemble à ces cheveux si fins qui, lorsqu'on les prend un à un, sont impalpables et incolores, et, lorsqu'on les réunit, font une chevelure brillante, compacte et si solide, que c'était par là qu'autrefois on liait les captives au char des vainqueurs...

Tout sublime et véhément que l'amour peut être, il n'est indifférent à aucun détail de la vie, dont il porte la couleur, ce singulier caméléon ! Le luxe et le goût dont Néel avait l'instinct et n'avait pas l'idée, et qu'il trouva sous les rideaux baissés du Quesnay, saisirent pour la première fois l'imagination de ce jeune homme qui avait quelque chose d'oriental par sa mère, et firent, dans sa pensée, comme un fond d'or à la tête bizantine de Calixte — un de ces fonds sur lesquels il allait désormais la voir toujours. Néel n'avait point quitté la tourelle, privée de ses trois sœurs abattues, qui se dressait comme un jonc brisé, perchoir de héron ou de cigogne, à l'orée des tristes marais de Néhou.

Toute son enfance s'était écoulée entre des murailles qui n'avaient plus même les boiseries de chêne dont elles avaient été revêtues et qu'on en avait arrachées pour en briser les armoiries. Rien n'était plus fièrement pauvre que cette grelottante tourelle de Néhou, au bord de sa rivière limoneuse ; et les autres châteaux des environs, à cette époque, n'étaient guère plus riches. Élevé dans un milieu de ruines, ouvrage de la Révolution, Néel ne se doutait pas des ressources infinies qu'un art qu'il ignorait pouvait tirer de la richesse. Quand il eut monté le vieux perron raffermi, il ne reconnut plus le Quesnay. Il y avait joué au volant avec les *demoiselles* (comme on disait des filles de l'ancien seigneur), dans un grand salon dont il se rappelait l'immense tapisserie, représentant les femmes de Darius aux pieds d'Éphestion, qu'elles prennent pour Alexandre.

Il n'avait jamais oublié comment le vent d'ouest agitait cette solennelle tapisserie, lorsque ce vent mélancolique se levait, le soir, sur la longueur assombrie de l'étang. Cette tapisserie avait été remplacée par une tenture de soie des Indes, d'un ton vert-d'eau, inappréciablement doux. D'énormes camées, du plus grand prix, montés en patères, relevaient des rideaux de la même étoffe, qui tombaient, à torrents de plis, le long des hautes fenêtres cintrées. Cette couleur transparente du vert-d'eau, qui s'harmonise si bien avec les reflets cristallins des glaces, semblait avoir été calculée par le génie même de la coquetterie pour la pâleur blanche et la couleur d'or fin des cheveux de cette blonde idéale, qui n'y pensait pas ! La coquetterie, c'était le père ! c'était Sombreval.

— Toute autre femme que toi serait laide ici, avait-il dit à Calixte avec l'instinct du peintre, éveillé par l'amour.

Tout d'abord Néel s'étonna de voir dans cet ancien *salon de compagnie* des du Quesnay un grand lit doré sans rideaux, à la Louis XIV, recouvert de sa couverture d'honneur : mais il comprit plus tard... et il fut attendri de cette idée, quand il trouva ce lit répété dans tous les appartements du château. Il comprit que cette fille, qu'on disait si étrangement malade, qui vivait perpétuellement entre deux évanouissements, et qu'une crise, d'un instant à l'autre terrassait comme la foudre, devait avoir partout où tomber. Sombreval avait fait dresser des lits très bas jusque dans les vestibules. « Comme personne (croyait cet abondonné et ce méprisé du monde) ne doit mettre les pieds dans notre *salon de compagnie*, à nous, » il l'avait arrangé uniquement en vue de celle qui devait y rester solitaire. Il en avait ouaté les murs ; orné d'une mosaïque d'or, d'agate et de porphyre, le plafond creusé en voûte, comme le couvercle de l'écrin de soie au centre duquel reposait et brillait mystérieusement sa perle malade, ainsi qu'il appelait son enfant, avec la poésie de la science, car la beauté de la perle vient, dit-on, d'une maladie, et la beauté de Calixte se redoublait de tout ce qui la faisait souffrir.

Mais la perle n'est pas plus insensible à son écrin que Calixte aux recherches du luxe dont il l'avait entourée. Comme tous ceux qui aiment avec idolâtrie, Sombreval avait voulu réaliser autour de sa fille un conte des Mille et une Nuits ; donner pour cloche à sa rose pâle une merveilleuse bulle de savon, étincelante, aérienne et solide, soufflée artistement du fuseau des fées par l'Amour.

Il avait doublé de nacre, d'opale et d'outremer, les volutes moelleuses de la coquille où ce chef-d'œuvre de son cœur devait reposer, et pour cela, il avait rusé et menti, cet homme élevé entre une huche de pain noir et un lit de serge, ce paysan dégrossi qui avait quitté le manche de la charrue pour être prêtre et pour son calice de bois de la pauvre église de Taillepied ! Il s'était mis à jouer une comédie sans dénoûment en affichant un goût passionné pour ces choses de la vie qu'il avait toujours dédaignées, les tentures, les meubles, les objets d'art, les bijoux et les fleurs ; et de cette manière il atteignait et enveloppait Calixte de ce luxe, étalé à dessein autour de lui, non pour lui, mais pour elle et sans qu'elle pût s'y opposer.

S'il lui avait dit que ce luxe était uniquement pour elle, et qu'il s'en souciait, lui, avec sa nature de paysan, de moine et de savant, moins que d'une pincée de la cendre de son fourneau, elle en eût repoussé la splendeur et elle aurait pris cette voix douce et grave à laquelle ce père, si tendrement esclave, ne pouvait jamais résister. Il savait la raison qui dominait l'admirable enfant, transparente, malgré son silence, comme une eau de source dont on verrait la profondeur. Sagace d'ailleurs autant qu'elle était transparente, il n'avait pas beaucoup de peine à s'expliquer pourquoi elle refusait obstinément tout ce qui eût comblé de joie les filles de son âge.

Calixte n'avait jamais voulu qu'on changeât rien à sa chambrette dont elle avait fait, après sa première communion, une vraie cellule de religieuse, dans sa virginale austérité. Seulement, s'il avait respecté cette douloureuse et généreuse fantaisie dont le sens vrai était perdu pour son grand esprit fourvoyé, il s'était promis que du moins il rachèterait une sévérité, inutile et cruelle, en forçant sa bien-aimée à vivre malgré elle dans un milieu plus doux, plus commode et plus beau.

Ce milieu serait celui de son père, devenu tout à coup un Tartuffe de magnificence dans le Quesnay restauré. Il y déploya donc ce qu'il appelait la dernière passion de sa vieillesse, — cette rage d'un luxe extérieur qu'il aimait, disait-il, — ce n'était pas sa faute! — comme un *parvenu !*

Néel fut dupe de cette parole. Il prit au pied de la lettre ce mot de parvenu que s'appliquait Sombreval. Observateur de dix-huit ans, neuf à juger les hommes, il mit sur le compte d'une bonhomie originale ce qui n'était qu'une feinte de la plus inquiète des tendresses. Dès les premiers moments de leur rencontre, cet amour de père qui débordait dans chaque mot, chaque regard et chaque geste de Sombreval, l'avait réconcilié avec la physionomie morale de cet homme, mais il ne pouvait découvrir alors ce que cet amour renfermait de trésors cachés.

Les heures qu'il passa au Quesnay ne firent que lui répéter, dans le menu des détails d'une journée tranquille, ce qu'il savait de l'affection de Sombreval pour Calixte. Cette journée, du reste, ressembla à toutes celles que nous avons passées dans une famille à la campagne, quand nous y venons pour la première fois. « Pour que le lien de l'hospitalité soit formé, — avait dit le nouveau chatelain du Quesnay, — il faut partager le pain et le sel. Restez à dîner avec nous, monsieur de Néhou! »

Et Néel, tout en pensant aux dernières paroles de Julie la Gamase, était resté.

A cette époque et dans ce pays, on dînait à midi. Néel savait qu'on ne l'attendait pas chez son père, et nonobstant il tressaillit aux sons de la cloche de Néhou, qui frappait le *coup de midi,* et qu'on entendait très bien par la fenêtre ouverte. C'est que pour lui, c'était vraiment un moment solennel. Il se mettait à table chez les Sombreval! Il allait manger avec eux! Il s'assit entre le père et la fille, se trouvant à chaque minute plus près de ces deux êtres, dont tout aurait dû le séparer.

Il se demandait en se voyant là s'il n'était pas la proie d'un songe, mais les songes n'ont pas des contours si nets et des sensations si précises... Il ne dormait pas. C'était bien Calixte et Sombreval! Ah! Calixte! il la buvait... plus que ce qu'il avait dans son verre! Il ne perdait ni un de ses gestes ni une de ses paroles. Il les ramassait et les entassait dans son cœur comme un avare ramasse les pièces de son trésor. Il la contemplait où les femmes sont le plus touchantes, — dans les négligences de l'intimité.

En rentrant au Quesnay, elle avait ôté le long châle blanc dont elle enveloppait sa gracieuse et pudique langueur, et l'amoureux Néel put étreindre du regard cette taille longue et brisée de jeune fille malade, qui mêle aux désirs tous les frissons de la terreur.

Calixte, mieux que l'Édith d'Harold, pouvait s'appeler *au col de cygne ;* mais son col de cygne, à elle, avait la beauté fatale et mortelle de celui d'Anne de Boleyn, qui semblait avoir été formé pour tomber aisément sous la hache sans force d'un bourreau navré de pitié.

Comme Anne de Boleyn, Calixte pouvait faire de sa main un collier fermé à ce cou mince et flexible que Pauline Borghèse (l'idéal vivant de Canova) montre aussi dans les portraits que nous avons d'elle. La course finie, Calixte reposée avait repris toute sa pâleur. Sa robe, ses bras, son cou, son visage, étaient du même blanc, profond et diaphane, et cette pâleur albâtréenne jetait dans l'amour de Néel l'inquiétude et la mélancolie.

Calixte était souffrante ; il le savait bien. Il avait ouï parler dans le pays d'une maladie nerveuse, — d'un mal inconnu, extraordinaire, un châtiment de Dieu qui accablait la pauvre fille, et quoiqu'il fût porté maintenant à croire qu'il y avait de l'exagération dans ces bruits, cependant elle était malade ; cela était évident.

Il l'avait entendu dire aussi à Sombreval, qui avait pour elle ces précautions suprêmes, plus expressives que les paroles, et cette idée qu'elle souffrait, — que Dieu peut-être l'avait condamnée à mourir, pour punir le crime de son père, — entrait comme une lame dans le cœur de Néel. Il n'avait pas (on le comprend) hasardé une question sur le mal secret de Calixte : mais c'était sans doute (pensait-il) à cause de ce mal qu'elle portait au front ce bandeau qui lui cachait presque les sourcils.

Plus poétique que savant, il s'imaginait que ce cercle de pourpre empêchait ce front délicat d'éclater sous quelque douleur. Il y attachait mille curiosités et mille rêves. Après le dîner où Sombreval montra une cordialité, à pleine main, avec son convive, ils allèrent se promener au jardin, et ils vinrent bientôt au bord de l'étang sur lequel flottait, oubliée, la vieille barque des du Quesnay.

Néel demanda à Calixte si elle voulait se promener sur l'étang. Habile à manœuvrer les barques, comme tous les riverains des marais, il démarra facilement la vieille chaloupe de son ancrage ; et, après y avoir fait entrer le père et la fille, il la poussa vigoureusement, à travers les joncs, en pleine eau.

Ce fut une longue et douce promenade. La relevée était aussi belle que l'avait été le matin. Le soleil, blanc d'éclat, se teignait de l'or rêveur des après-midi. Nulle vapeur ne s'élevait entre les saules ; nul souffle, dans le calme muet des airs, ne faisait frémir leurs feuilles pâles. La barque verdie s'avançait mollement sur l'eau verte et y traçait un sillon que les fucus et les mousses séculaires, en se rejoignant derrière elle, avaient bientôt effacé.

Calixte, assise à son extrémité, semblait l'ondine de ces eaux engourdies, qui lui communiquaient leur placidité et leur somnolence. Les oiseaux, accablés par la chaleur de la saison et de l'heure, dormaient retirés dans les oseraies des rives. On n'entendait rien sous le ciel vide, pas même l'aviron de Néel, qui coupait silencieusement ces eaux pesantes, couvertes de végétations.

Ils allèrent loin du côté opposé à la route et ils ne s'arrêtèrent qu'à cet endroit du cône où se trouvait un *élavare*[1] d'où les eaux se précipitaient en nappe sur une pente lisse comme une ardoise, pour de nouveau reprendre, au pied de la pente, leur cours sommeillant et leur longue perspective. Arrivé à cette pente qu'une barque ne pouvait descendre sans danger, Néel

---

1. Petite digue qui *élève* le niveau de l'eau

retourna la sienne du côté du Quesnay et revint.

Sombreval qui, pendant le lent parcours, avait dit peu de chose, — comme si la rêverie qui avait envahi Calixte et qui s'élève toujours plus ou moins pour tous les esprits, d'une promenade sur une eau tranquille, entre deux rives solitaires, s'était aussi emparée de sa tête active, — Sombreval avait ramassé un débris de rame au fond de la barque et s'était mis à aider Néel de son bras nerveux.

Le croiriez-vous? Avec sa force d'intelligence et de caractère, il venait d'obéir à une pensée... qui le fit sourire avec amertume, — de ce sourire qu'on a, quand on se juge soi-même et qu'on se fait un peu pitié... Calixte, qui connaissait les moindres mouvements de la physionomie de son père, oublia que l'étranger Néel était là :

— A quoi pensez-vous donc, mon père? lui dit-elle ; vous venez de sourire de votre sourire que je n'aime pas.

Il en eut un autre pour lui répondre :

— Tu me regardais donc, ma douce fillette! Tu n'oublies donc jamais ton père! Oui, c'est vrai... j'ai eu une pensée absurde qui m'a poussé à prendre cette rame, et j'ai souri à cette pensée, en voyant qu'elle m'avait dominé une minute, — qu'elle avait été plus forte que moi.

— Quelle pensée, père ? fit Calixte.

— Oh ! répondit-il, une pensée ridicule, une impression de jeunesse, — une sottise indigne de loger dans un cerveau, passablement construit. Je puis bien te la dire, à toi qui es la raison même et... la religion aussi, — ajouta-t-il d'une voix moins assurée. Une sainte comme toi, ma chère amour d'enfant, n'est pas superstitieuse. Je n'ai pas peur de t'inquiéter par ce qui troublerait peut-être un cœur moins ferme et moins pur que le tien. Ma Calixte n'est pas une fille comme toutes les autres, monsieur Néel. C'est ma nonpareille, à moi, comme ils disent, aux Florides, du plus charmant de leurs oiseaux !

— Ah ! père, — dit-elle modestement, — et votre pensée ?...

— La voici, fit-il, puisque tu la veux. C'était il y a bien longtemps, avant ta naissance, au moment où je commençais d'étudier et de sentir cet amour de la science qui a fait de moi... ce que je suis devenu et ce qu'il fallait bien que je devinsse, car, moi, je ne crois qu'aux instincts ! Ils expliquent tout dans la vie. Eh bien ! à cette heure-là, une femme qui avait pris soin de mon enfance et qui passait dans ce pays, ignorant et crédule, pour savoir les choses de l'avenir, me prédit que l'eau, un jour, me serait funeste, et cette rêverie de tête fêlée m'est revenue tout à coup en me voyant ici, sur cet étang, anprès de toi. J'avais oublié cette misérable circonstance. Jamais cette vision d'une femme enthousiaste et un peu folle ne s'était abattue, comme un hibou, sur ma pensée, quand nous traversions tous les deux les lacs de la Suisse, sur lesquels une ou deux fois, tu t'en souviens, nous avons essuyé presque des tempêtes, tandis que, sur cette eau morte, à ce qu'il semble, tant elle est tranquille, par ce temps d'une douceur de miel et avec un aussi bon pilote que monsieur de Néhou — fit-il en riant — l'idée de cette femme m'est tombée je ne sais d'où, et j'ai eu peur ! Oui, peur pour toi qui es plus que moi pour moi, ma chère vie, et je me suis jeté sur ce tronçon de rame, comme si tu courais un danger, comme s'il s'agissait de lutter contre l'eau, contre le vent, contre quelque chose, quand il n'y a autour de nous rien qui te menace, ma fille bien-aimée ! Voilà pourquoi tu m'as vu sourire. Je me moquais intérieurement de ma faiblesse.

— Cher père, dit Calixte touchée, ne vous moquez jamais de vos faiblesses. Elles viennent toutes de la force de votre cœur.

Néel ramait, — et tout en ramant, il écoutait ce duo paternel et filial où tremblaient, sous les mots, des sentiments sublimes qui charmaient et pénétraient d'un attendrissement ineffable l'âme de ce généreux enfant. « Ils sont tout l'un pour l'autre, se disait-il, voilà pourquoi ils s'aiment. » Et, tenté par cette belle coupe d'affection, à laquelle ils se désaltéraient, il se retenait pour ne pas leur dire : « J'en suis. Partageons même les pierres que vous jette le monde. Partageons. » Pauvre Néel ! il buvait l'amour à une source bien dangereuse ! Il pensait que l'impie Sombreval venait d'appeler Calixte *une sainte*, et il se persuadait que cette sainte qu'il avait vue prier à l'église le matin même et pardonner à Julie la Gamase pourrait racheter le crime de son père et le ramener au repentir. Son esprit ardent acceptait cette idée.

Quoiqu'il fût depuis bien peu de temps dans la vie de ces deux êtres si longtemps maudits, il commençait d'entrevoir la mission de vertu expiatrice que Calixte s'était donnée, et l'enthousiasme pour cette divine créature s'ajoutait à son amour pour elle et allait en faire un de ces sentiments adorables et terribles — inconnus maintenant dans les cœurs.

IX

OMBREVAL ne s'était pas trompé. L'histoire qu'il venait de raconter si brièvement n'avait pas troublé, à ce qu'il semblait, l'âme de Calixte. Il est vrai qu'il n'avait pas tout dit. Il n'avait pas parlé des *deux autres choses* que lui avait prédites l'obscure prophétesse du mont de Taillepied, et qui étaient arrivées l'une après l'autre avec la précision d'une horloge qui sonne à son heure.

Tout confiant qu'il était dans la piété de Calixte et les lumières de son esprit et de son cœur, il n'aurait pas voulu exposer cette imagination de jeune fille, malade par les nerfs, à l'histoire entière de la Malgaigne, telle qu'il la portait depuis si longtemps sur sa pensée... Il avait trop l'expérience de l'esprit humain pour ne pas savoir qu'il y a des faits inexplicables à la raison, et qui courbent tout dans les âmes, quand ce seraient des âmes d'Atlas, capables de porter le ciel.

Il savait cela par l'observation... et par lui-même... Sous le calme des paroles sensées qu'il venait de prononcer, un œil pénétrant aurait pu discerner que la préoccupation dont son esprit riait était plus forte que le rire, et qu'en vain il voulait, esprit fort et cœur fort, établir contre elles une réaction impossible.

A la manière presque violente dont il aidait Néel, on aurait cru qu'il était impatient de sortir de cette eau, qui ressemblait à une glu et sur laquelle la barque se mouvait lentement comme celle-là qui est chargée d'âmes, dans le poème du Dante.

Grâce au coup de main de Sombreval, ils mirent moins de temps à remonter cette eau paresseuse et profonde qu'ils n'en avaient mis à la descendre, quand Néel de Néhou ramait seul. Ils revinrent à la place d'où ils étaient partis et où Néel avait détaché la barque de l'anneau rongé par la rouille, qui la retenait dans le pied tors d'un vieux saule creux. Il demanda à Calixte si elle voulait rentrer au Quesnay ; mais la jeune fille exprima le désir d'aller à l'extrémité de l'étang qui, vous vous le rappelez, s'en venait mourir sur une large base à la route, et ils remontèrent jusque-là.

Il faisait toujours le même calme sur ces eaux torpides, et, dans les fourrés chevelus de leurs deux bords, il régnait toujours le même silence. Seulement, depuis que nos promeneurs s'étaient rapprochés du château, ce silence sans fond du paysage était parfois interrompu par le cri aigu des pivis familiers[1] des jardins du Quesnay, qui vibrait par-dessus les murs; mais, hors ce cri de deux notes qui leur a fait donner leur nom, on n'entendait rien du côté du château, muet sous ses girouettes immobiles, ni du côté de la route, blanche de sécheresse, qui passait comme un ruban tendu, au bas de l'étang.

Le long de la semaine, c'était une route fréquentée, mais le dimanche, elle était déserte. On n'y voyait ni colporteur, sa mallette au dos, son aune à la main, ni charbonnier sur son petit bidet à sonnettes, ni charretier, ni personne : car on observait le repos du dimanche

---

1. Le pi-vi, nommé ainsi, du cri qu'il pousse, par les paysans de Normandie, et qui est le *Pivert* pour tout le monde, est un charmant oiseau vert-bouteille, fin comme une perdrix, et qu'on lâche l'aile coupée dans les jardins du Cotentin, où il vit très bien et dont il est l'ornement. Gracieux prisonnier, aussi doux à voir, trottant d'un pied vif dans l'allée d'un parterre, entre les buis, de deux plates-bandes, que les cygnes languissant dans l'orbe azuré des bassins.

dans ce temps-là, et ce loisir, la *trêve de Dieu* du travail, donnait même ultérieurement aux campagnes une physionomie qu'elles n'ont plus.

— Ce n'est pas un jour pour passer sur la route, — dit Sombreval, qui connaissait profondément les habitudes de ces contrées, — et cependant on nous observe de là-bas, — ajouta-t-il en fronçant les sourcils. Il avait probablement le ressentiment et l'impatience des deux scènes de la journée, et il craignait qu'une troisième survenant encore ce jour-là ne fît déborder ses passions, malgré ses promesses à sa fille.

Néel regarda dans la direction du doigt de Sombreval.

— C'est une femme, dit-il...

— Encore quelque *tournìresse* du diable! interrompit Sombreval, qui se servit pour désigner la femme en question du patois normand qu'il avait tant parlé autrefois.

— Non, celle-ci n'est pas une mendiante, monsieur Sombreval, — répondit Néel, les yeux fixés, tout en ramant, sur la personne que de loin il reconnaissait. — De celle-ci nous n'avons rien à craindre, — fit-il en jetant le plus tendre de ses regards à Calixte. — Une fumée rose passa sur son front blanc et sur ses joues. Il rougissait. Il avait dit : *Nous !*

C'était notre ancienne connaissance, — cette Malgaigne, — que nous n'avons pas vue, car il faisait nuit, mais que nous avons entendue, et que Sombreval avait rencontrée le soir même de sa première arrivée au Quesnay... C'était la Malgaigne, dont il venait de parler indirectement il n'y avait que quelques instants, et dont l'étang du Quesnay lui avait rappelé — il savait bien pourquoi — les prophéties passées.

Elle était debout sur la route au bord de l'étang; les deux mains appuyées à ce long bâton d'épine sèche que les paysans passent à la vapeur d'un four pour lui donner un brillant solide et tacheté. En revenant de l'église de Néhou, où elle avait entendu les vêpres et d'où elle était sortie à complies, selon l'usage des gens qui demeurent loin du clocher, elle avait aperçu sur l'étang, ordinairement si désert et si morne, la barque oubliée des du Quesnay, qui prouvait ce jour-là que la vie était revenue à ce château-cadavre, vide de maîtres pendant si longtemps.

Presque involontairement, elle s'était arrêtée à regarder cette barque qui s'en venait doucement vers elle. Bien des sentiments confus l'agitaient. Elle n'avait pas revu Sombreval depuis le soir où elle l'avait attendu à la *Croix des trois Chemins*, et où elle lui avait adressé ces paroles suprêmes qu'il avait méprisées. Ayant appris de toutes les bouches qu'il était établi au Quesnay, — qu'il y était avec sa fille :

« C'est lui qui se promène là-bas avec son enfant, pensa-t-elle ; » et une curiosité que toutes les femmes comprendront, la curiosité de voir cette enfant qui était le crime de son père, la fit rester les mains croisées sur son bâton d'épine, le menton posé sur ses mains.

Dans le fond de son cœur, Sombreval était toujours le *Jeannotin* à qui elle avait tenu lieu de mère. Le temps n'avait point déraciné de son âme cette affection rude qu'elle portait à cette espèce de fils que l'orgueil, l'ambition et les sciences menteuses avaient entraîné si loin d'elle.

Pendant des années, cette affection s'était passée de témoignages : mais chez les âmes très fortes, on croit les sentiments oblitérés parce qu'ils vivent sans parler, sans remuer, cachés et profonds... C'était une femme d'un caractère plus exalté que les autres femmes de ces contrées : mais cette exaltation, qui l'avait d'abord *portée au mal* — comme elle disait — avait été contenue et disciplinée par la religion à laquelle elle était retournée sous l'impression du coup de tonnerre de Taillepied.

Objet momentané des haineuses suspicions de ces populations superstitieuses, elle avait, par les dehors irréprochables de sa vie, forcé l'estime et la confiance à lui revenir, un peu en tremblant, il est vrai, car elle imposait toujours au vulgaire. Il y avait, en effet, dans cette Malgaigne, l'étoffe d'un grand caractère : mais la Destinée, qui ne taille pas toujours les circonstances à la mesure des âmes, n'y avait pas mis ses ciseaux !

Du reste, ce n'était pas seulement son caractère, ses manières et la fermeté de son bon sens dans toutes les choses pratiques de la vie, qui la faisaient respecter des gens du pays : c'était quelque chose de plus encore que ces qualités supérieures, et qui tenait, sans aucun doute, à ces superstitions éternelles qui ne s'en vont de l'homme que quand l'homme n'est plus !

Je vous l'ai dit : dans sa jeunesse la Malgaigne avait passé pour une sorcière, et cette opinion, elle l'avait détruite à la sueur de son front et de ses vertus. Mais, si elle avait renoncé à un genre de vie et de renommée qui la précipitait d'un côté pernicieux et funeste, elle n'avait pu abolir en elle ce genre d'imagination qui la poussait invinciblement vers le merveilleux. C'était plus fort qu'elle et ses efforts, cela ! C'était le fond et la moelle d'une organisation pleine de poésie qui avait cru et s'était développée librement dans la solitude...

Généralement on la disait *hantée*... C'est

ainsi que l'on exprimait ses rapports avec le monde surnaturel, ce monde qui pèse tant sur l'autre, que nous étouffons sous son poids ! Elle était religieuse et même régulière dans ses dévotions... Mais naturellement, et sans qu'elle fît pour cela rien de répréhensible, elle vivait habituellement sur les limites des deux mondes et quoiqu'elle eût un coup d'œil qui entrait profondément dans la réalité, elle soutenait que le monde invisible était celui des deux encore dans lequel elle voyait le plus.

Les philosophes, comme le matérialiste Sombreval, qui venait, sans la nommer, de l'appeler *tête fêlée*, l'auraient traitée de visionnaire : mais les gens simples au milieu desquels elle avait vécu sa longue vie tranquille et qui avaient — certains d'entre eux — reçu d'elle beaucoup de bons conseils, la croyaient, sans discussion, quand elle racontait ses apparitions, ses fantômes, ses relations avec les Esprits, devenues, depuis quelques années, à peu près perpétuelles.

Elle ne les racontait pas d'ailleurs pour s'en vanter et produire un effet quelconque. Au contraire, elle ne parlait de ces choses étranges que parce qu'elles étaient devenues d'une telle fréquence dans sa vie, qu'elles avaient à ses yeux la simplicité des évènements les plus communs et qu'il n'y avait plus à s'en étonner !

Voilà quelle était cette Malgaigne que l'on appelait la GRANDE MALGAIGNE, car elle était plus grande de taille que les autres femmes du pays, qui sont pourtant grandes et puissantes ; et elle se tenait droite comme un mai, malgré l'âge, contre lequel elle semblait se redresser avec énergie. « Je suis de celles-là, — disait-elle souvent, — qui ne s'en vont pas pierre à pierre, comme nos masures, mais qui doivent s'écrouler, d'un coup, comme une tour. »

Elle appartenait à la plus basse classe de ces campagnes, mais on trouvait cependant en elle ce qu'on rencontre parfois encore dans les fondrières du Cotentin, — une dernière goutte, égarée et perdue, du sang des premières races normandes, de ces fiers Iarls scandinaves qui ont tenu et retourné l'antique Neustrie, sous leurs forts becs de cormoran.

Vieux cigne des fiords lointains, avec ses cheveux blancs comme la neige, elle avait, sous ses traits plutôt durcis que flétris par les ans, les restes glacés de cette beauté flave des filles de Norvège qui versaient la cervoise écumante dans ces belles coupes d'ivoire humain, creusées dans le crâne des ennemis. Ses grands traits, vierges des passions qui calcinent le visage des hommes, avaient une placidité toute-puissante.

Mais ses yeux, d'un bleu d'outre mer autrefois, et « devenus gris, disait-elle encore, à force de regarder si longtemps les choses de la vie, » avaient l'égarement et le voile de ces yeux où la préoccupation domine.

Par exception, en ce moment où elle regardait l'étang et la barque, ils venaient de rompre la taie mystérieuse de leur distraction éternelle et ils avaient repris la netteté de leur rayon visuel. Ce jour-là — comme toujours, du reste — le costume de la Malgaigne était des plus simples; mais elle le relevait par la manière presque majestueuse dont elle savait le porter.

C'était le costume habituel de toutes les femmes âgées en Normandie : la coiffe plate, le *juste,* le tablier et la bavette, le jupon gaufré, et par-dessus le mantelet de droguet séculaire. Le sien n'était ni blanc ni noir (ces couleurs préférées pour leurs mantelets par les Normandes), mais d'un rouge de brique, moins éclatant que fauve, — la pourpre de la pauvreté.

La Malgaigne était pauvre, — mais, comme Néel l'avait dit, elle n'était pas une mendiante. Elle avait toujours vécu du travail de ses mains, et, pleine de cœur, quoiqu'elle fût sur le bord de sa fosse, elle travaillait encore. On la citait comme la meilleure fileuse au rouet de tout le pays..

— Oui, dit Sombreval, c'est la Malgaigne du mont de Taillepied. Vous avez raison, monsieur de Néhou, nous n'avons rien à craindre d'une pareille femme. Je la connais aussi, et probablement plus que vous... C'était, bien avant votre naissance, la voisine de notre clos de Sombreval. Je puis dire que dans mon enfance elle m'a soigné comme une mère et comme une nourrice, lorsque mon père était aux champs. C'est celle-là dont je t'ai déjà parlé, Calixte.

Et c'était vrai! Il en avait parlé à sa fille, et par ce qu'il lui en avait dit, il lui avait donné le désir d'aller voir cette femme dans sa chaumière et de lui faire du bien sur ses vieux jours. Seulement Calixte, plus souffrante à son arrivée au Quesnay, n'avait pas quitté le château, et ce dimanche-là sa première sortie, sa première visite avait été pour le Seigneur.

Ils arrivaient en parlant ainsi tout près de la route. La Malgaigne de son côté, malgré l'affaiblissement de ses yeux, put reconnaître Sombreval : mais elle ne donnait aucun signe qu'elle le reconnût. Elle était toujours immobile et silencieuse comme une statue dont le socle aurait été le bord de cette route qui surplombait l'étang, à peu près d'un pied.

— Tu ne reconnais donc pas ton *Jeannotin*, ma vieille Malgaigne? — dit Sombreval avec la brusquerie cordiale qui passait quelquefois sur les lèvres sévères de cet homme aux pensées farouches, et qui ressemblait à ce rayon de miel sauvage que les abeilles déposèrent dans la gueule du lion de Samson.

— En effet, il est grandement changé ! fit-elle tristement ; — mais comme si elle eût répondu à sa propre pensée bien plus qu'à celui qui venait de parler, car ses yeux ne se détournèrent pas de la direction qu'ils avaient prise dès qu'elle les avait aperçus. Elle les avait fixés et concentrés sur Calixte, posée à l'extrémité de la barque comme une figure aérienne. Justement le soleil venait de tomber derrière un massif d'osiers et de saules.

Balayé de sa poussière d'or, l'étang avait repris ses tons glauques. Son reflet, mêlé à celui des arbres des rives, ombrait la pâleur de Calixte de teintes mollement vertes, et lui donnait quelque chose de surnaturel qui aurait agi sur un esprit moins exalté que la Malgaigne.

— C'est donc elle ! fit-elle absorbée. La voilà ! Elle est aussi pâle que les millelorraines du doui[1] des Folles-Eaux. Elle est pâle du crime de son père... Et pourquoi pas, puisqu'elle en doit mourir ?

Mais en disant ces paroles la voix avait tel-

---

1. Courant d'eau, lavoir.

lement baissé à la Malgaigne, que personne de ceux qui étaient dans la barque ne l'entendit les prononcer.

— Eh bien! la Malgaigne? — cria Sombreval d'une voix qui courut comme l'écho d'une détonation sur l'étang.

— Vère! c'est la Malgaigne! — répondit-elle, comme si l'accent de cette voix impatientée l'eût arrachée à ses rêveries. Que me voulez-vous, *monsieur Sombreval?*

— Et toi, vieille folle, que veux-tu dire avec ton *monsieur Sombreval?* reprit-il vivement. Pour qui donc prends-tu le fils à Jean Gourgue, qui a été ton *fisset*, à toi aussi, pendant tant d'années, et qui a grandi en tenant le coin de ton tablier?

— Mais, — dit-elle, — pour le maître du Quesnay, un nouveau seigneur dans la contrée...

— Tu ne penses pas ce que tu dis! interrompit Sombreval. Tu sais bien que Jean Gourgue-Sombreval ne sera jamais que Jean pour toi, ma vieille mère. Parle-moi donc comme autrefois... Monsieur Néel de Néhou que voilà n'ignore pas que je suis un paysan d'origine, et ma fille que tu vois, et dont tu seras la grandine[1], ne croit pas descendre,

---

1. *Grandine*, expression des enfants en Normandie pour

comme on dit, de la côte de Jessé. Tu peux lui demander, à cette enfant-là, si je t'ai oubliée ; si je ne lui ai pas, à bien des reprises, parlé de toi... Depuis que nous sommes au Quesnay, je suis allé maintes fois frapper à la porte de ta bijude, mais tu étais toujours sortie. Étais-tu aux champs ou en journée ? Tu n'as ni voisins ni voisines à qui je pusse dire que j'étais venu voir la Malgaigne. Aujourd'hui le hasard nous met sur ta route, car tu passais sans entrer au Quesnay, — mais tu vas y venir avec nous ; tu vas t'y reposer avant de retourner à ce mont de Taillepied qui est encore loin et où tu demeures... Monsieur de Néhou, ajouta-t-il, approchons la barque de la route, et toi, mère, donne-moi ta main, et de l'autre appuie-toi sur ton bâton, pour y descendre..

— Non, Jean, dit-elle, — puisque tu veux que je t'appelle Jean devant tout le monde, car ton orgueil n'est pas celui des autres, — tu n'as jamais été que toi, Sombreval ! — Eh bien ! non, Jean, ma place n'est pas au Quesnay, et plût à Dieu que ce n'eût jamais été la tienne ! Mais, hélas ! rien n'a pu t'empêcher de faire ce que le Mauvais Esprit avait bien prédit que tu ferais.

désigner leur grand'mère, qu'ils appellent aussi leur *grande*.

Et elle resta droite et toujours appuyée sur son bâton, dans une immobilité rigoureuse.

Sombreval fronça ses sourcils touffus, avec l'humeur d'un homme qui a rencontré vingt fois la même résistance.

— Allons! vas-tu recommencer? dit-il, — et il leva les épaules, moitié de courroux et moitié de pitié.

— Les années sont venues, — reprit-elle avec un ton aussi tranquille que l'était sa placide et sculpturale physionomie, — ta jeunesse est partie; mais ta violence n'a pas vieilli, Sombreval! Elle est toujours en toi, comme au temps où je démêlais tes cheveux noirs. Si, jeune, tu ne m'as pas écoutée, est-ce quand me voilà vieille comme les ponts croulés de Colomby que tu m'écouteras? Seulement, si c'est plus fort que toi de faire ce que tu fais, c'est plus fort que moi aussi de te répéter la même chose, de t'avertir comme je n'ai jamais manqué de t'avertir, quoique je sache que c'est en vain. Nous avons chacun notre destinée. Tu peux t'agiter dans la tienne, mais moi, je suis semblable à la borne du bord de la route, qui dit le chemin, même aux insensés qui ne le suivent pas!

A ces paroles prononcées sans emphase, Calixte se douta bien qu'elle avait devant elle la femme qui avait fait à son père cette prophétie dont le souvenir venait de le troubler.

Ne sachant de quel nom se servir avec cette octogénaire imposante, elle ne lui parlait pas ; mais, de la barque, elle la regardait avec curiosité, timide d'abord, puis sympathique, car cette vieille femme avait une majesté sereine et douce, dont elle, Calixte, était tout intérieurement pénétrée.

Sombreval, qui devinait sa fille, répondit à sa pensée : — Il est inutile d'insister. Si elle a mis dans sa tête blanchie de ne pas entrer au Quesnay, nulle force humaine ne l'en fera passer la grille. — Mais comme dans son cœur, à lui, le dernier argument, le plus fort, ce que le canon est pour les rois, était sa fille, il ajouta :

— C'est ta petite-fille, la Malgaigne ; c'est Calixte Sombreval qui te demande de venir *chez elle.*

Et Calixte fit un geste d'adhésion à ce que disait son père avec un sourire plus éloquent que les paroles qu'il prononçait.

Celle qu'on appelait la *grande Malgaigne* demeura un instant silencieuse.

— Non, Jean, dit-elle en hochant la tête ; puis, tournant ses yeux pâles vers Calixte, elle ajouta : — Et vous, merci, merci, ma fille ! Je ne vous verrai pas sous le toit qui, malgré moi, couvre maintenant la tête de votre père, mais il est dit que la vieille Malgaigne doit vous revoir ailleurs. Je le sais...

Et elle fit un pas en arrière, mais elle revint, et d'un geste, montrant à Sombreval la route :

— Écoute un dernier mot, Sombreval ! — dit-elle avec mystère.

Et il obéit à son geste, en sautant sur le bord, d'où elle l'entraîna quelques pas.

— Jean — lui dit-elle d'un air étrange — prends garde à toi ! prends garde ! Tu joues avec ta perte. Va-t'en de cet étang et n'y rentre plus... La mort y couve pour toi...

Et comme Sombreval se prit à sourire.

— Tu ris ! — lui dit-elle avec une ironie plus méprisante que la sienne. Par la splendeur du jour qui nous éclaire ! lorsque je parlais tout à l'heure à ta fille, j'ai vu comme je te vois, là... — et de son long bâton elle indiqua la place, — ton cadavre à toi, Sombreval qui *mitonnait* sous les eaux croupies... et, jour' de Dieu ! je l'y vois encore ! — fit-elle avec le regard de l'horreur, mais de l'horreur sans épouvante.

Sombreval, malgré lui, regarda l'étang et ne vit que sa surface limoneuse, muette et sombre, que rien ne plissait.

— Bah ! — fit-il, ému pourtant ; mais, plus fort que cette émotion involontaire, il tourna les talons et redescendit dans la barque, comme s'il lui eût plu de fouler cette eau, qui *roulait sa mort* sous ses pieds.

. — Elle devient de plus en plus visionnaire, — dit-il à sa fille et à Néel ; et il se mit à ramer pour retourner à l'anse d'où ils étaient partis, lorsque tout à coup ils virent revenir jusqu'au bord qu'elle avait quitté la grande Malgaigne. Elle n'était plus calme, mais elle était toujours majestueuse. Elle avait la main étendue vers Calixte qui s'éloignait.

— Calixte Sombreval ! — cria-t-elle, — si vous aimez votre père, empêchez-le de remettre jamais les pieds sur l'étang qui vous porte, car, je le jure sur mon âme éternelle, il ne les y remettra que pour y périr !

Malgré la raison de Calixte dont avait parlé Sombreval, une transe horrible passa dans ses yeux et en fit battre les paupières. Plus pâle, la pauvre enfant ne pouvait pas le devenir... « Oh ! revenons vite ! » — dit-elle avec un frisson... et ils revinrent. Sans doute, quand Néel fut parti, cette fille à laquelle il ne pouvait rien refuser obtint de son père la promesse qu'il n'eût pas faite à la Malgaigne, car, à partir de ce jour-là, on ne le revit, ni elle, ni lui, ni personne, sur l'étang verdâtre du Quesnay ; et la barque qui les y avait portés, pourrissant tristement à son éternel ancrage, fut bientôt rongée par les eaux.

X

ÉEL de Néhou ne resta pas long-
temps au Quesnay, une fois qu'il
y fut rentré avec Calixte et Sombreval. Il n'était pas tard, mais il
avait, comme on dit, *un bon pas à
faire* pour retourner à Néhou et y arriver avant
le souper du vicomte Ephrem, qui se couchait de
fort bonne heure. Il salua donc le père et la fille,
et il s'en alla avec plus d'empressement qu'on
ne l'aurait cru, puisqu'il s'éloignait de Calixte.
Mais c'était pour Calixte qu'il s'éloignait... et
encore s'éloignait-il d'elle, puisqu'il l'emportait
dans son cœur ?...

Il voulait rejoindre la Malgaigne. Quoiqu'elle eût de l'avance sur lui, elle ne marche-

rait pas assez vite pour qu'il ne pût la rattraper, lui, avec ses jambes de dix-huit ans. Il n'était pas intervenu dans la scène du bord de l'étang ; il avait, comme Calixte, gardé le silence pendant cette singulière entrevue de la grande Malgaigne et de Sombreval, mais des trois il n'avait pas, certes, été le moins frappé et de la femme et de ses paroles.

Jusque-là, en effet, il pouvait penser qu'il ne connaissait pas la Malgaigne. Il lui avait parlé quelquefois pour lui dire bonjour ou bonsoir, quand il la rencontrait le long des routes revenant de journée ou y allant, — car il était affable avec les pauvres gens, disaient-ils, et il avait toujours remarqué la grande mine et le grand air de cet antique fileuse sous son accoutrement de paysanne : mais d'elle à lui et de lui à elle, ç'avait été tout.

Dans son élan de jeunesse, Néel ne songeait guère à se rendre compte de ce qu'il y avait de vrai ou de faux dans les contradictions qui couraient sur cette femme étrange à qui les *libres penseurs* des cabarets du bourg de B... et du bourg de S... n'accordaient pas un esprit bien sain, mais que les campagnards d'entre ces deux bourgades respectaient comme un oracle, et qui venait de lui apparaître sous un aspect inattendu et presque grandiose.

Il se rappelait le mot de Sombreval, parlant

d'elle encore en remontant le perron du Quesnay et en échenillant, d'une main distraite, les boules rouges des géraniums qui, dans leurs grands vases de granit, en garnissaient les rampes : « Les Turcs aussi respectent les fous, » et il se demandait alors pourquoi cet observateur positif, ce savant qui n'admettait que la science, portait-il sur son ample front, volontaire et lumineux, les nuées qu'un souffle de cette *folle* venait tout à coup d'y amasser ?...

De toutes ces choses naissait pour lui un vif désir de revoir la Malgaigne, de lui parler sans témoins, de l'interroger sur cette mort fatale qui menaçait Sombreval et l'avenir de Calixte, — de Calixte dont les peines désormais devaient être les siennes, — de Calixte dont il ne s'isolait plus !

Aussi, quand il eut refermé la grille de la cour, au lieu de reprendre le chemin du mont Saint-Jean et de Néhou, se précipita-t-il du côté de la route qu'avait dû suivre la Malgaigne. Cette route, qui semblait filer comme une flèche aux pieds de l'étang, devenait, à quelques pas de là, une montée tortueuse. Néel pensa que l'octogénaire ne la gravirait que lentement... Il n'y avait pas assurément plus d'une demi-heure que la scène de l'étang venait d'avoir lieu.

Cependant le soleil, comme une bonne ménagère qui a dévidé tout son peloton de soie éclatante, ramassait autour de son disque ses rayons épars dans l'étendue, et son dernier fil d'or, qui allait aussi disparaître, ne tremblait plus nulle part que sur le toit bleu du Quesnay et les grêles profils de ses girouettes. C'est alors que Néel aperçut le dos tourné de la vieille femme. Elle marchait comme elle marchait toujours, d'un pas lent, mais ferme, et elle allait quitter la route pour entrer à gauche dans un petit landage qu'on appelait la lande du Hecquet.

Le jeune homme, qui voulait la surprendre, la dépassa, — puis se retourna brusquement, quand il l'eut dépassée : mais rien dans l'impassible physionomie de la vieille Errante ne lui fit croire qu'elle l'avait entendu venir ou qu'elle l'apercevait près d'elle... Etait-elle retirée dans quelque vision intérieure ? Elle avait les yeux baissés comme ceux qui regardent en eux-mêmes ou dans le passé, — ces deux gouffres noirs sur lesquels nous nous penchons vainement pour ressaisir les rêves de la vie.

Le soleil, de niveau avec le sol, lui envoyait de l'autre bout de cette lande indigente ses derniers feux en plein visage, et l'empêchait peut-être ainsi de relever ses yeux fermés par le poids de sa propre pensée encore plus que par les rayons de l'astre mourant. Un étranger qui l'aurait rencontrée l'eût prise pour une aveugle, familière au chemin qu'elle menait d'un bâton plein de clairvoyance... En avait-elle la finesse d'ouïe ? Toujours est-il que, les yeux baissés, elle dit à Néel, sans le regarder.

— Enfin, vous voilà donc, monsieur Néel, je vous attendais !

— Vous m'attendiez ?... Pourquoi m'attendiez-vous ? fit Néel de Néhou, surpris tout à la fois et des paroles de la Malgaigne et de sa physionomie absorbée.

Elle continua de marcher sans relever les cils blancs de ses yeux.

— Parce que le monde est renversé ! dit-elle avec une exaltation contenue, mais croissante, parce que les Sombreval sont au Quesnay, et vous avec eux, monsieur Néel, vous le cousin des anciens seigneurs ruinés de qui ç'a été si longtemps la place ! parce que le fils de votre père s'est affolé de la fille d'un prêtre marié, de Jean Sombreval...

Néel devint pâle, et la veine de son front se gonfla, mais pour se dégonfler et disparaître, car il n'avait pas de colère à avoir, l'impétueux jeune homme ! Il sentait trop qu'elle disait vrai.

— Parce que vous aussi, — continua-t-elle, — vous êtes sur le bord du gouffre près duquel marchent, sans le savoir, Sombreval et sa fille, et que vous, plus curieux que lui, mais non plus sage, vous avez eu la fantaisie ce soir d'en mesurer la profondeur !

— Eh bien ! dit-il avec explosion, comme forcé dans ses gardes par la pénétration de cette vieille tranquille, aux yeux baissés, — c'est vrai, la Malgaigne, je veux savoir... ce que vous savez !

— Le roi disait « nous voulons, » quand il y avait un roi, monsieur Néel, — dit-elle noblement ; — mais ce que je sais, ajouta-t-elle avec une espèce de tristesse résignée, — c'est votre perte, à tous les trois, aussi certaine que si la barque dans laquelle vous étiez *tassés*, il y a une heure, se fût entr'ouverte et que les vases de l'étang vous eussent engloutis !

— Vous êtes sinistre, la mère ! — dit Néel assombri.

— Ce n'est pas moi qui le suis, mais la destinée.

— Peut-on l'éviter ?

— NON ! répliqua-t-elle. Et le jeune homme baissa la tête, mais il respira. Il était soulagé et presque heureux de penser que, du moins, il n'avait pas son amour à combattre et qu'il pouvait s'y abandonner tout entier, au prix de périr !

Cependant il ne se rendit pas ainsi au premier mot de la Malgaigne et à son ascendant mystérieux. A proprement parler, cette tête de Maléagre antique qui faisait ressembler Néel de Néhou au plus ravissant des camées qu'eût portés sa mère n'était pas ce qu'on peut appeler une tête philosophique, et le moment où cette tête rayonnait alors de jeunesse était l'époque de l'action plus que de la pensée, un temps où la moyenne des esprits se préoccupait assez peu des mystères de la vie et de ces problèmes que notre temps, à nous, a recommencé d'agiter : mais, tout disposé qu'il pouvait être, par sa nature poétique et les sentiments qui le dominaient, quand il s'agissait de Sombreval, à se laisser imposer par la grande Malgaigne que, de ce jour-là seulement, il apprenait à connaître, Néel se roidissait contre le sens des paroles fatales de la vieille et il lui prit l'idée de les discuter. Il avait un esprit qui ne manquait pas plus de fermeté que son caractère.

Élevé par le vicomte Éphrem, indifférent en matière de religion, comme toute la noblesse du dix-huitième siècle, moins pieusement qu'il ne l'eût été par sa mère, si elle avait vécu, il l'avait été, catholiquement néanmoins, sous la *gouverne* d'un certain abbé de Saffrey, plus maquignon que prêtre, il est vrai, qui lui avait appris, encore mieux que le catéchisme de Coutances, *l'adhérence parfaite* sur sa selle à *piquet*, et comme on *bouchonnait* un cheval en sueur avec une poignée d'*étrain* frais [1], mais, après tout, il savait assez de christianime pour comprendre ce qu'avaient de mal sonnant au tympan des oreilles religieuses les dernières paroles de la Malgaigne.

— On n'évite pas sa destinée, fit-il : c'est vous qui dites cela, la Malgaigne ! Pour une chrétienne, vous n'avez donc pas peur de parler ainsi ? J'ai ouï dire que vous étiez redevenue religieuse depuis bien des années, et que vous approchiez même des sacrements ; et cependant vous parlez aujourd'hui comme une païenne ou une faiseuse de maléfices...

A ce mot de maléfice, elle releva ses grands yeux d'un bleu pâle, comme l'aile d'un vieux geai, et regarda Néel, mais sans colère.

— Et vous aussi, dit-elle, malgré votre jeunesse, vous savez ce que j'ai été, monsieur Néel. Ils vous l'ont donc appris ! Hélas ! le mal s'apprend et se retient mieux que le bien... Oui, c'est la vérité que, dans le temps, j'ai été une faiseuse de maléfices ; c'est la vérité que j'ai écouté les pensées du démon et me suis adonnée aux œuvres perverses.

Oui, je m'y suis bien obstinée, ajouta-t-elle

---

1. Paille fraîche.

profondément, — bien ensangmêlée[1]. Mais le Sauveur des hommes a enfin arraché sa servante à ce tas de curiosités criminelles et de sacrilèges ambitions qu'un mauvais esprit soufflait en elle. J'ai tout laissé de mes anciens et honteux sacrilèges, mais parce que je suis revenue au Créateur, je n'ai pas pour cela aboli en moi la mémoire de ce que j'ai vu, — de ce que Dieu permet au démon de montrer aux hommes, quand ils ont l'audace coupable de l'invoquer !

— Ce que vous vîtes fut donc bien formidable ? reprit Néel, qui voulait la faire parler et qui redoutait quelque lubie de silence, comme en ont souvent les cerveaux exaltés des vieillards.

— Mère ! fit-elle, et d'autant plus formidable que tout est arrivé comme nous l'avions *vu, lui* et moi, — que tout est échu à son temps et à son heure, excepté la fin de la fin, la consommation qui viendra aussi, qui viendra bientôt, — aussi sûr que le soleil qui se couche en ce moment au bout de la lande va tomber dans la mer là-bas, tout là-bas, derrière Jersey ! Vous êtes un enfant au cœur droit, monsieur Néel, et vous pouvez traiter ce que je vous

---

1. Ensangmêler, se mettre en colère contre une résistance, se mêler le sang. — Patois.

dis de *lossez*[1] de vieille femme affaiblie ; Jean Gourgue-Sombreval ne le peut pas, lui ! Il lui est défendu de mépriser mes paroles. Mais il est plus orgueilleux que le roi dont parle l'Ecriture, qui vit la main sans bras écrire sa ruine sur le mur, car il *s'épanta* à cette vue, et Sombreval, dans l'ivresse de sa science, l'aurait regardée comme un phénomène de nature qu'il se serait mis à étudier.

— Oui, c'est un savant... murmura Néel, que cette femme rendait de plus en plus rêveur, et chez laquelle il trouvait un accent de bonne foi qui le confondait encore plus que l'élévation soutenue de son langage.

— Et toute sa science ne le sauvera pas, fit-elle, ni lui ni sa fille, qui meurt par lui... qui est condamnée... Vère ! oh ! comme vous voilà tout *effabi*[1], monsieur Néel ! Elle meurt de son père comme on meurt d'un cancer au sein, cette fillette ; elle en meurt comme vous mourrez par elle aussi, vous ! agrafé par un fol amour à cette enfant qui vous entraînera dans sa perte ! Vous êtes comme la chaîne de maisons que le même feu va dévorer. Il faut bien que les bons, les innocents et les justes, payent pour les pêcheurs dans cette vie : car, s'ils ne

---

1. Bavardage.
2. Pâle et défaillant à faire croire qu'on va s'évanouir.

payaient pas, qui donc, le jour des comptes, acquitterait la rançon des coupables devant le Seigneur?...

Cette parole profonde, tombée de ces lèvres que le monde eût regardées comme insensées, sillonna l'âme de Néel d'un éclair qui devait y rester.

— Et comment mourrons-nous ? dit-il vaincu, subjugué, mais ne tremblant pas, puisque son sort était lié — comme un anneau pris dans un autre anneau — au sort de cette jeune fille pour laquelle il avait des folies d'amour dans la tête et des abîmes de tendresse et de pitié dans le cœur.

— Je l'ignore, fit-elle simplement. Pour le savoir, il faudrait faire ce que je ne fais plus, redevenir ce que j'ai cessé d'être, agacer la bête muette, risquer mon âme encore une fois à ces tentations du démon. Quand je n'avais pas peur de prendre l'avenir dans ces mains d'argile, vous n'étiez pas nés, vous et Calixte : il n'y avait encore sur la terre que Jean Sombreval. Je ne vis que son sort, à lui qui devait étouffer Dieu dans son âme, tuer sa femme, tuer sa fille, tuer l'homme assez *enfantômé*[1] pour aimer cette morte vivante : tuer jusqu'à ce château convoité et acheté par l'orgueil, et

---

1. Ensorcelé, qui voit des fantômes.

qui en tuerait jusqu'aux pierres, si des pierres, cela pouvait mourir ! Voyez ! ajouta-t-elle en se retournant du haut du *planître*[1] où ils étaient et en indiquant du doigt le Quesnay, aux murs blancs, posé au fond de la vallée comme la corbeille de linge qu'une lavandière eût oubliée au bord de l'eau.

Le château avait perdu les derniers rais de lumière qui avaient joué longtemps sur les aiguilles de ses girouettes. Les ombres du soir s'allongeaient. L'ardoise du toit n'étincelait plus.

— Avant dix ans, avant cinq ans peut-être — dit-elle avec mélancolie — il n'y aura plus un seul arbre debout de ces hautes futaies ! une seule pierre sur pierre de ce château qui avait été bâti à chaux et à sable par les aïeux de ces du Quesnay dispersés ! Rien ne sera plus dans ce coin de pays, comme nous le voyons ce soir ; rien, si ce n'est l'étang, trop profond pour qu'on le dessèche, où le mendiant qui passe viendra laver longtemps encore le bout de son bâton fangeux !

La campagne était si verdoyante, les bois si touffus et si hauts, les blocs unis qui formaient ces murs blancs, si bien liés et si solides, qu'un flot de jeunesse et d'espérance revint au cœur

---

1. Esplanade, — place où l'on se réunit. — Patois.

de Néel et fit briller ses yeux d'incrédulité.

— Je savais bien que vous ne me croiriez pas longtemps, dit en reprenant sa route cette nouvelle et rustique Cassandre, à qui devait toujours manquer un Homère. Mais qu'importe ! La vieille corneille qui pronostique la mort sur les clochers des cimetières se soucie peu de n'être pas écoutée des hommes et de croasser pour le vent !

Elle continuait de marcher, mais, tout en marchant, elle baissa la voix et ses paroles cessèrent d'être intelligibles. Autour d'eux, tout commençait à brunir... Les nuages enflammés du couchant s'étaient éteints peu à peu, et il n'y avait plus de rouge sous le ciel que la terre d'ocre de la lande où ils passaient et où l'herbe était aussi rare que les cheveux sur la tête d'un enfant teigneux de ces parages. Le brouillard commençait de monter du fond de la vallée avec la chanson triste et monotone des raines de l'étang.

Tout à coup une petite élévation, une espèce de renflement dans le sol arrêta les pas de la Malgaigne, qui le toucha de son long bâton :

— *Celui* qui est là — dit-elle — était comme vous, monsieur Néel, et comme Sombreval. Lui aussi hochait la tête avec arrogance et *ne voulait pas croire ;* mais, quand la chose *avint*, la foi lui poussa plus vite que les ongles ne lui avaient jamais poussé, mais ce fut trop tard.

— De qui donc parlez-vous, la mère ? interrompit Néel.

— Je parle de *celui* dont les os sont là-dessous, répondit-elle. Est-ce que nous ne sommes pas à l'endroit de la lande qu'on appelle la *place au Rompu ?*...

Néel avait souvent entendu parler de cette place dans la petite lande du Hecquet. Mais, quoiqu'il n'eût jamais quitté le pays, ce qu'il en savait était vague. Rien d'étonnant. Le fait qui avait marqué de cette appellation obscure et lugubre dans la mémoire des gens d'alentour l'endroit que lui désignait la Malgaigne remontait plus haut que la Révolution, cette large ornière de sang qui a coupé en deux l'histoire de France, et dont les bords s'écartent chaque jour de plus en plus.

Néel, dès son enfance, avait entendu dire au tiers et au quart qu'un horrible crime avait été commis à cette place et que l'homme qui l'avait commis, après avoir été rompu, selon la loi du temps, avait été exposé à l'endroit même de son meurtre, comme un enseignement terrible pour ceux qui prendraient par ce chemin.

La pitié de chaque passant ou son épouvante avait jeté, en détournant les yeux, sa poignée de terre sur ce cadavre fracassé et sans sépulture et y avait formé, à la longue, comme le chevet d'une tombe. Le corps du condamné semblait avoir moulé cet amas de poussière qui, dans la nuit, faisait trébucher le passant. Les chevaux y bronchaient ou s'y abattaient.

Quand le soleil s'était noyé sous Jersey — comme disait la Malgaigne — c'est-à-dire quand le jour était couché, très peu de gens se souciaient de traverser cette place, dont le nom devait subsister encore, lorsque le souvenir du crime et du supplice ne serait plus.

Néel, le rôdeur, qui connaissait tous les coins et recoins du pays, connaissait la *place au Rompu*. Il n'en savait pas davantage. Il n'y avait jamais *butté*, mais, comme les autres, il n'aimait pas ce lieu de funèbre et sanglante mémoire, et toujours il donnait de l'éperon à son cheval pour passer plus vite, quand il y passait.

— Oui — fit-il — c'est la *place au Rompu*. Mais seriez-vous d'âge, la Malgaigne, à avoir connu le malheureux qui repose là, à ce qu'ils disent, depuis si longtemps ?

— Ou qui n'y repose pas, — interrompit-elle avec son expression tout à la fois positive et mystérieuse. Vère! monsieur Néel, je suis bien chenue. Je suis une ancienne du pays. J'ai connu le père de votre père, le grand vicomte Jacques de Néhou, qui avait épousé la dernière des Saint-Scudemor, en première noces, et en secondes la comtesse de Turbemer. C'est là des années ! Il faut vraiment que la mort m'ait oubliée pour qu'à cette heure je puisse marcher, comme je le fais, la terre du Seigneur.

Du bourg de S... et de ses dépendances, je suis à présent peut-être la seule, avec Julie la Gamase, qui est du bourg, à me souvenir de celui qui a pourri ici, comme un chien, sur la croix de Saint-André dont vous voyez le bout encore, — fit-elle en frappant de son bâton sur un bois grossier qui sortait du sol et qu'on eût pris aisément pour une racine d'arbre arrachée.

— J'ai entendu parler du crime, un crime pour de l'argent, à ce qu'il paraît : mais, puisque vous avez connu l'assassin, mère Malgaigue, quel homme était-ce ? — demanda Néel, qui, dans sa préoccupation actuelle, n'aurait eu aucune envie de cette vieille histoire, si la Malgaigne n'avait comparé l'incrédulité du criminel à celle de Sombreval et à la sienne ; — je croyais que ce n'était pas un homme du pays.

— Il n'en était pas non plus, — répondit-elle, et même on n'a jamais su ce qu'il était et d'où il était, car il est mort sans avoir jamais voulu dire son lieu de naissance ni son nom. La justice le sut peut-être, mais il mit cet honneur dans son infamie qu'il ne voulut la faire rejaillir sur personne et qu'il la garda pour lui seul. Ce qui est certain, c'est qu'il était de loin et qu'il était venu par la mer. C'était un soldat, — beau et jeune comme vous, monsieur Néel. Il passa deux fois seulement dans ces parages, — une première fois pour rejoindre son régiment en Bretagne, à ce qu'on dit, et une seconde pour *faire son coup* et pour y mourir... A la première fois étant *adlaisi*[1], il s'arrêta au bourg de S.., pour s'y rafraîchir à la *Branche de houx*, chez Travers. Il y avait là une troupe de *niolles*[2] qui se mirent à virer et à bourdonner auteur de ce bel habit blanc, comme un essaim d'*avettes*[3] autour d'un cerisier en fleurs. J'étais *en journée* chez Travers, filant dans l'en-bas de l'auberge, déjà plus sérieuse que toutes ces jeunesses, quoique je fusse bien jeune alors, mais je commençais à m'assotir[4] aux sorcelleries et aux curiosités impies. « Tu devrais bien lui dire son sort, » me fit la fille à Travers, la boiteuse. On aurait dit que c'était le sien qu'elle me demandait.

Je ne voulais pas, mais elle me tourmenta comme une vêpe. Lui s'était assis à moitié sur le

1. De loisir, inoccupé, *at leisure*.
2. D'innocentes, — qui ne sont jamais sorties de leur nid.
3. Abeilles.
4. Se duper.

bord de la table à tout le monde. « Allons, la grande fille, — fit-il nonchalamment, — dis-moi ce que tu vois dans les lignes de cette main. » Et il me la tendit, moitié risée, moitié bravade, comme s'il m'avait mise à pis faire[1] de l'épouvanter.

C'était une grande et forte main, mais bien moulée, que je sens encore dans la mienne, quand j'y pense, et qui ressemblait à celle-là qu'on avait trouvée un matin toute fraîchement coupée dans les carrières de Carpiquet... Ce qui avait fait bien du train et du boulvari[2] dans le pays, mais un train inutile... on n'a jamais su à qui cette main appartenait.

Je la pris. Mes cheveux se grigèrent[3] à mes tempes. Le démon m'injecta sa clarté. « J'y vois du sang ! — fis-je, poussée à dire. — C'est bien ! répliqua-t-il, fier comme un Artaban. Du sang ! c'est ce qui gante le mieux la main d'un soldat. — Mais du sang mal versé, repris-je. J'y vois de l'eau aussi, de l'eau qui coule dessus, s'y mêle et ne peut l'effacer. — Sont-ce les larmes de ma maîtresse ? fit-il alors d'un ton d'*avantageux* plein d'arrogance. — Les larmes des femmes ne tuent pas les hommes,

---

1. Au défi.
2. Bouleversement.
3. Hérissèrent.

repris-je, et c'est cette eau qui vous tuera. — Grande sotte, répondit-il, je suis un marin de terre ferme. Fais-moi donc un peu mieux mourir ! » — Et par manière de *josterie* il me cingla le bas de mes jupes d'un coup de baguette de coudrier qn'il avait coupée dans les haies. Mais je n'eus brin de colère. J'étais dominée ! Les derniers mots partirent. « Ce n'est pas de l'eau de mer non plus, fis-je : c'est de l'eau douce, douce mais cruelle. Il n'en faudra pas bien des gouttes pour vous tuer, monsieur le soldat ! »

Oh ! si vous aviez vu, monsieur Néel, le regard qu'il jeta sur l'envergure de sa poitrine, car il était comme vous fin de taille, mais large d'épaules. Tout à coup il *s'éclaffa* de rire, lampa le verre d'eau-de-vie qu'il avait devant lui et le replaça si dru sur la table qu'il le cassa et en *évalingua*[1] les têts aux poutres. Mais nul autre que lui ne songeait à rire. La Travers était pâle comme sa coiffe. Deux heures après il avait payé son écot, rebouclé son sac et s'en était allé, — sifflant.

Néel oubliait que son père l'attendait à Néhou.

— Deux ans en suivant, — continua la Malgaigne, — deux ans, jour pour jour, trois habits blancs s'enfonçaient dans la lande du Hecquet, au

---

1. Lança.

coucher du soleil. Ils n'étaient pas seuls... Ils avaient avec eux un autre voyageur qu'ils avaient rejoint tout contre l'étang du Quesnay. C'était un porte-balle de Périers, nommé Séraphin Le Foinillard[1], qui avait vendu toute sa marchandise aux foires d'alentour et venait de se débarrasser de son dernier cent d'aiguilles anglaises à la ferme du Quesnay, chez le père aux Herpin d'à présent. Les Herpin ont dit qu'il était à peu près l'heure où nous sommes lorsque les habits blancs, qui se voyaient de loin, entrèrent dans la lande avec leur nouveau compagnon. Mais ce qui s'y passa, nul ne le vit que Celui qui voit tout, mais qui ne parlera qu'au dernier jour.

Au matin seulement du lendemain, les filles qui allaient traire trouvèrent ici, à cette même place, le corps du porte-balle meurtri et *matrassé*[2], la tête ouverte sur la peau de vache de sa balle vide et les poches de son habit retournées. Or, dans ce temps là, c'était le *règne* du grand bailli Ango, dont la main de justice atteignait partout. Il eut bientôt ordonné une battue dans la contrée pour rattraper les habits blancs, car, en relevant le cadavre de l'assassiné, on avait retiré de sa main cris-

---

1. Le Rôdeur.
2. Assommé.

pée le bouton d'un habit de soldat, arraché sans doute dans la lutte et que Dieu mettait là comme une preuve ; mais on ne les rejoignit que passé B..., dans une maison borgne où l'on donnait à boire et où ils ripaillaient depuis une couple d'heures environ.

Quand ils entendirent le pas des chevaux de la maréchaussée qui s'arrêtaient à la porte, il y en eut deux qui sautèrent par une fenêtre de derrière et s'ensauvèrent, mais le troisième fut pris, dormant la tête sur le pot de cidre qu'il avait vidé. Le brigadier, qui lui mit la main à l'épaule et qui l'éveilla, lui dit : « L'ami, nous venons vous rapporter le bouton que vous avez perdu *hier* soir dans la lande du Hecquet. » Et de fait, le bouton retrouvé s'ajustait droit à la place où il en manquait un sur la poitrine du soldat. Ainsi découvert, il se laissa prendre. Comme il lui mettait les *courts-bras* : « Hé ! camarade, nous sommes de connaissance. Vous avez déjà passé au bourg de S..., » fit le brigadier : c'était le vieux Horsain, un gaillard qui avait l'œil bon. Il venait de reconnaître le jeune soldat qui avait bu et mangé à la *Branche de houx*, chez Travers.

C'est au bourg de S... qu'on le jugea, — continua la Malgaigne : — il fut condamné à être rompu vif pour son crime, et ce fut même la dernière fois que l'on rompit dans le pays. Pensez s'il y avait du monde à voir cette *affreuseté !* On s'y écrasait et l'on y vint de toutes les paroisses environnantes. Au matin de ce jour, la Travers, qui était comme folle depuis le commencement du procès, me dit : « La Malgaigne, veux-tu *y* venir ?... » — et nous y allâmes comme les autres.

C'était sur la place du Marché, qui n'est pas bien grande, comme vous le savez, monsieur Néel : mais, ce jour-là, on y aurait jeté une épingle par les fenêtres qu'elle ne serait pas tombée à terre. Moi, qui suis haute, je voyais par-dessus les autres, mais cette pauvre boiteuse de Travers, qui était *petiote*, n'eût rien vu, elle, sans Houivet, le sergent, qui la mit sur la croupe de son cheval, plus morte que vive, mais obstinée à voir, fascinée !

Au coup de midi, le condamné sortit de prison, accompagné de son confesseur, l'abbé de Neufmesnil, l'aumônier de l'hôpital de S... Ils l'avaient dépouillé de son habit blanc, et il marchait, en chemise, avec ses grandes guêtres noires par-dessus le genou — je le vois encore — un peu pâle et pas si *braque* que quand il était accoudé sur la table à Travers, mais *cœuru* pourtant. Il me fit grand'pitié.

Il était silencieux comme on disait qu'il l'avait été pendant toute la durée de son jugement, qu'il avait fallu lui arracher les paroles du corps avec un vilebrequin. Il s'étendit lui-même sur la croix de Saint-André, et le bourreau, qui était le bourreau de Caen, prit sa barre et le rompit en cinq fois. A chaque fois que la barre tombait sur ses os, il faisait un *han !* qui nous retentissait jusque dans le ventre, à nous, la foule.

Au cinquième coup qu'il reçut sur le creux de l'estomac, l'abbé de Neufmesnil demanda un verre d'eau pour le patient, qui avait soif, et tout de suite on vit arriver, par les airs, ce verre d'eau qu'on avait pris à la fontaine de Saint-Gonod, qui est au fond de la place, et qui passa de main en main jusqu'à l'échafaud, sans qu'il en *versât* une seule larme, quoiqu'il fût tout plein, ras les bords.

En voyant ce verre d'eau qui reluisait au soleil et que l'abbé de Neufmesnil n'avait demandé que pour abréger le supplice du condamné — car on assure que les rompus, dès qu'ils boivent une goutte d'eau, expirent — sans doute que la Travers eut la même idée qui me prit au chignon, car, toute hagarde sur la croupe de son cheval et collée au sergent, elle me montra cette eau qui brillait : « Tu le *lui* avais bien dit ! » fit-elle.

Néel, tout brave qu'il était, eut un léger frisson aux derniers mots de la Malgaigne. Elle avait fini son histoire et avait repris sa marche à travers la lande, moins claire de minute en minute, et dans laquelle elle venait d'évoquer un pareil souvenir. Amoureux comme il était, Néel de Néhou ne put s'empêcher d'avoir une curiosité d'amoureux.

— Et la fille à Travers? dit-il à la Malgaigne.

— Ah! vous pensez qu'elle l'aimait! répondit la vieille femme. Eh bien, monsieur Néel, j'ai eu comme vous toujours cette doutance. Elle était *banquée*[1] avec Colin Harivel, et elle l'épousa peu après pour mourir à son premier enfant : car c'est des reins qu'elle boitait et non pas des pieds, et le médecin qui l'accoucha dit qu'elle devait mourir à ses premières couches, puisqu'on avait eu l'imprudence de la marier, la pauvre estropiée.

Mais banquée, et quoique Colin Harivel fût le mieux découplé et le plus faraud des garçons de Benneville, j'ai toujours cru que l'habit blanc, cet oiseau de passage, lui avait passé bien rez du cœur ! Le soir qu'ils l'apportèrent ici pour qu'il y demeurât en exemple, exposé aux émouchets et aux corneilles, elle se jeta encore à moi comme le jour du supplice, et me pria et supplia, les mains jointes, d'aller *quant*

---

1. Quand on a publié les bans d'une fille en Normandie, les paysans la disent *banquée*.

et elle, de nuit, dans la lande, le couvrir de terre par pitié.

Elle était religieuse, moi, je ne l'étais pas alors ; j'étais une mauvaise, mais j'y fus tout de même, à la nuit tombée, avec elle, les capes de nos mantelets bien rabattues pour qu'on ne nous reconnût pas... Nous le trouvâmes là ou vous avez vu tout à l'heure ce bout de croix qui sort de terre.

Il n'y avait pas moyen de distinguer corps ou visage, tant il faisait noir, mais du fond des ténèbres nous avisâmes une espèce de blancheur immobile : c'était *lui !* et comme nous avions emporté et caché un *truble*[1] sous nos mantelets, moi qui avais les bras forts, plus forts que cette malheureuse *brésillée*[2] dont le cœur était peut-être encore plus malade que le corps, je creusai un trou dans la lande et j'en rejetai la terre sur ce *quèque chose* de blanc qu'on voyait dans les ombres, et ne m'arrêtai que quand elle et moi nous ne vîmes plus rien. Pendant que je fouissais[3] en me dépêchant, car nous avions peur d'être surprises, elle s'était agenouillée, et je l'entendais qui priait.

— C'est fait ! lui dis-je. On ne le voit plus...

1. Bêche.
2. Assommée.
3. Creusais.

Sauvons-nous maintenant, Désirée! — Oh! attends encore, répondit-elle; j'ai apporté le bénitier du pied de mon lit où il y a un reste d'eau bénite : laisse-moi l'en arroser, puisqu'il n'y a pas pour lui de terre sainte ; — et elle le fit comme elle le disait. Mais hélas! l'eau bénite, tombée du goupillon du prêtre ou du bénitier d'une pauvre fille enamourée, ne fait pas leur lit de terre plus tranquille à ceux qui ont si grandement offensé Dieu !

— Il ne s'est donc pas assez repenti ? — dit alors Néel touché, et comme imbibé d'attendrissement par l'épilogue de cette histoire. Vous disiez, mère Malgaigne, que les bons payaient pour les méchants. Est-ce que les larmes et les prières de cette fille infortunée ne seront pas comptées devant Dieu ?

— Je ne sais pas s'il s'est repenti, reprit la Malgaigne, l'abbé de Neufmesnil n'a jamais ouvert la bouche ni en bien ni en mal sur le pécheur qu'il avait assisté ; et quant à la Travers, si elle l'a aimé, elle n'était plus innocente, — ajouta-t-elle d'une voix austère.

Néel, qui rêvait l'amour de Calixte et qui le voulait comme on veut une conquête, resta plongé dans le silence, impatient de l'avenir, le dévorant et dévoré par sa pensée.

— S'il était pardonné, s'il avait trouvé grâce devant son juge, — continua la Malgaigne, —

pourquoi donc reviendrait-il dans cette lande comme il y revient?

Néel avait entendu parler des visions de la Malgaigne, que les paysans disaient *goubelinée*[1] depuis bien du temps. Il ne s'étonna donc pas du tour que prenait alors son esprit.

— Vous l'avez donc vu? lui dit-il.

— Régulièrement tous les samedis, quand je passe par ici — fit-elle comme si elle eût parlé du fait le plus naturel — et même quelquefois sur semaine. C'est un samedi que le porte-balle de Périers fut assassiné, et c'est un samedi que son assassin périt sur sa roue.

Toutes les nuits dn samedi au dimanche, il rôde par ici, quelque temps qu'il fasse, qu'il soit humide ou sec, qu'il fasse nuit noire ou clair de lune, que le vent soit d'amont ou d'aval! Je le rencontre souvent assis sur la barre de l'échalier qui ferme ce côté de la lande par où nous allons sortir, ou marchant sur le bord de l'étang du Quesnay, coulant plutôt que marchant sur ses jambes brisées et ramollies par les coups de barre du bourreau et qui semblent flotter comme des *bragues*[2] vides!

Il est silencieux comme il fut dans les derniers temps de sa vie, n'ayant pas l'air de plus

---

[1]. Qui voit des gobelins, des fantômes, la nuit.
[2]. Culottes.

entendre qu'un *mouron*[1] les ébraits[2] des milleloraines des élavares et les risées des huarts moqueurs[3]. Plusieurs fois j'ai marché sur lui et lui ai adressé la parole, l'adjurant de me répondre au nom du Dieu vivant et miséricordieux : mais il s'est toujours éloigné lentement, d'un air sombre, mort comme un esprit condamné dont le sort ne peut être changé ni par aumônes, ni par larmes, ni par prières, ni par aucune intervention humaine de ce côté-ci ni de l'autre de l'éternité.

Et marchant plus vite, et frappant de son bâton la terre comme si elle était obsédée de la pensée fixe qu'elle voulait secouer :

— Toi aussi, tu rôderas comme lui, Sombreval ! s'écria-t-elle. Toi aussi tu viendras poser pour la rafraîchir ta tête lasse de l'enfer et brûlante sur la pierre des *douis* et dans la rosée des marais ! N'es-tu pas comme lui un meurtrier ? Qu'importe avec quoi on tue, si l'on tue ! Quelques gouttes de sang sur une veste blanche, Dieu les apercevrait donc mieux que toute la *marée* de celui de ton père, de ta femme, de ta fille et jusque de ton Seigneur Jésus-Christ,

---

1. Salamandre qui doit son nom à sa couleur.
2. Cris.
3. Farfadets que l'on croit occupés à *huer* les hommes et à se moquer d'eux.

que tu as sur les mains, l'abbé Sombreval !
Oh ! que non. Il y a une justice. Le sommeil
tranquille des cimetières n'est pas fait pour toi
non plus ! C'est moi qui le dis. Tu es voué à
l'errance éternelle. Tu reviendras mort où tu
as voulu à toute force revenir vivant. Mais en
vain voudras-tu plonger dans ton étang du
Quesnay pour éteindre cette soutane de feu
que le démon aura collée à tes épaules et que
tu ne pourras plus déchirer de tes mains plus
coupables que celles de Caïphe, ni rejeter de
ton dos comme l'autre apostat ! Les eaux de
l'étang deviendront de l'huile bouillante sous
les plis de ta robe en flammes ! La vieille
Malgaigne ne le verra pas. A cette époque-là
elle sera aussi allée rendre ses comptes ; elle
sera jugée, mais je le sais, et c'est trop encore...
car je t'ai aimé comme mon enfant...

La voix de cette femme, qui semblait de
taille biblique au jeune Néel, baissa et s'éteignit comme dans des larmes, — car on n'y
voyait plus, et il ne sut pas si elle pleurait.
Certes, qu'elle fût folle ou qu'elle fût inspirée,
il y avait en elle un charme. Néel, qui cherchait le secret de ce charme à travers les émotions pénétrantes dont elle piquait son âme,
comme de dards, n'entendit plus que les sons
confus d'un monologue qu'elle se tenait à elle-
même et dans lequel il distinguait seulement

l'idée du fantôme du soldat assassin et de l'abbé Sombreval.

Ils touchèrent enfin à l'échalier dont elle avait parlé et qui fermait la lande à l'est.

— Il faut que je vous quitte ici, la Malgaigne, dit Néel. Je m'en vais à Néhou. Vous allez à Taillepied. Nous devons nous tourner le dos, mais vous n'avez pas besoin de compagnon de route...

— Non, monsieur Néel, répondit-elle. Les chemins me connaissent. Je suis une voyageuse de nuit autant que de jour. Il y a longtemps que j'ai amitié avec les ténèbres. Et d'ailleurs, à la grâce de Dieu ! Qui donc voudrait faire de la peine à une pauvre vieille femme comme moi ? Les plumes de la chouette abattue ne vaudraient pas les quatre sous de poudre qu'on aurait brûlés pour la tuer.

— A la grâce de Dieu donc ! dit Néel, et qu'il vous protège, la Malgaigne !

— Et vous aussi, monsieur Néel ! fit-elle. Vous en avez plus besoin que moi.

Et elle enfourcha l'échalier avec la célérité de l'habitude, et elle s'éloigna, continuant de se parler à elle-même, comme font des gens préoccupés ou les gens hors de leur bon sens — ce qui est souvent la même chose.

Néel demeura plusieurs secondes à l'écouter qui s'éloignait et à rouler en lui-même le dernier mot qu'elle avait dit. Était-ce une menace l'annonce de quelque danger prochain, — ou simplement la suite des pensées de cet être qui ne ressemblait pas aux autres et qu'il aurait été difficile à un moraliste de classer ?

« Oui, à la grâce de Dieu ! comme elle l'a dit, » répéta-t-il.

Il traversa la petite lande du Hecquet dans le sens inverse à celui qu'il avait suivi avec la Malgaigne. C'était dimanche, aussi ne rencontra-t-il âme vivante ou damnée.

Seulement, quand il fut arrivé au point de la lande où il s'était retourné pour voir le Quesnay, dans le clair-obscur orangé du soir, sous l'index de l'octogénaire, il chercha, ô enfance du cœur ! à discerner le toit qui recouvrait sa bien-aimée, son rêve caressé, sa chimère, mais la nuit était si épaisse qu'il semblait qu'on eût pu couper l'ombre avec un couteau. Dans l'abîme noir de la vallée, on ne voyait rien que l'orbe d'une lucarne en feu, aussi ardente que la gueule d'un four allumé.

— Le feu serait-il au Quesnay ? — Et il descendit en courant la montée, longea l'étang et vint à la grille. Tout était calme dans les cours. Les chiens dormaient. Mais la lucarne du toit brillait toujours de cette clarté rouge et profonde dont un soufflet de forge faisait de temps en temps frissonner et blanchir la lueur.

C'est alors qu'il se ressouvint que Sombreval était un chimiste et que le feu, dans les combles, c'était probablement ses fourneaux.

— Il travaille pour elle pendant qu'elle dort, — pensa-t-il. Il cherche pour elle de la vie, — et rassuré, mais le cœur débordant de la plénitude de sa journée, il regagna la tourelle solitaire du pauvre manoir de Néhou.

XI

E fut à partir de ce jour qui marqua si profondément dans sa vie et dont tout son avenir allait dépendre que Néel de Néhou devint le plus assidu des visiteurs du château de Sombreval. Et quand je dis le plus assidu, je me trompe ! c'est le seul qu'il faut dire, personne, de près ou de loin, ne pensant à mettre le pied chez l'ancien prêtre, à qui on eût refusé le pain et le sel, s'il n'avait pu les payer, et souvent très cher. « Bien lui chaut d'avoir des écus, le brigand ! — disait-on sur les marchés des bourgs de B... et de S..., — car, s'il n'en avait pas à *émier*[1] autour de

---

1. Émietter.

lui, en *un rien de temps* nous en aurions *balié*[1] le pays. » Il ne se vendit pas, en effet, un surmulet sur cette côte, une rouelle de saumon ou une couple de perdrix rouges, qu'on n'en fît payer sans scrupule deux fois la valeur à Sombreval.

« Il ne liarde jamais ! » était un genre d'éloge, mêlé d'envie, qui ne désarmait pas leur haine et qui excitait leur cupidité. Les vertus de Calixte qui allaient parfumer la contrée, ne ramenèrent tout d'abord l'opinion qu'à elle, et, d'ailleurs, vous le verrez d'une manière terrible, ne la ramenèrent pas pour longtemps. On la plaignait d'être la fille de son père, mais, tout en la plaignant, on continua de se tenir éloigné du château si fréquenté autrefois, et qui était scandaleusement devenu, par la force de l'argent comptant, « le repaire de ce vieux monstre de Sombreval. » Dans une antipathie si générale et si tenace, Néel se trouvait donc la seule personne de tout le pays qui poussât de temps en temps la grille du Quesnay sur ses gonds.

Au sein de cette verte solitude, étoffée de ses bois moirés, le Quesnay, le château des *Quesnes,* avec sa blancheur et sa carrure de sépulcre, semblait se dresser de loin, sur le

---

1. Balayé, — contractions normandes.

chemin, comme une blafarde épouvante. Ainsi que l'avait dit Julie la Gamase, les pauvres n'y entraient plus, et la charité de Calixte fut obligée d'aller les chercher jusque dans leur bouge pour faire la violence du bienfait à leur méprisante misère.

Un tel isolement couvrait merveilleusement, du reste, les visites de Néel, ignorées de tout le monde, excepté des Herpin. Ceux-ci, cantonnés dans leur ferme, n'en croyaient pas leurs yeux quand ils le voyaient venir trois et quatre fois par semaine — tantôt plus, tantôt moins — et passer dans le château des heures entières.

Dieu savait alors ce qui trottait dans la cervelle de ces paysans soupçonneux ! « Si la *fille au prêtre* était une jolie garcette, avec de belles couleurs et de la santé comme vous étiez, Blandine, il y a trente ans, — disait le bonhomme Herpin à sa bonne femme, — Monsieur Néel est un jeune gars qui n'a point froid aux yeux, et il pourrait bien y avoir là-dessous quelque amourette du côté gauche, car, pour le bon motif, serviteur ! Une fille de prêtre n'est bonne qu'à faire une *gorre*[1], mais elle est si chétive, cette *effant,* qu'on dirait quasi une *étrase*[2].

---

1. Isabeau de Bavière s'appelait la *Grand'Gorre*.
2. Chose chétive, — ombre.

La beauté pâle, transparente, émaciée de Calixte, n'existait pas pour ces paysans grossiers, amoureux des chairs détrempées dans le vermillon de la vie, et pour qui, comme pour les Russes, le mot *rouge* efface et remplace le mot *beau*. Des hantises qui les étonnaient, les Herpin se turent assez longtemps, d'abord par peur de Sombreval qui avait sur eux barre de maître à fermier, ensuite par une espèce d'affection respectueuse pour Néel.

Mais un jour, la bonde enfoncée par la prudence par-dessus tous leurs étonnements partit avec celle d'un tonneau mis en perce dans un des cabarets du bourg de B..., et le mot qui fut dit alors et qui devait tinter un jour aux oreilles du vicomte Ephrem et réveiller, — disait Herpin, — le vieux chat qui dormait bien tranquillement derrière sa chattière de Néhou, commença de faire, à la manière de l'eau dans les sables, ses premiers *tortillons* dans le pays.

Ces premiers propos sur une chose jusque-là cachée, — car Julie la Gamase, sans doute par peur de perdre le morceau de pain qu'elle y trouvait chaque semaine, n'avait point parlé à Néhou de la rencontre qu'elle avait faite sur la butte du Mont-Saint-Jean un certain dimanche, et la grande Malgaigne avait l'âme trop haute pour se mêler aux commérages des autres fileuses du pays, — ces premiers propos devaient revenir à Néel avant d'atteindre les Sombreval.

Eux, par leur position si cruellement exceptionnelle, étaient trop loin de tout pour pouvoir être blessés de rien. Leur vie retirée les mettait personnellement hors de la portée des médisances ou des calomnies. Le temps n'apportait aucun démenti à l'austérité de leur solitude. Sombreval, qui avait d'abord, ainsi que l'avait dit Jacques Herpin, marché la terre à *sens* et à *dessens,* tout à coup rompit avec cette vie en plein air qui avait été la sienne quelques jours.

L'ivresse de la possession de cette terre, à lui enfin, était probablement évaporée! il passa bientôt tout son temps dans les combles du château (où il avait établi son laboratoire) à poursuivre la composition de ses philtres qui, dans ses idées et dans ses espérances, devaient rétablir la santé de sa fille, si profondément vulnérée.

Attelé à cette besogne dans laquelle ce grand travailleur devait consumer autant d'âme que de génie, il ne sortait de ses fourneaux que pour descendre, noir et farouche comme un Cyclope, dans le salon où se tenait sa fille, et se reposer de ses travaux, au fond desquels elle était encore.

Près de Calixte, le médecin et le père se confondaient en Sombreval. Les observations de l'un finissaient par se perdre dans les contemplations de l'autre, — ces longues contemplations que les plus actifs ont comme les plus rêveurs, lorsqu'ils aiment! Quant à Calixte, l'emploi de ses journées était aussi simple que l'emploi de celle de son père.

Elle allait de sa chambre au salon et passait les jours à l'embrasure de la fenêtre, d'où elle pouvait voir l'étang monotone et la barre lointaine des Elavares, blanchissant d'écume. C'était éternellement à cette place que Néel la trouvait, lisant dans quelque livre de piété ou travaillant de son aiguille quand les nerfs le lui permettaient, — Marthe et Marie tout ensemble, dans sa passive activité.

Aux premières visites qu'il avait faites, elle avait sonné et dit à Pépé, le Noir, « d'avertir son père que M. de Néhou était arrivé, » et le père n'avait jamais manqué à descendre. Mais plus tard, la confiance ou la familiarité s'établissant, elle était souvent restée seule avec Néel dans la sécurité de la plus divine innocence et du plus religieux des respects.

Néel, tout passionné qu'il fût naturellement et chaque jour moins maître d'un sentiment qui s'accroissait de cete intimité mystérieuse, Néel n'avait pas à côté de Calixte une mauvaise pensée. Seul avec cette jeune fille adorée, dans ce salon plus caché à tous les yeux et plus solitaire que le repaire des bêtes les plus fauves (car les bêtes fauves ont les chasseurs), ce jeune homme, dont le sein brûlait, était là comme si au lieu du portrait de la mère de Calixte, appendu dans un panneau d'ébène, c'eût été cette mère toute vivante qui aurait été entre eux deux.

Dans ces tête-à-tête prolongés, il apprenait à la connaître, et cette connaissance exaspérait son amour qui avait commencé, comme ils commencent tous dans nos âmes, par les fleurs enivrantes de l'illusion. Il avait cru pouvoir se faire aimer d'elle. Il en doutait. Il ne le croyait plus. Il ne voyait dans l'âme de Calixte que la désolante pureté des êtres parfaits, le calme implacable des anges.

La seule chose qui le rassurât et qui lui permît encore l'espérance, c'était l'idée qu'elle souffrait du crime de son père. Puisqu'elle en souffrait, elle était donc sensible à la manière des créatures humaines ! et la femme, comme la fleur délicate du cactus qui brise l'enveloppe épineuse de son feuillage, faussait de son doux sein fragile, apte à la blessure, la cuirasse impénétrable du séraphin.

Or, il y avait deux mois à peu près que Néel de Néhou venait ainsi librement au Quesnay, et l'on commençait d'entrer en automne, quand un jour les Herpin, qui versaient en tas leurs *bannerées* de pommes mûres sur des nappes blanches posées à terre, à la porte de leur pressoir, aperçurent Néel monter avec plus de hâte que jamais le perron du château, et sans sonner, selon son usage, ouvrir la grande porte vitrée, — puis s'enfoncer dans le vestibule que cette porte-fenêtre éclairait.

— Jour de Dieu ! dit le vieux père Herpin, *c'est-y-pas* encore monsieur Néel qui monte quatre à quatre le perron ? Il vient donc tous les jours maintenant ? car il était là hier encore et il n'est parti qu'à la tombée.

Le vieux fûté d'Herpin n'avait pas la berlue : c'était bien Néel. D'ordinaire, pourtant, il ne venait point au château deux jours de suite, et Calixte, qui l'avait vu la veille, ne l'attendait pas.

Croyant passer seule la journée, elle s'était assise dans le salon à la place qu'elle avait adoptée ; mais ce jour-là elle était oisive. Elle avait beaucoup souffert dans la nuit et dans la matinée. Elle avait eu une de ces crises dont elle ne parlait pas toujours à Sombreval, de peur de l'inquiéter d'abord, — ensuite de peur d'être soulagée, car cette Souffre-douleur chrétienne adhérait à son martyre et ne désirait pas l'abréger.

La pensée qu'en souffrant pour lui elle ramènerait peut-être à Dieu l'âme de son père, et qu'elle faisait, s'il échappait à l'enfer, une partie de son purgatoire, lui fermait la bouche à toute plainte et y étendait l'héroïque sourire d'une résignation presque joyeuse.

Sa tête, qui était le siége de son mal, elle l'avait appuyée contre le bois de la fenêtre, que le vent du nord-est qui soufflait de l'étang faisait doucement et tristement bruire, et elle avait longtemps, à travers l'espèce de voile que la somnolence des douleurs névralgiques finit par étendre sur les yeux à la fin des crises, regardé cet étang immobile où tombaient des feuilles jaunes et parfois aussi quelque oiseau d'automne, quelque grèbe qui tirait vers Néhou et ses marais, et s'abattait, une pause, dans cet étang qui ressemblait à un marécage.

Fatiguée même de cette manière de regarder, elle avait fini par fermer les yeux à l'étang, au ciel gris, aux écumes fumeuses de l'Élavare, et si elle ne dormait pas, elle paraissait endormie.

Néel, qui, pour entrer, n'avait eu qu'à écarter la portière, crut que l'assoupissement l'avait prise ; mais dans le silence profond du salon, — du château tout entier, — et de la pièce d'eau qui stagnait par ce côté-là sous les fenêtres, ce qui faisait autour d'eux comme l'enveloppement d'un triple silence, elle entendit le froissement de la portière de soie :

— C'est vous, père ? fit-elle sans bouger et sans remuer les paupières.

Dans son attitude, elle était charmante. La tête, rejetée en arrière pour l'appuyer mieux contre le bois de la fenêtre, déployait toutes les grâces de son cou de cygne. Son menton relevé ne l'était pas assez pour cacher sa bouche à moitié entr'ouverte et les plans fuyants de son front et de ses joues pâles.

Un statuaire qui aurait voulu sculpter la Douleur aveugle aurait choisi cette tête renversée, aux yeux clos, au bandeau sur le front, et, pour en faire le plus attendrissant des chefs-d'œuvre, n'aurait pas eu besoin de l'idéaliser !

Néel n'avait pas répondu. Il s'était doucement avancé, en marchant sur ces tapis comme on marche sur le bord d'un gouffre, pour voir tout à son aise, ne fût-ce qu'une seconde, cette tête dont il était fou, et qu'il n'osait pas regarder quand elle avait les yeux ouverts, car elle l'avait rendu timide.

— Oh ! je vous entends bien, père, — fit-elle en souriant de dessous ses paupières toujours fermées, — et par un mouvement d'enfant naïf elle tendit la main en avant, tout en laissant sa tempe à la même place, — comme si elle eût voulu toucher cette poitrine qui ne répondait pas.

— Mais c'est moi, — dit Néel à son tour.

— Vous ! dit-elle, les yeux déjà grands ouverts et la tête droite. Dans leur familiarité de deux mois, elle ne lui disait plus guère *Monsieur,* et elle ne l'appelait pas *Néel* encore. Pour elle, il était à cette heure de nuance adorablement indistincte dans les sentiments de notre âme, où l'être qu'on va peut-être aimer s'appelle *vous.*

Mais elle avait vu du premier coup d'œil que le Néel qui était là n'était pas le Néel de la veille. Il avait sur le front un orage et dans les yeux quelque chose de sombre qui n'était pas le doux rayon bleu qui faisait un ciel de ce regard !

— Oh ! mon Dieu ! dit-elle avec l'instinct sagace de la femme, y a-t-il un malheur à Néhou ?

— Oui, — dit impétueusement Néel à son tour, — il y a un malheur, car le fils y désobéit à son père, et le père n'y écoute plus la voix de son fils. — Et comme effrayé de ce qu'il avait à dire, il s'arrêta.

Elle avait compris.

— Votre père, — fit-elle, d'une voix un peu altérée et en baissant les yeux avec un embarras qui la rendait plus touchante, — votre père ne veut plus que vous reveniez au Quesnay !

Il était debout devant elle ; il fit un geste d'assentiment à ce qu'elle disait, rapide et presque menaçant.

— Oui, n'est-ce pas ? C'est cela. J'ai deviné, reprit-elle. Ce n'était pas bien difficile de deviner ! Votre père doit avoir pour nous la haine et le mépris qu'a toute la contrée. Si, dans le fond de mon âme, je me suis parfois étonnée d'une chose, c'est qu'il vous ait si longtemps laissé venir chez nous !

— Il ignorait que j'y vinsse, répondit Néel, — mais ne dites pas *nous,* mademoiselle. Il vous à vue à l'église, et il sait par monsieur le curé de Néhou que vous êtes un ange de bonté et de vertu, peut-être l'ange rédempteur de votre père : mais votre père... c'est *lui*...

Il hésitait, de délicatesse.

— Oui, — dit-elle, — *lui !* voilà l'obstacle. Le vicomte Ephrem ne veut pas que son fils voie mon père... un... ! — Elle s'arrêta comme Néel s'était arrêté, et ses yeux, pleins d'une intraduisible pensée, s'élevèrent sur le portrait de sa mère dans son panneau noir. — Ce n'est pas à moi, reprit-elle, à juger s'il a tort ou raison, monsieur votre père, mais vous, Néel, vous devez obéir.—Dans un autre moment, une telle appellation aurait enivré l'amoureux jeune homme, mais, dans un autre moment, Calixte l'aurait-elle osée ?... Malgré la puissance de cette appellation familière qui lui venait aux lèvres parce qu'il souffrait, — qui lui venait de pitié et, qui sait? peut-être d'une confuse tendresse, il la regarda d'un air de reproche. Il était pâle presque autant qu'elle, et ses yeux brillaient d'un bleu si foncé qu'il touchait au noir.

— C'est donc vous qui dites cela ! s'écria-t-il d'une voix tremblante, — c'est vous qui me dites de ne plus venir au Quesnay ! — Et il pesa de tout le poids de son âme sur ce mot *vous*.

— Oh ! Néel, ne soyez pas injuste, — reprit la jeune fille, — vous savez bien que je ne vous dirai jamais... ce que vous venez de prononcer. Mais ne faut-il pas obéir à son père, même quand il aurait tort, — mon ami ?

— Et pourtant je n'obéirai pas ! dit Néel avec l'obstination qui n'entend plus que soi, et qui est sourde à tout le reste, même à la voix qui lui donnait des noms si doux.

Elle ne l'avait jamais vu ainsi. Elle le savait violent et quelquefois, dans leurs promenades autour du château, elle avait été témoin des élans de ce caractère dont les emportements attestaient l'ardeur, mais toujours elle l'avait ramené, gouverné avec un mot, une inflexion de voix, un sourire.

Comme la Catherine de Pierre le Grand, elle n'avait pas besoin de poser sa magnétique main sur les cheveux de cette tête à moitié slave, où soufflait toujours un peu le vent des Ourals ou des plateaux de la Moscovie. Pour faire tomber toutes les tempêtes, il lui suffisait d'un regard.

— J'ai toujours été respectueux pour mon père, reprit Néel après un silence, mais ma mère, que j'ai perdue si tôt, ma mère, que vous appeliez l'autre jour un poème de tendresse inédit que j'ai dans le cœur, tant je sens que je l'aurais aimée! ma mère serait vivante et me défendrait de venir au Quesnay, comme j'y viens, que je me trouverais la force de lui désobéir!

C'étaient là des paroles si nouvelles dans la bouche de Néel de Néhou, que la jeune fille resta silencieuse. Comprenait-elle le sentiment qui se débattait et commençait de se montrer dans la révolte de ce langage? La pudeur alarmée de la femme l'avertissait-elle que Néel allait enfin, dire tout haut, le mot de l'amour, si longtemps retenu sur ses lèvres, et en tremblait-elle, cette sensitive?

Toujours est-il qu'un faible rose traversait ses joues pâles et qu'elle avait abaissé la frange d'or de ses paupières sous les regards du jeune homme, qu'elle n'avait jamais vus si expressifs. Elle était restée assise comme lui était resté debout, les bras sur sa poitrine, jusque-là fermée, étouffante, — et qui ne demandait plus qu'à s'ouvrir !

— Oui, reprit-il, toujours s'animant davantage, — s'enivrant avec sa propre voix comme avec ses pensées, comme avec ce visage souffrant et rougissant qu'il avait devant lui et qui lui réverbérait sa pudeur, — oui, je résisterais même à ma mère ! même à la vôtre !

Et il indiqua des prunelles le portrait de cette mère dont il savait l'histoire, — car dans leurs causeries, ces enfants, ces amis de dix-huit ans, loin du monde, s'étaient tout appris de leur passé. Néel savait l'enfance de Calixte, et sa naissance, et la mort cruelle de sa mère, et pourquoi Calixte portait toujours cet étroit bandeau qui cachait la croix vengeresse aux yeux troublés de Sombreval.

. . . . . . Un jour même, en revenant de chez la Malgaigne, où ils étaient allés tous deux, sous la garde de leurs purs dix-huit ans et de la confiance du vieux Sombreval, elle avait, à la prière du jeune homme, détaché ce bandeau jaloux qui si souvent avait impatienté le regard de Néel, et elle lui avait montré, — au grand jour, dans toute sa gracieuse et demisphérique plénitude, — ce front... qui était un calvaire et dont la croix, — s'élevant d'entre les sourcils pâles, — augmentait la tristesse native par la tristesse du phénomène, et d'un phénomène qui était une croix !

Inexprimable fut ce qu'avait éprouvé Néel de Néhou en face de ce front, délié, pour la première fois, de sa bandelette de victime. Les entrailles du chrétien furent tout à coup remuées en lui avec tant de force, que l'émotion qu'il avait toujours auprès d'elle lui fit l'effet de disparaître dans une émotion inconnue.

Ils étaient assis sur le bord d'une auge de granit fendu, reste d'une vieille fontaine en ruine où venaient boire, en vagabondant tristement hors de leur enclos, les génisses des *pastous*[1] voisins. L'émotion colorait toujours d'un ton plus vermeil la croix du front de Calixte, comme on raconte qu'elle colorait aussi d'un ton de sang plus âpre cet autre signe de naissance, cette épée que Wallenstein portait à la joue. La pauvre enfant était tout émue de dévoiler le signe étrange qui la marquait entre les autres créatures, et lui, Néel, il était presque épouvanté de le voir ! Il la contempla longtemps, elle et son front nu, en silence, avec une religieuse pitié. Chose singulière ! il se trouvait plus religieux qu'amant devant cette croix qui semblait se dresser, sur la limite de ce front, entre l'âme et le corps de

1. Endroit où l'on mène les bestiaux *à paître*.

cette jeune fille adorée ! Étonné de ce qu'il ressentait, il eut peur un instant pour son cher amour, qui allait peut-être sombrer dans un sentiment plus austère !... Aussi renoua-t-il vite le bandeau sur le front crucifié qui venait de lui apparaître, et jamais depuis ce moment, qui compta dans sa vie, il ne parla plus de l'en détacher !...

. . . — Si la Malgaigne dit vrai, ajouta Néel en reculant encore de respect devant le mot qui lui brûlait les lèvres, — je suis entré dans votre destinée pour n'en plus sortir, pour en partager tout... tout ! fit-il, n'osant dire ce qu'il avait de *malheur à partager* avec elle, quoiqu'elle le sût comme lui, quoiqu'elle ajoutât foi comme lui aux prédictions de la Malgaigne, lesquelles trouvaient dans leurs âmes, à tous les deux, l'écho de leurs pressentiments.

— Oui, répondit-elle... mais la destinée n'est pas la vie. La destinée, c'est Dieu, sous ses voiles, gardant le secret imposant de sa providence, tandis que la vie, Néel, c'est nos volontés qu'il faut sacrifier et soumettre : et à qui les sacrifierions-nous, si ce n'était pas à nos pères ?

— Ah ! vous ne m'aimez pas ! s'écria enfin l'ardent jeune homme, à qui la réponse de cet ange trop pur pour nos amours de poussière donna le courage d'éclater et de lancer le mot terrible qu'il n'avait jamais osé dire...

— Oh! si! comme un frère! — répondit-elle avec la ferveur d'un cœur jeune et sincère, et sans baisser ses yeux, profonds et vrais.

— Mais moi, dit Néel, ce n'est plus, depuis bien longtemps, seulement comme un frère que je vous aime!...

Et, ce cri poussé, il s'arrêta... comme l'homme qui frappe s'arrête au premier sang qu'il a fait jaillir! Il avait fait jaillir celui de la pudeur jusque dans ces joues pâles et changeantes, jusque sous ce bandeau écarlate, moins rouge que ce qu'on voyait de ce front! Au dernier mot de Néel, Calixte, — soudainement et sans transition, — s'était comme illuminée de rougeur!

Du pied de ses cheveux blonds relevés jusqu'aux attaches de son cou, ce n'était partout qu'une nuance céleste; — elle était devenue aurore! Et ce fut si beau et si rapide, cette incandescence d'un sang vierge, que Néel se crut aimé, comme il voulait l'être, à l'éclat sublime de ce trouble! Il ne savait pas que dans certaines âmes la pudeur a des physionomies encore plus divines que l'amour.

Rose mystique qui allait saigner sous un souffle, au lieu de s'épanouir, elle était tellement belle, — et tellement sainte, dans sa beauté troublée, qu'il tomba à genoux devant elle... comme ceux qui ont la foi tomberaient devant Dieu.

Elle ne fut pas sévère, — elle ne se montra pas surprise. L'Innocence a un front de lumière encore plus impassible qu'un front d'airain.

— Je ne puis être que votre sœur, Néel, — dit-elle doucement en redevenant pâle. Nos pères sont entre nous... Oh! reprit-elle à un tressaillement de Néel et avec ce geste charmant qu'avaient peut-être les vierges du Cirque pour faire baisser la tête aux lions et les forcer à lécher leurs pieds, — je n'ignore pas que deux cœurs qui s'aiment sont une grande force et que souvent l'inimitié des pères a été vaincue par cet amour involontaire de deux enfants; mais, ô mon cher Néel! s'il y a deux pères entre nous, il y a un père, à moi, entre moi et la vie...

Vous rappelez-vous ces pauvres brebis qu'ils marquaient l'autre jour dans le fossé des Longs-Champs pour la tonte et pour la boucherie? Je ressemble à ces brebis-là, Néel. Je suis marquée pour la mort et pour le rachat de l'âme de mon père. Vous le savez bien, vous qui n'avez voulu voir qu'une fois cette marque qui vous a semblé si terrible! — insista-t-elle avec le sentiment délicat d'une femme qui a craint d'offenser l'imagination sur laquelle elle règne, en dévoilant un défaut corporel, une misère.

— Eh bien, oui! — dit Néel avec une passion infinie, — oui, Calixte, vous êtes marquée pour mourir, je le sais. Je sais que vous vous en irez au ciel de bonne heure. Je le sais, et je n'en pleure pas, je n'en tremble pas, je n'en souffre même pas, ma Calixte aimée, car je sais aussi que je m'en irai avec vous, que nous boirons la mort ensemble... et ne dites pas non maintenant! fit-il à son tour à un geste de la jeune fille.

Vous disiez tout à l'heure que la Malgaigne ne se trompe pas et que vous y croyez. Je suis donc dans votre destinée, et, si vous mourez, je dois mourir. Nous boirons la mort au même verre, et jamais je n'aurai bu rien de meilleur que cette mort que vous me faites aimer. Oui, nous mourrons, vous pour votre père, cher holocauste, qui rachèteriez les crimes de toute une race et qui n'avez que celui d'un seul homme à racheter; moi pour vous, parce que vous avez mis de votre vie dans ma vie, le jour que vous avez posé votre main sur ma tête blessée. La vie de Calixte m'est entrée dans ces veines-là par ma blessure, — et il lui montrait le réseau bleuâtre de ses poignets, — et quand vous mourrez, elles se rompront! et votre vie dans Néel ira vous rejoindre où vous serez! Oui, tout cela est vrai, tout cela est certain, mais aussi voilà pourquoi il n'y a plus de pères entre nous. Vous disiez bien, il n'y a que le vôtre entre vous et la vie, mais la vie de

Calixte et de Néel est la même vie... Ils mourront tous deux pour le même père, s'il faut mourir. Ils mourront en un, ma Calixte aimée, — ma sœur aussi, mais bien plus, bien plus que ma sœur!!! Oh! pardonnez-moi de vous aimer encore ainsi et de vous le dire; mais votre Ange Gardien ne vous a-t-il pas avertie? Ne vous a-t-il pas dit que je vous aimais aussi comme on aime une fiancée?

Calixte, Calixte, ajouta-t-il avec une irrésistible aspiration de prière, ne fussiez-vous jamais à moi sur cette terre où vous êtes venue passer à travers ma jeunesse, en l'entraînant après vous dans la tombe où vous irez rejoindre votre mère, laissez-moi vous appeler ma fiancée! et soyez-la pour le peu de temps que nous avons à vivre, en attendant que nous partagions le même cercueil!

Il était toujours à genoux et si vrai, ce beau jeune homme qui palpitait de vie en parlant de la mort avec cet amour sans tristesse des âmes aimantes qui croient au ciel, qu'elle le regarda plus longtemps peut-être qu'elle n'aurait voulu et ferma les yeux comme devant un charme...

— O Néel, dit-elle, je suis déjà fiancée, et celui dont je dois être l'épouse est un fiancé jaloux.

Absurdité et cécité des passions vraies! Néel ne comprit pas la jeune fille. Il devint blanc comme un linge, et *la veine de la colère* faillit se briser sur son front gonflé. Ces mots de *fiancé* et d'*épouse* l'enivraient d'une jalousie insensée.

Mais, avec cette main de diamant sur lequel le feu ne pourrait rien et qu'ont les êtres purs comme elle, Calixte prit hardiment la main du jeune homme, qui brûlait.

— Cher fou et cher violent! — dit-elle avec sa grâce familière et tendrement tranquille. — Venez par ici que je vous conduise à celui que je préfère à vous!

Et elle l'entraîna, par une porte qu'elle ouvrit, sur le seuil de sa chambrette de jeune fille, le mystérieux et chaste abri où cet oiseau du paradis, blessé par la vie, cachait d'indicibles douleurs. En entrant dans ce sanctuaire virginal qu'elle lui ouvrait comme elle lui ouvrait son âme, ce qui frappa les regards de Néel fut un crucifix colossal, presque de grandeur naturelle, couvrant tout un panneau et ressortant sur la tenture d'un violet profond.

Dans cette chambre étroite et plus que simple où tout était gravement triste comme la pénitence, ce crucifix, de grandeur inaccoutumée, aurait accablé une âme moins pieuse que Calixte, aurait terrifié une imagination moins héroïquement religieuse.

Mais elle, la sainte enfant, la sainte *Expiante*,

pouvait vivre en face de ce marbre sculpté par un homme de génie, et qui suait l'angoisse et l'agonie dans son immobilité éternelle. Sombreval avait acheté pour Calixte au poids de l'or, en Italie, ce Christ qui était le chef-d'œuvre retrouvé en ces derniers temps d'un artiste à manière inconnue, que la Gloire avait oublié !

— Le voilà, Néel ! — fit-elle simplement, — car la piété était en elle infusée à de telles profondeurs qu'elle n'avait plus d'exaltation. L'Esprit-Saint qui planait dans son âme y planait si bien qu'on ne sentait même plus le tremblement de ses ailes ! — Voilà Celui qui m'empêche d'être votre fiancée, parce que je suis la sienne ! Soit que je vive, soit que je meure, je ne serai jamais que l'épouse de Notre-Seigneur Jésus-Christ. Bien avant de vous connaître, cher Néel, bien avant de devenir votre sœur, j'avais fait serment d'être à lui et j'avais prononcé mes vœux...

— Vos vœux ! — dit Néel, que ce mot atteignit jusqu'aux racines de son être..., là où dort caché le dernier espoir, pour nous faire sa dernière morsure. Hélas ! le petit-fils des anciens chevaliers chrétiens savait ce qu'est le poids d'une parole, et le mot de vœux soulevait dans sa pensée l'idée d'une parole d'honneur, faite à Dieu !

— Oui, Néel, mes vœux ! reprit Calixte puissamment émue et calme. Ah! vous êtes bien pour moi un frère, puisque je vous dis ce que je cache même à mon père. Je suis carmélite.

Il laissa échapper une exclamation d'étonnement et la garda, ne sachant ce qu'il devait croire.

— Vous ne comprenez pas une carmélite hors de son cloître et de sa règle, mon cher Néel, — reprit-elle, — et pourtant c'est la vérité, ce que je vous dis. Je suis carmélite, et je vis au Quesnay près de mon père, et je ne porte pas l'habit de mon Ordre, et j'ai encore sur ce corps désormais consacré à la mortification et à la pénitence les livrées de ce monde auquel j'ai renoncé pour jamais. Une chose si extraordinaire et si nouvelle vous paraît incompréhensible, mais elle n'en est pas moins, mon ami. L'Église, dont les entrailles savent s'ouvrir et se dilater avec une inépuisable tendresse, a été pour moi plus qu'une mère. Elle a accepté ma foi et m'a fait participer aux mérites de ceux qu'elle enchaîne dans des liens sacrés, mais elle n'a pas voulu me séparer de mon père, croyant, dans sa sublime intelligence et dans sa sublime charité, que je pourrais mieux, en restant près de lui, le ramener à Dieu et sauver son âme.

Alors elle raconta à Néel de Néhou la particularité de sa vie qu'il ignorait encore. Dès qu'elle avait appris par l'abbé Hugon l'ignominie de sa naissance, elle avait eu l'inspiration de se consacrer tout entière au Seigneur, ne voulant pas (comme elle le dit avec une virilité d'expression que la religion donne aux plus faibles créatures) continuer une race qui n'aurait pas dû naître ; mais l'amour de son père, qui l'aimait tant, l'avait retenue.

Elle connaissait la passion paternelle, cette force des bras de Sombreval, qu'elle ne pourrait vaincre, quand il s'agirait de lui échapper. Elle savait que ce géant muraillerait la porte de sa maison, ou, comme Samson, l'abattrait sur lui et sur elle, plutôt que de se résigner à en voir sortir sa fille bien-aimée.

Dans cette difficulté suprême, elle demanda à l'abbé Hugon de diriger sa conduite, et ce prêtre, qui consulta ses supérieurs ecclésiastiques, obtint une dispense de prononciation de vœux publique et lui fit faire secrètement son noviciat hors du cloître.

Pour cet homme profond et les esprits auxquels il s'adressa, la mission de Calixte sur la terre était de ramener à l'Église l'apostat qui l'avait désolée et qui pouvait en être l'honneur encore, si quelque jour il venait à se repentir.

« Carmélite par la pratique de la contempla-
« tion et de la prière, — avait-il dit à l'o-

« béissante jeune fille en lui remettant cette
« dispense que la supérieure générale avait
« consentie, — que votre Carmel soit la maison
« de votre père. Assainissez-la par le parfum
« de vos vertus. L'Église, qui vous accepte pour
« une de ses servantes, vous charge de lui re-
« conquérir l'âme perdue dont le plus grand
« crime a été de vous donner la vie. »

Et Calixte avait dignement compris le grand acte qu'on attendait d'elle. Auprès de ce père qui ne croyait plus, la carmélite du Quesnay devait se trouver dans un désert plus profond que celui dont l'entrée lui était interdite. C'était pour elle une captivité sans chants et sans compagnes, et, avec le secret qu'il fallait cacher à Sombreval, *une heure de silence* éternelle !

Elle ne devait pénétrer dans ce cloître, dont elle était exilée, qu'après la mort de Sombreval, s'il persistait dans son endurcissement sacrilège, ou le jour consolant qui le verrait changé et reprenant les vêtements de son sacerdoce. Jusque-là, elle avait la consigne sacrée de ne pas abandonner son poste de dévouement et de sacrifice.

Comme le fil d'archal le long duquel glisse la foudre, elle devait être dans la vie de Sombreval le fil conducteur tendu à la Grâce, si la Grâce revenait toucher cet obstiné pécheur.

L'abbé Hugon, avec cette science de l'âme qui distingue les grands confesseurs et leur crée une prédominance si nette sur les autres hommes, avait mesuré le sentiment paternel de Sombreval, de ce prêtre dévoyé qui reportait sur la tête de l'enfant qui était son crime l'amour qu'il aurait dû étendre sur ses nombreux fils en Jésus-Christ.

Il avait sondé cet abîme, et s'il avait été épouvanté de sa profondeur, y pressentant cette revanche terrible d'une Providence qui punit le péché par le péché même et nous écrase le cœur sur ce que notre cœur a le plus aimé, il s'était dit aussi pourtant que cet amour, monstrueux comme tout sublime qu'on déplace, était peut-être une voie secrète, — le filet tissé par les mains d'un enfant pour prendre le léviathan des mers révoltées !

Formidable par la science et par la volonté, taillé dans le plein drap des grandes facultés, soit de l'esprit, soit du caractère, ayant pendant vingt ans versé comme une cataracte de l'enfer ce qui peut tenir dans la coupe profonde du scandale, ce renégat d'abbé Sombreval, rentrant solennellement dans l'église, au tard de la vie, mais néanmoins pas assez tard pour que l'insolente Impiété vît dans sa conversion le plongeon de la peur et la débilité de la vieillesse, était, au point de vue de la prédication par les œuvres et par les exemples, un des plus éloquents qui pussent remuer les âmes et les intelligences et les enseigner.

— O mon enfant! — avait dit bien des fois l'abbé Hugon à sa chère pénitente Calixte, — il y a plus beau, croyez-moi, que de rapporter dans le sac de cuir de Judith la tête coupée d'Holopherne : c'est de rapporter à l'Église une tête vivante qu'on arrache aux ténèbres et qu'on replace dans la lumière et dans la vérité. Et si cette tête-là est la tête d'un père, — ajouta-t-il, — Dieu qui a un Fils ne devra-t-il pas combler de bénédictions et de grâces celle qui, pour la vie reçue de son père, lui aura donné le ciel?...

Néel était foudroyé par cette dernière confidence de Calixte : mais la foudre allume ce qu'elle touche avant d'en faire une poignée de cendres, et il éprouvait cet amer courroux de ceux qui aiment et qui veulent qu'on les aime! cette colère vaine que nous enverraient jusque dans leurs regards tranquilles les êtres trop purs que nous adorons et qui nous terrassent de leurs placidités indifférentes!

L'ange auquel il l'avait toujours comparée montait de plus en plus dans son inaccessible éther, sur ses ailes invulnérables, et par conséquent s'éloignait de lui davantage. Tant de perfection le laissait seul... Comme on pressent avant l'accès les attaques de l'épilepsie, Néel sentait venir du fond de son âme les souterraines convulsions du désespoir qui pousse aux folies. L'état de son cœur était indescriptible de douleur, d'emportement et de confusion. Il l'avait plein de ces vagues d'un sang chaud qui roulent le désir, le ressentiment, la colère : mais voir Calixte si près de lui, dans cette chambre fermée aux regards de tous comme un tabernacle, et dont on pouvait dire qu'elle lui avait offert la virginité en l'y faisant entrer avec tant de confiance, sentir dans sa main cette main de sœur qu'elle n'avait pas retirée, tout cela le domptait, l'indomptable enfant.

Calixte était pour lui cette Vierge des Mers qu'il voyait appendue au mur de la chambre, et qui a les pieds sur les flots et sept étoiles autour de la tête. Elle marchait aussi sur les flots soulevés de son cœur et en aplanissait les tempêtes.

— O Calixte! fit-il, — vous êtes trop grande pour moi et trop sainte ! — et deux larmes, — les premières qu'il versât depuis la mort de Gustave d'Orglande, — sillonnèrent ses joues de héros encore enfant et roulèrent dans ses moustaches naissantes.

Calixte ne put résister à ces larmes désolées et presque silencieuses. Pour une âme comme la sienne, quelle douleur et quel reproche que cette pensée : « C'est moi pourtant qui les fais couler ! »

— Néel, cher Néel, vous souffrez, mon Dieu ! fit-elle attendrie, — mais voilà Celui qui console ! Voilà celui qui m'a bien souvent consolée et qui vous fera m'aimer... seulement comme une sœur. Oh ! si vous le priiez avec moi, cher Néel ! Voulez-vous ?... Si nous partageons tout, partageons aussi la prière. Voyez, — ajouta-t-elle avec la grâce d'une séductrice du ciel, restée femme, — sur ce prie-Dieu où je m'agenouille toujours seule, il y a, en nous pressant un peu, place pour deux.

Et, sirène qui ne savait pas sa puissance, elle rangea les plis de sa robe pour qu'il pût s'agenouiller près d'elle, et il s'agenouilla pieusement, tant elle était irrésistible ! tant elle lui semblait son Ange blanc, sa dominatrice, son bon génie !

Et de cette voix qui lui fendait l'âme, à lui, elle pria pour lui, — pour elle, — et encore pour son père, pour lequel elle priait toujours ! Et Néel éperdu de l'entendre, éperdu de sentir la tiédeur de cette chaste épaule contre la sienne, Néel, la tête plongée dans ses deux mains, sur le prie-Dieu, ne priait pas, ne pouvait pas prier, mais l'écoutait ravi et se suspendait à elle au fond de son cœur en extase.

Lorsqu'elle eut prié, elle se détourna... et le

vit ainsi courbé sur le prie-Dieu, écoutant encore la voix adorée qui semblait lui verser dans le cœur une pluie de rayons, et avec une commisération naïve, — car elle se retrouvait enfant quand elle avait cessé d'être sublime, — elle lui releva doucement le front comme l'aurait fait une vraie sœur :

— N'est-ce pas que déjà vous souffrez moins ? dit-elle. Et son souffle involontairement effleura les cheveux du jeune homme.

Il allait lui répondre « oui ! » car elle l'avait calmé, mais ce petit souffle de la bouche aimée lui injecta le front de feu ! Il ne vit plus rien. La terre tourna. Il la prit dans ses deux bras...

Mais tout à coup le sang des chevaliers chrétiens dont il était l'arrière-petit-fils se mit à crier dans sa poitrine, et il eut le courage de s'enfuir.

S'il avait monté le perron du Quesnay « quatre à quatre » (ainsi que l'avait dit le vieux Herpin), il le redescendit d'un seul bond ! Le bonhomme Herpin était toujours à la même place, rentrant ses pommes à cidre : « C'est des jarrets, fit-il, *coutumiers* des sauts-de-loup du Lude, mais je *crais* bien que, pour le coup, monsieur Néel est un brin *aversat*[1] ! »

1. Fou, — possédé du diable.

XII

E qui avait décidé Néel à vaincre sa timidité et à parler de son amour à Calixte, ç'avait été la défense expresse de son père de retourner au Quesnay, quand ce dernier avait appris que son fils allait, sans en rien dire, plusieurs fois la semaine chez ce défroqué de Sombreval ; mais Néel, tout en l'apprenant à Calixte, n'était point entré dans le détail de cette défense, et Calixte n'en avait demandé aucun.

A quoi bon, en effet ? les sentiments qu'inspirait son père expliquaient et justifiaient tout. Pour le vicomte de Néhou cependant, il n'y avait pas que l'horreur du prêtre marié dans l'ordre impérieux qu'il avait donné à son fils.

Il était de son temps, le vicomte Ephrem. C'était un de ces derniers gentilshommes dont les mœurs ont plus fait contre la monarchie que leurs épées pour elle, quand ils la tirèrent pour la défendre. Jeune et débutant dans le monde à l'instant où le règne de Louis XV finissait, le vicomte avait vécu comme on vivait dans la Maison-Rouge, en 1756, et comme quelques émigrés continuèrent à vivre dans plusieurs cours étrangères où ils importèrent les vices brillants des mœurs françaises.

On ne sait pas assez à quelle profondeur la corruption du XVIIIe siècle pénétra la vie des hommes dont elle avait meurtri la jeunesse. La tache y resta toujours, et ni le malheur, ni la guerre, ni la Religion, pour laquelle beaucoup se battirent et moururent, ne purent l'effacer.

Croirait-on, si tous les documents ne l'attestaient, que le terrible draconien Charrette lui-même, ce dur partisan, au milieu des plus âpres misères d'une existence incessamment menacée, était une espèce de sultan, — un *homme à femmes,* ayant sa petite maison comme un seigneur du temps de Louis XV, et tenant sa cour de galanterie dans sa ferme de Fonte-Clause, au fond du Poitou ?...

Le vicomte de Néhou, qui n'avait rien de ce loup de fourré, le vicomte de Néhou, le joyeux compagnon, à Berlin, de ce Tilly si fameux par son esprit et par ses aventures, avait mené la vie de toute sa génération, et, s'il l'avait un jour tout à coup interrompue, c'est qu'il s'était pris d'une passion qui le rendit sage pour la belle Polonaise qu'il avait épousée à Dresde, ne pouvant faire pis. Marié et fou de sa femme, il lui était resté fidèle sans aucun mérite, car elle était un astre de beauté, et le centre des astres est (à ce qu'il paraît) de la flamme : mais, s'il avait avec l'amour, l'âge et le malheur, revêtu des mœurs plus graves, il n'en avait pas moins gardé, en fait de femmes, ces opinions légères qui sont les opinions françaises depuis que la France a cessé d'être la chevaleresque et catholique nation d'autrefois.

Il ne l'eût pas dit à son fils, avec lequel il conservait la dignité paternelle, mais il comprenait que Néel allât au Quesnay *conter fleurette* à la *petite fille* qui l'habitait. Volontiers il il en aurait *ristonné* dans sa barbe grise, s'enveloppant dans l'indulgent et vieux dicton cotentinais, comme dans son vitchoura des dimanches : « J'ai lâché mon coq : gardez vos poules ! »

Seulement, s'il se souciait infiniment peu de l'âme d'une pauvre enfant que la grande beauté de Néel pouvait troubler, il savait par sa propre expérience l'empire souverain qu'une jeune fille comme Calixte Sombreval était capable de prendre sur un jeune homme dont les veines contenaient de ce sang qui avait si bien flambé en 1794 pour la belle palatine Gaétane-Casimire, comtesse de Zips, et c'est à cet empire qu'il voulait, pour toutes sortes de raisons et pendant qu'il en était temps encore, s'opposer.

Une de ces raisons, et la meilleure, c'est qu'il pensait à marier son fils. Indépendamment du bonheur d'avoir des rejetons qui assurassent l'avenir de sa race, le vicomte Ephrem avait un motif déterminant pour désirer que Néel se mariât de bonne heure, et ce motif prenait sa source dans les sentiments du vieux royaliste contre le gouvernement d'alors.

A cette époque-là, en effet, le mariage était la seule ressource que pussent employer pour sauver leurs fils de l'obligation militaire les pères qui ne voulaient pas les envoyer, comme disait une phrase du temps, « à la boucherie des champs de bataille ». Il est vrai que cette boucherie n'aurait nullement répugné aux instincts guerriers du vicomte Ephrem, et il y eût envoyé Néel avec une joie stoïque, s'il les avait écoutés seuls : mais la tyrannie de ses opinions politiques ne lui permettait pas de transiger avec son devoir, qui était (croyait-il) de haïr l'Empereur, malgré sa grandeur et sa gloire (chose difficile pour un tempérament militaire), et de lui refuser son fils.

Aux approches des dix-huit ans de Néel, le vicomte avait donc regardé autour de lui dans les châteaux et les gentilhommières de la contrée pour y découvrir une jeune personne noble et bien portante, qui refît la souche des Néhou sur le point de défaillir, et il avait fini par aviser, avec le coup d'œil du connaisseur, une fille superbe à la manière des Normandes, et qui devait donner aux Néhou futurs un sang *bayeusain* pour la beauté. Le sang de Bayeux est réputé le plus beau de la Normandie[1].

C'était Mlle Bernardine de Lieusaint, fille de l'ancien seigneur de Lieusaint, — une enclave du diocèse de Bayeux, jetée assez singulièrement au travers du diocèse de Coutances. Le vieux Bernard de Lieusaint avait connu le vicomte Ephrem, émigré en Prusse et en Allemagne.

A son retour d'émigration, il s'était marié à une femme riche. Opinions, sentiments, voisinage de terre, tout rendait les deux gentilshommes fort amis. Ils avaient, en fumant leurs longues pipes allemandes et en buvant leur *Château du pape*, après leurs chasses à la sar-

---

1. On dit en proverbe : Garçons de Caen, filles de Bayeux.

celle et au canard sauvage, arrêté *de compte à demi* le mariage de leurs deux enfants.

Néel eut l'entrée de la maison à Lieusaint. Quelque temps avant que Calixte habitât le Quesnay avec son père, Néel avait offert de la part du vicomte Ephrem à mademoiselle Bernardine la croix de topazes sibériennes et l'opale arlequine de sa mère, tant cette jeune personne était officiellement, dans le pays et dans sa famille, la femme qu'il devait épouser !

Mais de ce temps au temps où nous voilà arrivés dans cette histoire, il avait passé bien des gouttes d'eau sous l'*écoute s'il pleut* de Néhou[1] et les moulins de Colomby ! Néel, qui avait senti la griffe de l'amour lui prendre le cœur par tous les côtés à la fois, avait été enlevé à toutes les habitudes, à tous les projets qu'il avait subis ou acceptés jusque-là.

Malheureux, avant de connaître Calixte, de la mort de son ami Gustave d'Orglande, qu'il avait involontairement causée ; malheureux de ne pouvoir se livrer au génie militaire de sa race, il se serait laissé marier tranquillement, sans goût ni dégoût, sans amour et sans haine, et il se serait éteint, comme jeune homme, pour se rallumer, comme père, dans ses enfants.

---

1. Petit moulin sur peu d'eau et qui pour cela attend de la pluie.

A ce moment, l'Empereur paraissait indestructible. Les Princes français étaient oubliés. On pensait autant aux Mérovingiens qu'à eux, et on avait devant soi un homme qui devait être le Charlemagne d'une quatrième race.

C'était donc une fatalité pour Néel, — la fatalité de l'honneur et du devoir, — de mourir sans tirer du fourreau le sabre de son père. Or, quand les choses sont irrévocables, le cœur de l'homme n'est pas assez fort pour garder son désespoir. La vie reste manquée, mais on se distrait et l'on se résigne, humble manière d'être malheureux !

Et d'ailleurs mademoiselle Bernardine de Lieusaint n'avait rien qui pût répugner à personne, pas même au jeune homme qui, jusqu'à l'arrivée de Calixte au Quesnay, aurait mieux aimé se marier à une bonne épée qu'à la plus belle fille du Cotentin.

Par tout pays c'eût été une admirable jeunesse d'une beauté grave et d'une forme largement épanouie. Comme dit ce divin matois de La Fontaine, *on pouvait bien l'aimer, et même étant sa femme !* Mais Néel, qui devait la prendre pour la sienne, qui l'avait vue dès son enfance, qui avait été élevé avec elle, ne l'aimait pas, du moins d'un sentiment d'amour. Il portait sans émotion ses yeux de dix-huit ans sur cette fraîcheur éblouissante, sur cette chevelure épaisse et magnétique qui avait les frissonnements, les ondoyances et les reflets d'un champ de blé mûr, sur ce corsage à la Niobé, auquel des grappes d'enfants devaient se suspendre, enfin sur tout cet ensemble de force et de santé qui la faisait ressembler, cette grande et belle personne, à un espalier de roses-pommes, entremêlées plantureusement à l'espèce de pêche que nos aïeux, moins prudes que nous, appelaient le *téton de Vénus*. Elle donnait si bien l'idée et de ces fruits et de ces fleurs, massés les uns avec les autres, qu'on l'avait peinte dans le salon de son père, un ruban incarnat dans les cheveux, tenant, à brassées, contre son sein rougissant, dans ses bras plus roses que sa robe rose, une corbeille de pêches vermillonnées, et ce portrait que j'ai vu encore dans ma jeunesse faisait, sous sa couche de poussière, venir l'eau salée du désir aux lèvres. Mais, — est-ce singulier ? — Néel n'avait jamais senti le besoin de tremper les siennes dans cette coupe où tout était rose, la coupe, la liqueur et l'écume !

A ses yeux, mademoiselle Bernardine de Lieusaint n'était qu'une de ces fraîcheurs, comme il y en a tant sous la coiffe carrée ou le bonnet rond des filles de Saint-Sauveur-le-Vicomte ou de Valognes. Pour le poète caché dans cet adolescent, pour cette jeune tête qui sa mère Gaétane-Casimire avait fait lire, dès qu'il avait pu lire, Klopstock et Swedenborg, et avait laissé dans sa pensée l'idée de sa beauté, à elle, — la splendeur d'une aurore boréale dans des immensités de neige, — mademoiselle de Lieusaint était presque vulgaire.

On comprend alors quel coup de foudre lumineuse avait été dans son imagination et dans son cœur cette Calixte qui avait, comme sa mère, la diaphanéité de certaines substances nacrées et la grâce mélancolique des eiders, et qui, de plus que sa mère, dont le front n'avait jamais cessé de porter la perle sans rayonnement du bonheur domestique et de l'amour permis, était couronnée de douleur. Dès cette rencontre, tout fut fini pour la pauvre Bernardine et tout commença pour l'homme qu'elle devait épouser ! Un abîme se serait ouvert sous ses pieds et l'aurait engloutie, qu'elle n'aurait pas mieux disparu. Elle était là, et elle n'y était plus. Néel lui parlait du ton le plus doux, le plus poli, mais le plus indifférent ; et quand une larme qu'il y faisait naître se montrait dans ces yeux, violette des bois tremblant dans la rosée, il ne s'en apercevait pas !

Mais Bernard de Lieusaint s'en apercevait, lui. Témoin des distractions de Néel et des tristesses de sa fille, il avait mis le nez au vent ; il avait flairé, reniflé, et enfin découvert que son futur gendre allait plus souvent au Quesnay qu'à Lieusaint, et il s'empressa de faire jouir de sa découverte son grand ami le vicomte Ephrem. Un soir que Néel n'était pas pas rentré au manoir, le vieux Bernard, après avoir silencieusement bourré sa pipe, pendant un temps fort long, l'alluma, l'aspira et finit par lâcher, avec la première bouffée, au visage du seigneur de Néhou, qui se chauffait bien tranquillement devant un feu de pommier, dans ses bottes de carton verni, un : — « Où pensez-vous qu'est à cette heure votre libertin de fils, mon compère ? »

Puis, *de fil en aiguille,* — aurait dit Jeanne Roussel, — il raconta, après cette entrée en matière, les visites de *sire Néel* au Quesnay et ses présentes *amourettes.* Mais le vicomte laissa dire son ami Bernard et ne fronça pas autrement les sourcils de la déclaration du bonhomme.

— Hé ! vous veillez au grain ? c'est bien, lui dit-il. La *fille au prêtre* est diablement jolie, mais c'est la *fille au prêtre* ! Puis, elle est malade. C'est de plus une sainte, un lis de pureté, dit le curé de Néhou, et, au fait, pour qu'il soit beau, ce lis-là, ce n'est pas le fumier qui a manqué, avec un tel père ! Quand Néel chasserait par là, compère Bernard, il en serait pour sa poudre et son plomb, et il n'abattrait pas un si fin gibier aussi facilement qu'un cygne ou un grèbe. D'ailleurs vous pouvez dormir sur vos deux oreilles. J'interdirai à mon jeune gars toute accointance avec ce vieux drôle de Sombreval, que le pays honore beaucoup trop, en le traitant de vieux diable. Il ne faut pas grandir les coquins. Et Néel est un brave garçon qui m'obéira.

Rassuré ou non, le baron de Lieusaint remonta sur son cheval gris et regagna sa gentilhommière : mais le même soir, — une heure après le départ de son compère, — le vicomte Ephrem apprit que l'amour de son fils n'était pas, comme le disait le vieux baron, une *amourette*, et que la consigne paternelle allait se briser contre un cœur virilement épris. Néel, qui s'était tu jusque-là, mais qui était incapable de mentir, avoua à son père qu'il aimait Calixte. — Je l'aime, lui dit-il, comme vous avez aimé ma mère.

— Oui, mais ta mère était comtesse de Zips, alliée aux Radziwill et aux Sapieha, de race presque royale. En l'épousant, je n'ai pas descendu les Néhou par une mésalliance, tandis que ta petite Sombreval est la fille à Jean Gourgue, un va-nu-pieds, né dans la crotte et digne de sa naissance ; et tu ne comptes pas, je pense, l'épouser ?

Néel aimait et respectait trop son père pour

lui dire la résolution qu'il avait formée dans ses longs jours passés à errer autour du Quesnay et qu'il avait renfermée à triples verrous dans son cœur.

— Jamais, avait-il pensé bien des fois, je ne causerai de peine à mon père, mais, s'il doit mourir avant moi...

Ce soir-là, il se tut encore — laissa passer sur sa tête un ouragan qui fit plus de bruit que de mal, et le lendemain, sous l'influence alarmée des paroles de son père et d'une défense qui allait couper son bonheur par le pied, s'il obéissait, il alla se jeter à Calixte ! Qu'on juge donc de ses sentiments, quand il apprit qu'il aimait seul, — que seul il était bouleversé, — et que jamais, — ni avant ni après la mort du vicomte Ephrem, Calixte ne serait à lui, — et par cette raison souveraine, — c'est qu'elle ne s'appartenait plus !

En sortant du Quesnay, en proie à une véritable fièvre d'amour et de désespoir, il n'osa pas retourner à Néhou où il devait retrouver l'irritation paternelle, et il se dirigea vers Taillepied, chez cette Malgaine qui lui avait prédit que son amour pour Calixte Sombreval serait son malheur et sa perte, mais qui, de toutes les infortunes et pis que la mort même, ne lui avait pas prédit la plus grande, — le malheur de n'être pas aimé !

Il marcha vite, sous le fouet et l'aiguillon de ses pensées. Le jour, qui dans cette saison n'a pas de crépuscule, tombait vite sous ce long ciel gris, et il se demanda si la Malgaigne, la grande fileuse de toutes ces paroisses, serait rentrée de sa journée à une heure si peu tardive... Il était à présent un habitué de sa bijude (¹). Il y avait entre elle et lui cette amitié, singulière et commune pourtant, qui peut exister entre la jeunesse aveugle et la vieillesse clairvoyante. La Malgaigne l'avait saisi par l'imagination depuis la scène de l'Étang et l'histoire du *Rompu*. Mais il l'aimait surtout (ô passions, vous êtes toutes les mêmes !) parce que la prédiction de cette femme, toute terrible qu'elle fût, l'avait lié à Calixte, comme la main fatale de l'esclave lie les deux amants dans le sac où ils vont mourir au fond du Bosphore.

Néel voyait son sort dans cette image. Il aurait baisé la main de l'esclave... « Nous mourrons, pensait-il, mais nous mourrons entrelacés... » Il s'intéressait encore à la Malgaigne, parce que Calixte s'était mise à aimer aussi cette vieille femme qui avait servi de mère à son père. Quoi qu'eût pu faire la jeune fille, la Malgaigne, *qui avait ses idées*, comme

---

1. Petite maison à toit de paille et à murs d'argile.

disaient les paysans avec une emphase solennelle, n'avait jamais voulu mettre le pied sous les poutrelles du château du Quesnay ; et, pour cette raison, Calixte l'avait bien souvent visitée avec Néel, dans ces promenades confiantes où Néel, chaque jour plus épris, s'était imbibé de Calixte comme la chair s'imbibe du sang qui la fait vivre ! Il y avait donc pour eux un passé déjà dans cette *bijude* où ils avaient leurs places marquées sur des escabeaux à peine dégrossis, auprès du rouet de de cette fileuse éternelle. Image de sa vie laborieuse et rêveuse que ce rouet qui tournait toujours en revenant sur lui-même, comme sa pensée.

Quand le jeune de Néhou arriva à Taillepied et au bas du mont, on ne voyait plus son chemin devant soi. La bijude de la grande Malgaigne n'était pas sur le bord d'une route, mais dans un bas-fond où les eaux qui tombeaient du mont faisaient comme un petit lac du milieu duquel s'élevait l'indigente masure. C'est à cause de l'obsession de ces eaux pluviales, dans un pays humide comme ces parages de l'Ouest, qu'on avait pratiqué devant sa porte un petit pont d'une seule arche, s'il est permis de donner le nom d'arche à une humble courbe de pierre rasant le ruisseau qui passait sans bruit par-dessous.

A moitié de ce petit pont était une barrière entrelacée de *jan* et d'épines, et Néel fut bien étonné de la trouver hors de son lien, cette barrière, entr'ouverte et poussée comme si quelqu'un, qui, certes, n'était pas la Malgaigne, n'avait pas pris la peine, après avoir passé, de se retourner pour la clore. Il crut qu'un paysan était venu là pour chercher la fileuse demandée dans les fermes, ou lui apporter du *lanfois* [1], car de voisin ou de voisine il n'y en avait point. Le seul voisinage de la Malgaigne était le clos à Jean Sombreval, avec sa maison sur la lisière du clos, — maison fermée depuis plus de dix ans, et que Sombreval, riche comme il était, n'avait voulu fieffer à personne.

Le clos était loué à des cultivateurs assez éloignés, mais la maison n'avait pas rouvert ses contrevents et entendu sa grosse clef grincer dans sa serrure depuis qu'on avait enlevé du seuil de cette porte, alors ouverte, la bière du père de Sombreval. Néel, qui ne voulait montrer sa douleur et son visage qu'à la Malgaigne s'arrêta en voyant l'état de cette barrière et il allait, toujours violent, prendre le parti de retourner à Néhou, affronter les ordres et les colères de son père, quand une voix qu'il ne

---

1. Le chanvre qu'on met sur la quenouille.

pouvait méconnaître, — car elle avait la vibration de l'orgue dans ses basses profondes et étendues, — résonna tout à coup et prononça le nom de Calixte. Arrêté par ce nom tout-puissant qui faisait toujours le silence d'une église devant le saint-sacrement dans son cœur, Néel écouta ce qu'*ils* disaient d'elle, comme si tout ce qui se rapportait à elle lui appartenait de plein droit, et qu'il n'y eût plus d'indiscrétion à écouter.

— Non, — disait Sombreval, — Calixte n'a rien à craindre de ce que tu crains, la Malgaigne. L'avantage de parias comme nous est de pouvoir vivre comme il nous convient, sans que le monde ait rien à y voir. Le monde et nous sommes trop éloignés l'un de l'autre pour pouvoir réciproquement nous blesser.

— Mais si ces enfants allaient s'aimer ? dit la Malgaigne.

— Tant mieux ! fit Sombreval tranquille. C'est déjà fait, du moins pour l'un des deux !

Le cœur de Néel battait dans sa poitrine comme une cloche.

— Le jeune de Néhou aime Calixte, reprit Sombreval : et qui ne l'aimerait, l'adorable enfant ? Mais Calixte, elle, est trop pure et trop parfaite pour aimer personne sur cette terre, — ajouta-t-il avec l'âpre mélancolie d'un homme qui, en disant *sur cette terre*, disait partout ;

ne pouvant croire qu'il y eût un être à aimer ailleurs.

— Et l'on dirait que tu le regrettes, Jean ! — fit la vieille fileuse avec une insistance pleine de pensées ; — et cependant, si elle l'aimait comme il l'aime, — car il l'aime, tu l'as bien vu, Sombreval, — ce serait un malheur de plus pour tous les deux !

— Pourquoi ? fit la voix de Sombreval avec la confiance de la force. Pourquoi donc ? Si *elle* l'aimait, je le lui donnerais. Je n'attends que cela, la Malgaigne ! J'irais le lui chercher jusqu'à Néhou, jusque dans les bras de son père, et je le lui apporterais, comme la première fois qu'elle le vit je le lui rapportai sans connaissance et l'étendis devant elle sur le mur de la grille du Quesnay. Oui, je le lui donnerais pour qu'elle fût heureuse d'abord et ensuite, qui sait ? guérie. La nature cache des secrets que la science veut apprendre en vain et qui la défient. Quand il s'agit de cette machine nerveuse qu'on appelle la femme, qui sait l'influence que pourrait avoir ce grand fait physiologique du mariage ?... Dans une foule de cas, ça a été un remède. Eh bien ! Calixte épouserait Néel et serait peut-être sauvée.

— Épouser Néel de Néhou ! Encore ton orgueil, Jean ! — dit avec une pitié triste la Malgaigne. Les Néhou ne sont pas faits pour les Sombreval.

— De l'orgueil! reprit-il, j'en peux avoir comme un autre homme. Mais je n'ai pas celui que tu crois, ma vieille mère. Je sais tout aussi bien que toi la distance qu'il y a entre les Néhou, l'honneur et la puissance de la presqu'île depuis des siècles, et des *vestes-rousses,* des *riens-du-tout* comme les Sombreval. Pour ma part, je n'ai jamais donné dans cette chimère de l'égalité entre les hommes, que tout dément, foule aux pieds et soufflette dans la société comme dans la nature. L'observation et les faits m'ont appris la hiérarchie, l'impérieuse et inflexible hiérarchie! Mais l'observation m'a appris aussi la force de la passion dans certaines créatures, et j'ai vu, du premier coup d'œil, ce qu'il en tient dans ce jeune Néel.

Il est d'un sang, par sa mère, où l'impétuosité du désir touche à la folie, et il tient beaucoup de sa mère, comme tous les enfants amoureusement faits. Un jour, vieille Malgaigne, dans le pays de cette Polonaise, mère du jeune de Néhou, on a vu un roi donner son plus beau régiment de dragons pour douze vases en porcelaine[1], et ce n'était pas le plus fou de son royaume. Il aimait les vases! voilà tout.

1. Auguste II (de Saxe).

Calixte en est un qui contient tous les nectars de la vie. Pour l'avoir, Néel de Néhou donnerait sa race, son blason, son nom, tout ce qui est pour lui bien plus que l'existence, si Calixte était à ce prix...

Néel, appuyé contre sa barrière, écoutait Sombreval avec une espèce de joie fière, et, malgré la douleur que Calixte venait de créer dans son âme, il jouissait d'être si bien compris.

— Tu le ferais maudire de son père, — dit avec autorité la Malgaigne. Tu l'as été du tien, Jean. C'est assez comme cela !

Sombreval ne répondit pas. Le silence tomba dans la bijude. Le mot de la Malgaigne avait-il atterré l'homme qui ne voulait être que son Jeanotin et avec qui elle venait d'oser un souvenir terrible ?... Néel, que cet homme aurait intéressé quand il n'aurait pas été le père de Calixte, eût voulu voir, en ce moment, le visage de Sombreval, mais la résine de la Malgaigne n'était pas encore allumée. On ne pouvait rien apercevoir à travers l'huis ouvert de la bijude ; le silence qui s'était produit tout à coup avait comme l'expression de la physionomie qu'on ne voyait pas. Il agit sans doute sur la Malgaigne comme il avait agi sur Néel. Émue du mal qu'elle venait de faire, la sévère vieille femme mit tout à coup de l'huile dans sa voix et sembla reprendre et caresser la tête crépue de son fils d'autrefois, en l'appelant du nom qu'elle lui donnait dans son enfance.

— Tu es trop père toi-même, Jeanotin, pour ne pas savoir ce que pèse la malédiction paternelle sur le cœur d'un homme, et tu ne voudrais pas la faire porter !

— Oui, reprit Sombreval d'une voix altérée, ils disent que mon père m'a maudit... Tu y étais, toi, et tu le sais, tu l'as entendu. Tu n'as pu l'empêcher, ma pauvre Malgaigne. Mais c'était un homme dur, absolu, un cœur de chêne plutôt qu'un cœur d'homme, un vrai paysan, que mon père. Il aimait son morceau de terre mieux que moi. Je n'ai jamais cru aux pères qui maudissent.

— Et à quoi donc crois-tu, Sombreval ! interrompit la Malgaigne, reprenant son accent triste et sévère, indignée de cette dernière impiété dans cet athée à toute chose, et dont l'athéisme était horriblement complet.

— Je crois à moi, — dit-il avec véhémence. Je crois à *ce qu'il y a là dedans ;* — et on entendit le bruit de sa main qui frappait sa poitrine sonore, — voilà mon orgueil, la Malgaigne. Tu sais si Jean Sombreval manque de force, et pourtant il ne pourrait jamais maudire Calixte, l'eût-elle poignardé de douleur !

Ce fut la vieille femme qui se tut à son

tour, vaincue par cet homme si fort et qui confessait la divine faiblesse des mères, cette tendresse infatigable à l'indulgence, à la pitié et au pardon. Les yeux de Néel se remplirent de larmes... Avec cet être étrange, qu'il voyait dans l'intimité et qui s'y purifiait pour lui de son effroyable renommée, Néel était incessamment suspendu entre l'admiration et le mépris. Il avait comme des remords d'admirer le coupable dont la réputation ne mentait pas, mais qui retrouvait dans son amour pour son enfant un rayon de cette moralité qu'il avait depuis si longtemps étouffée au fond de son âme.

Pour le jeune amoureux de Calixte cette tendresse transfigurait Sombreval. Elle infusait de l'âme et presque de la grâce dans ce Titan de perversité et de science, à l'esprit positif, cruel et quelquefois brutal comme la réalité, et finissait par donner comme des mamelles à son génie. En l'entendant s'exprimer ainsi, reconnaissant d'ailleurs de le voir si disposé à lui donner sa fille, pour peu qu'il fût aimé d'elle, Néel fut plus touché que jamais de cet amour de Sombreval, qui couvrait tout, qui eût racheté un parricide!... Aussi, quand le châtelain du Quesnay sortit de la bijude de la Maigaigne, dans la nuit tout à fait noire, Néel, emporté par cette impulsion qui devait plus tard briser sa vie, saisit-il la large main qui s'était posée sur le poteau de la barrière pour l'ouvrir et la porta-t-il involontairement à ses lèvres :

— C'est moi, monsieur, dit-il dans le transport de tous les sentiments qui agitaient son âme ardente, et, il n'y avait qu'un moment, saturée de douleur, — pardonnez-moi, j'étais là... J'ai écouté et j'ai tout entendu !

Et, au lieu d'entrer chez la Malgaigne comme il en avait le projet, il s'en alla avec Sombreval qui lui dit avec cette amabilité joyeuse que la pensée de Calixte faisait toujours fleurir dans les anfractuosités de cet homme, bâti, semblait-il, de ce chêne dont il disait que le cœur de son père avait été fait :

— C'est trop d'honneur pour la patte d'un vieil ours comme moi, jeune homme. C'est sur la main de ma fille que vous devez me remercier.

Et alors, tout en marchant dans la direction du Quesnay, ils parlèrent de ce mariage qui était possible encore, — qui était un plan dans la pensée de Sombreval, mais qui n'était plus qu'une ruine dans celle de Néel de Néhou, parce qu'il savait, lui, que Calixte n'était plus à elle et qu'elle avait pris un époux. Noble toujours, il se tut sur ce qu'il savait, il ne révéla point le désolant secret que Calixte lui avait appris. Il n'était pas homme à trahir la fille et à percer le cœur du père. Il resta le paladin qu'il était, ne voulant rien devoir qu'à lui-même et à l'héroïsme de son amour.

— J'ai dit aujourd'hui même à Calixte que je l'aimais, fit-il avec la simplicité d'un enfant qui sera plus tard une grande âme, — mais je suis au désespoir, monsieur, car elle m'a répondu qu'elle ne m'aimait pas.

— Elle me l'a dit aussi, Néel, répondit Sombreval, car j'ai cherché à vous faire aimer, moi. J'ai, depuis que Calixte est au monde, pétri cette tête, pétri ce cœur, et y mettre de l'amour pour un beau jeune homme est plus difficile que d'y mettre la vie, — ce problème, cet effort de mes derniers jours.

Oui, j'aurais voulu qu'elle vous aimât! L'amour heureux aurait une influence sur le plexus nerveux de cette enfant, victime d'une sensibilité morbide et que je ne puis comparer qu'à une harpe éolienne dont les cordes saigneraient en résonnant au moindre souffle. Et puis, pour un vieil observateur de cette chair à canon qu'on appelle les hommes, vous êtes un de ceux contre qui j'aimerais le mieux appuyer ma pauvre fillette avant de m'en aller pourrir, un de ces soirs, dans la vallée. Je serais sûr de l'avoir laissée sur le cœur d'un mâle qui saurait la défendre, et cela me coûterait peu alors de sentir se dissoudre cette matière ferrée qui fut Sombreval. Il semble que vous et elle soyez de la même race : vous, un gentilhomme de sang presque royal, elle, de naissance une paysanne : mais il y a des individualités qui valent des races, parce qu'elles sont faites pour en fonder !... Si je croyais à l'enfantillage d'une Providence, je dirais que ce sont là des noblesses vierges, tombées du ciel pour empêcher la noblesse éternelle de s'en aller de ce monde, dans la décrépitude des familles, usées par l'excès et le temps.

Il s'arrêta, fouettant la haie de son bâton de houx. Néel l'écoutait comme un oracle. Sans l'haleine d'impiété qui s'y mêlait, les idées qu'exprimait cet homme singulier continuaient de le grandir au regard de cet enfant trempé dans le fleuve bouillonnant de l'enthousiasme, et près d'en sortir peut-être un Séide, si Sombreval l'avait voulu !

— Le mariage que je rêvais entre vous et Calixte, reprit Sombreval, n'aurait donc pas été physiologiquement une mésalliance. Je le souhaitais peut-être aussi ardemment que vous, jeune homme, car j'aime Calixte avec une passion paternelle plus grande que la vôtre en abnégation, et pour le moins aussi grande en intensité. Ce mariage, espoir de ma vieillesse, je lui ai dit souvent que je le désirais !

Bien des fois, lorsque vous nous aviez quittés après ces longues heures d'intimité dont toute âme de jeune fille a besoin, et dont Calixte doit avoir plus besoin que personne dans la solitude où elle vit, je l'ai prise sur mes genoux, comme on y prend son enfant souffrante, et j'ai tourné et retourné dans mes deux mains ce cœur tranquille où je vous cherchais.

Rien n'y précipitait la vie ! J'y discernais bien quelque chose comme un frère. Je n'y voyais pas ce que j'y cherchais. Alors je lui parlais de vous comme il faut parler pour attirer l'imagination des jeunes filles. Je connaissais la sienne. Je savais quel Orient magnifique et charmant s'étendait d'une tempe à l'autre de ce front de vestale, où le feu sacré de l'intelligence menace, à certains moments, de dévorer les cloisons délicates dans lesquelles il est enfermé. Je touchais à ce clavier nerveux qui peut éclater dans le vide, mais qu'une émotion toute-puissante et douce, comme celle de l'amour heureux, pourrait raccorder.

La maladie de Calixte, monsieur de Néhou, cette souffrance qui la rend si pâle et la tient des jours entiers morte, — inanimée, — à l'état de cadavre, ou lui fait pousser ces cris aigus qui percent tout, murs et draperies, et s'entendent parfois au bout de l'étang du Quesnay, cette maladie sur laquelle les gens de ce pays ont débité des contes si absurdes, est une névrose d'un caractère presque inconnu, due à l'état psychique de sa mère quand elle la conçut, et aux circonstances de sa naissance...

Cette maladie, venue d'une cause morale, un sentiment pouvait l'emporter ! Mais mon désir, mes précautions, mon éloquence, toute ma connaissance de la tête et du cœur de cette enfant qui est mon ouvrage, tout est inutile ! elle ne se troublait pas ; j'étais comme un sorcier vaincu par ses propres sortilèges. J'avais beau souffler sur la glace de ce cœur limpide, votre image n'y apparaissait pas. Je recommençais l'expérience, l'expérience avortait toujours.

Quand elle souffrait de ces douleurs inexprimables dont les symptômes me déchirent, quoique je les connaisse et que je puisse même les prévoir ; quand, brisée et défaillante de son martyre, elle venait appuyer son pauvre front sur cette poitrine que j'aurais ouverte, si mon sang lui avait fait du bien, je lui disais que ces horribles douleurs, plus fortes que mes élixirs, mes éthers et toute ma chimie, seraient vaincues par le mariage, par l'influence mystérieuse, mais positive, d'un homme qu'elle aimerait, elle m'opposait invariablement les mêmes résistances, les mêmes refus, et elle avait au sein de ces tortures des manières de me dire *non* qui me terrassaient. On dit *non* comme cela au bourreau !

Néel écoutait presque avec transe. Les douleurs de ce père s'entrelaçaient aux siennes et doublaient l'intérêt des haletantes paroles qu'il s'en allait disant dans la nuit. Néel ne voyait pas la face de son compagnon, mais il sentait, à je ne sais quel tremblement dans la mâture de cet homme, que quelque chose de formidable secouait la robuste carcasse de cette espèce d'arbre humain qui cachait sous son tronc la tempête. Le pas pesant de Sombreval coupait en zigzags ces chemins creux. Il ressemblait à celui de Catilina quand il sort du sénat romain, dans Salluste, chancelant, égaré sous cet épouvantable coup de ceste, — la fameuse et dévisageante apostrophe du Consul.

— Vous vous trompez de chemin, monsieur, lui dit Néel. Ce n'est pas la route du Quesnay. Par là, nous retournerions chez la Malgaigne, d'où nous venons.

— C'est vrai, — dit Sombreval, rappelé à lui-même. Je connais pourtant tous ces chemins aussi bien que vous, monsieur de Néhou, car j'y ai traîné ma jaquette... Mais j'étais l'esclave d'une pensée plus forte que moi quand elle m'empoigne, et qui me fera trouver un jour brûlé vif et en cendres sur le brasier de mon fourneau.

Néel n'osa pas demander à ce malheureux, qui lui imposait par sa douleur comme par l'ensemble de sa personne, ce qu'il voulait dire. Au Quesnay, il ne l'avait vu presque jamais que silencieux, excepté quand il s'occupait de sa fille et qu'il enroulait ses bras et son esprit autour d'elle. Quoique dans l'éclair de sa parole, rare et brusque, on sentît bien l'homme supérieur, le porte-foudre intellectuel, il était d'attitude comme tous les esprits qui ont épuisé la vie et les idées et sont devenus ces indifférents de la terre dont parle si fièrement Shakespeare.

Or, pour la première fois, il parlait de lui. Il ouvrait des jours sur son âme ordinairement sombre comme la nuit qui les entourait, et Néel, qui se retrouvait dans cette âme au moment où il s'attendait le moins à s'y voir, écoutait les révélations du père de Calixte avec une passion si intéressée, qu'il n'en oubliait pas sa propre douleur, oh! non, certes! mais qu'elle en était suspendue.

— Une pensée, — reprit Sombreval, — un enfer! car l'enfer, ce doit être une pensée! Et pourquoi ne le dirais-je pas entre nous, qui causons ce soir comme deux hommes, — deux amis, — presque un fils! presque un père! et qui aimons Calixte, chacun à notre manière, tous les deux? Quelles cruelles ironies nous cache parfois la destinée! Voilà une enfant soumise et tendre comme il n'en exista peut-être jamais ; et savez-vous pourquoi elle me résiste et me désespère, pourquoi elle ne vous aime pas, vous qui l'adorez ; pourquoi elle ne veut épouser personne, pourquoi elle ne veut pas guérir d'une maladie qui peut la tuer, monsieur Néel ! et se complaît dans ces souffrances sans nom que je sens dans ma propre chair quand elles tordent et déchirent la sienne ? C'est qu'elle aime son Dieu plus que nous, monsieur de Néhou ! C'est qu'elle me croit un grand coupable parce que... vous savez bien pourquoi ! Vous connaissez bien ce que je suis, ce que Sombreval a été... C'est qu'elle veut souffrir pour son père, expier ce qu'elle croit un crime, racheter ce qu'elle appelle mon âme ! Illusion qui dévore sa vie ! cela est sublime pour elle, mais pour moi ce n'est qu'insensé... Nous sommes sacrifiés à une chimère. Nous avons, vous pour rival, et moi pour ennemi, le Dieu de Calixte, le Dieu de la Croix !

— Oh ! monsieur ! — dit Néel effrayé d'une impiété qui rejetait le masque de silence sous lequel Sombreval la gardait toujours, c'est vous qui un jour l'avez dit, Calixte est une sainte ! Son Dieu est le mien. Ce Dieu n'est pas l'ennemi des hommes ; ce sont les hommes plutôt qui sont ses ennemis.

— Oui, vous devez dire cela ! — reprit Sombreval avec une tristesse abattue, la tristesse du déchu qui, dans l'abîme, a touché le fond, — c'est tout simple. Vous croyez à Dieu. Vous avez l'âme jeune, mais vous vieillirez. Vous deviendrez un homme. La foi que vous avez, je l'ai eue... et vous la perdrez. Ce n'est pas toujours nous, voyez-vous, qui tuons l'idée de Dieu dans nos âmes. Elle y tombe d'elle-même, comme les choses tombent en nous, hors de nous, partout, émiettées, dissoutes, anéanties !

Moi qui vous parle, monsieur Néel, c'est au pied de l'autel, c'est à l'autel même que le Doute et l'Incrédulité se sont dressés devant moi, — obstinément, — pendant des années, comme des Répondants moqueurs et terribles qui insultaient tout bas aux paroles que je prononçais tout haut, aux signes de mes mains consacrées qui accomplissaient le mystère... J'ai longtemps prié Dieu de me délivrer de ces obsessions... Il ne l'a pas voulu ; il ne le pouvait pas ! Je l'ai longtemps prié, *s'il était,* de me délivrer de ces tentations d'impiété que j'imputais à l'Esprit du Mal, et qui étaient, au contraire, les premières évidences de l'esprit de l'homme qui s'éveillait, qui se mettait debout en moi !

L'homme ne s'avoue dupe que bien tard... Oui, j'ai longtemps demandé, dans l'horreur et les larmes, à ce Dieu qui se voilait pour moi, d'empêcher l'impiété de monter, en sa présence, du fond de mon âme, comme ce pied effrayant dans l'Apocalypse, qui s'élève tout à coup du sein de la mer.

J'ai été jaloux du prêtre de Bolsène, à qui l'hostie saigna sur les mains, et je souhaitais toujours que ma foi ébranlée se raffermît dans la terreur d'un tel miracle; mais la goutte de sang que je demandais, pour y noyer cet athéisme qui envahissait ma raison, n'a jamais rougi la table de l'innocent sacrifice, et c'est alors que, las d'attendre, j'ai renversé ce calice dans lequel il n'y avait plus que des fluides de la terre que je pouvais décomposer sans y trouver Dieu!...

L'homme qui a fait cela, Néel, pensait bien avoir mis cette grande illusion de Dieu hors de sa vie, et elle y revint cependant pour se venger des mépris de ma raison, me frappant comme un être réel, comme une main de chair, dans les entrailles! La Religion foulée aux pieds a trouvé le moyen de me rendre, coup pour coup, cette blessure...

Ce rocher de Golgotha qui pèse sur le monde, et que je croyais avoir rejeté de ma vie comme un joug brisé, y retombe, — et c'est la main de mon enfant qui le fait rouler sur mon cœur!...

Sombreval s'arrêta encore; Néel se taisait. Il se taisait par respect pour ce Laocoon étrange, souffrant dans son enfant qui mourait et qu'il voulait sauver ! A toutes les impiétés qu'il venait d'entendre, Néel savait la réponse à faire, mais il ne la faisait pas. Il n'osait pas dire à ce grand aveugle, à qui l'orgueil et ses éclairs avaient brûlé les yeux, que la vie est au fond, terriblement bien faite, et que, quand les plus forts ont cru couper les ongles au lion de Juda, ils repoussent, ces ongles, plus longs de moitié, dans leurs flancs !

Il avait pitié de cette douleur de père, soudée dans sa propre douleur d'amant.

— J'ai lu un jour dans une histoire, — reprit Sombreval après une pause, — que Cromwell arrivé au pouvoir suprême, heureux par sa famille comme il l'était par l'état de force et d'honneur où il avait mis l'Angleterre, trouva chez lui, — dans son logis, — la douleur qui n'en faisait qu'un homme, et que cette douleur lui venait aussi d'une enfant.

La dernière de ses filles, son amour à lui, sa Calixte, avait horreur du pouvoir de son père, et s'était prise, tête romanesque, d'un violent amour pour les Stuarts. Triste partout, jusque dans les bras paternels, elle y portait la honte, le remords, l'accablement de la puissance du vieux Cromwel. Elle mourait de l'idée fixe du retour des Stuarts ! Lorsqu'il caressait cette tête bien-aimée : « Père, lui disait-elle, quand leur rendras-tu leur couronne ?... » Ce n'était pas de l'immense amour de son père qu'elle était touchée, c'était de la destinée de Charles Stuart ! Toujours elle lui enfonçait cette épine ! Toujours sous chaque baiser de cette bouche innocente, il trouvait cette morsure, les Stuarts !

Eh bien, moi aussi, je connais cette douleur horrible d'une honte et d'une tristesse que j'ai faites dans le cœur d'une enfant aimée ! Moi aussi, je vois sur le front qui porte ma vie le reproche muet, l'accusation, l'éternelle prière que je ne puis exaucer ! Je sens quelque chose de plus fort que moi dans ce cœur à moi et qu'avec toute ma force, — inutile ! — il m'est impossible d'arracher !

Et il retomba dans le silence. Ah ! Néel ne s'était jamais plus senti son ami... Ils furent longtemps sans rien se dire, mais, comme ils entraient dans la petite lande qu'on appelait la *Lande au Rompu*, la lune se leva tout à coup sur le bois d'en face et se mit à écailler d'argent les tuiles bleues du Quesnay, qu'ils apercevaient sous leurs pieds.

— Voilà donc, dit Sombreval, où elle vit, notre espérance ! — et il étendit sa large main vers le château où, sous les persiennes fermées à tous les étages, il aperçut luire des clartés mobiles, — pour un autre que lui imperceptibles à cette distance, car Néel, avec ses jeunes yeux, ne les voyait pas !

Un blasphème passa sur ses lèvres. — Elle est plus mal, dit-il d'une voix altérée. Elle aura ce soir une de ses crises ! Je vois des lumières qui vont et qui viennent à travers les appartements. Prenons nos jambes à notre cou, monsieur Néel. Il est temps que nous arrivions !

Et l'un et l'autre ils s'élancèrent par la rampe qui descendait à l'étang et au Quesnay, comme s'ils avaient couru au feu.

Ils arrivèrent par la barrière, qui n'était pas fermée; car les Herpin ne la fermaient qu'après le souper, quand ils regagnaient les écuries où leurs garçons couchaient avec les chevaux. Ils montèrent rapidement le perron et cognèrent à la porte vitrée, mais on ne s'empressait pas de leur ouvrir.

— Ils n'ouvriront pas, monsieur ! dit Néel, effrayé de ces symptômes.

— Eh bien ! ouvrons, nous ! répondit Sombreval, et du genou il fit sauter en éclats les verrous de la porte, qu'il enfonça aussi aisément qu'un enfant, qui y tombe, enfonce les plombs vitrés d'une cloche à melons.

Et ils entrèrent, — mais, sans la lune qui passait par les fenêtres ouvertes du côté du jardin, tout aurait était noir et vide dans cette maison muette. Les lumières, mobiles derrière les persiennes, erraient maintenant du côté de l'étang.

On entendait des voix confuses. — Par ici ! par ici ! disaient-elles. Sombreval et Néel se dirigèrent sur les voix et tombèrent tous deux comme la foudre au milieu des gens de la ferme au moment où le nègre Pepé soulevait de terre Calixte inanimée, — l'air d'une morte !

— Ah ! rugit ce lion de père qui devina tout, — et d'une seule main il empoigna la nuque vigoureuse de l'esclave courbé sur sa fille et, l'arrachant, comme un arbre qu'on déracine, au fardeau qu'il allait lever, il le fit rouler à dix pas de là avec cette force surhumaine que Dieu lui avait si étonnamment départie et qui, toute sa vie, fut le seul porte-respect qu'il ait eu au milieu de ces populations !

Il avait enlevé Calixte comme un morceau de soie, et l'emportant vers le château :

— C'est ainsi donc, — dit-il d'une voix tonnante, — que vous veillez sur votre maîtresse, quand je n'y suis pas !

« Nous étions là un tas de garçons qui n'étions pas *bien génés*, disait le fils Herpin, mais aucun ne souffla brin d'excuse, tant il était formidable ! Et cependant, malgré *l'atout* qu'il avait campé à *la face de crêpe,* il n'y avait de faute à personne. Il fallait qu'il s'en prît au bon Dieu, lequel envoyait à la fille de son prêtre des maladies comme on n'en reverra jamais ! »

Il paraît, en effet, qu'après l'étreinte interrompue du malheureux Néel et sa fuite courageuse, Calixte (était-ce le saisissement de ce qui venait de se passer ?) avait eu un accès de sa maladie.

Les gens de Sombreval l'avaient trouvée sans connaissance entre les deux portes de sa chambre et du salon, et ils l'avaient couchée, s'attendant à un de ces évanouissements qui duraient quelquefois trois jours. Mais quel ne fut pas leur étonnement et leur épouvante, à eux, ces ignorants et ces sauvages ! quand ils la virent s'élever droite comme un Esprit, et, les repoussant d'un bras tendu, qui avait la dureté du fer, descendre au jardin avec ses mouvements solennels et mystérieux des somnambules qui ressemblent à de la folie !

Dans leurs terreurs de nègres superstitieux, ils appelèrent les fermiers qui vinrent à leur aide et qui n'avaient jamais vu marcher, — racontèrent-ils, — une femme qui *tombait de mal*, car elle marchait les yeux blancs et retournés et la *broue* aux lèvres, et elle allait *drait* devant elle sans qu'on eût besoin de lui crier : « Casse-tête ! » au tournant du rond des allées, comme si elle eût vu le buis des plates-bandes, avec ses yeux blancs !

Il faut en convenir, même pour des gen moins simples et moins prévenus, c'était effrayant ! La pauvre enfant n'avait que la vague mousseline de son peignoir sur son corps délicat et souple. Ses pieds et ses bras étaient nus dans cet air marécageux du soir sur le bord de l'étang où elle s'était réfugiée. On l'y atteignit au moment où elle venait de s'affaisser tout à coup, comme si on lui eût fauché les deux pieds d'un revers de faux !

Pour que rien ne manquât à la terrifiante étrangeté du spectacle qu'offrait la malheureuse, ses membres détendus et doués, il n'y avait qu'un instant, d'une force surhumaine, s'étaient comme fondus et liquéfiés sous elle, et l'on ne voyait plus dans les plis gonflés de la mousseline où elle semblait nager que cette tête pâle sans regard, avec son bandeau rouge et sinistre !

Mais Sombreval l'eût bientôt portée sur le lit de repos qu'il avait fait dresser pour elle dans le salon, comme j'ai dit qu'il en avait fait dresser un dans tous les appartements du château. En marchant pieds nus sur le sable, où il y a parfois du verre pilé, et sur les tiges d'osier, taillées ras de terre au bord de l'étang, elle s'était cruellement blessée. Néel, avec la piété de l'amour, essuyait de son mouchoir ces pieds dont il n'emporterait pas l'empreinte, comme la Véronique emporta le visage de Notre-Seigneur Jésus-Christ sur le saint voile, mais dont il retrouverait les traces sanglantes, reliquaire qui ne le quitterait plus !

— Elle a saigné, dit Sombreval, — mais le sang est figé maintenant. Vous la couperiez par morceaux qu'il n'en tomberait pas une seule goutte et qu'elle n'aurait pas conscience d'une seule douleur. Elle ne sent rien ! La vie est-elle déplacée ou suspendue ? État mystérieux que la Science, cette tortue aveugle, constate, mais ne peut pénétrer.

Elle ne souffre pas ! Mais avant de tomber dans cet état sans nom qui n'est ni la mort ni la vie, elle a traversé des milieux de douleur d'une épouvantable acuïté ! Que de fois j'ai vu le spasme la tordre, et quand je voulais contenir les tressauts de cet organisme fragile, toujours, à ce qu'il semblait, sur le point de se rompre, ce corps mignon était plus fort que mon étreinte et luxait ce poignet qui contient par la corne un taureau.

Que de fois je l'ai vue marcher avec l'adresse crispée d'un chat sauvage sur le cordon de cette plinthe qui court autour de ce salon, et m'apporter, comme elle aurait fait d'une soucoupe, le dessus de marbre de cette console, dans ces deux charmantes mains, — regardez-les, monsieur Néel ! — un chef-d'œuvre de faiblesse transparente, de vraies mains de Muse !

Eh bien, après tout cela, le croiriez-vous ? une seconde après elle s'effondrait ; elle était foudroyée ! Elle était comme vous la voyez ! La catalepsie avait remplacé la névrose. Névrose, catalepsie ! des noms ! Ah ! celui qui a dit que nommer les choses, c'est les créer, a dit une fière imposture ! Ce n'est pas même les comprendre. J'ai consulté toute l'Europe. Ils ne savent rien ! Toutes leurs médications sont impuissantes, et voilà pourquoi la pensée m'est venue de chercher, moi ! si, par une combinaison de toxides, je ne pourrais pas venir à bout de ce mal, qui me prend mon enfant tous les jours un peu plus.

Cette combinaison à laquelle j'ai été amené par des observations et des analogies que je ne vous dirai pas, à vous qui n'êtes ni un chimiste ni un médecin, cette combinaison sera peut-être pour moi ce que fut la formation du diamant pour Lavoisier, un rêve, une chimère, une impossibilité ; mais peu importe ! je n'en suis pas moins décidé à la poursuivre nuit et jour sans repos ni trêve, jusqu'à ma dernière heure d'attention et d'intelligence, jusqu'à mon dernier regard, jusqu'à mon dernier souffle que je cracherai dans mon fourneau !

Et il arrangea les coussins autour de la tête

de sa fille, avec une grâce presque maternelle.

— Quand se réveillera-t-elle de cet assoupissement ? fit-il. Qui le sait ? Demain, — après-demain, dans deux heures. Nulle règle à cela ! Nul symptôme. Rien que la plus profonde obscurité. Seulement, quand elle se réveillera, elle versera de ces longues larmes qui tombent sur mon cœur comme du vitriol, et qui viennent encore plus de l'idée de retrouver la vie que de la détente de ses nerfs. Elle est encore plus malheureuse que malade, ma pauvre Calixte, et c'est par moi qu'elle est malheureuse...

Il n'acheva pas. Sa tête tomba sur sa poitrine, et il s'assit auprès du lit de cette enfant qui était peut-être tout son remords, toute sa conscience, une conscience que Dieu lui avait placée dans ses entrailles de père pour remplacer cette autre qu'il avait étouffée en lui. Il se faisait. Il était livré à la pensée, qui ne le lâchait pas une minute, mais qui par instants, le dévorait avec un acharnement plus cruel.

Le dernier mot de Sombreval trouva dans le cœur de Néel un écho, et il éveilla la voix du reproche. Lui aussi n'était-il pour rien dans l'état effrayant de Calixte ? Ce qui s'était passé entre elle et lui, cette après-midi même, n'avait-il pas déterminé la crise qu'il avait sous les yeux, et n'avait-il pas à partager les remords de ce père qui s'accusait ?

Ils étaient assis l'un en face de l'autre, Néel vers les pieds du lit, Sombreval vers le chevet, Néel regardant de ses yeux navrés ce semblant de morte, plus blanche que la pelisse de grèbes dans laquelle son père l'avait enveloppée... Les deux bougies apportées par les domestiques, qui s'étaient retirés tremblants aux premiers signes de la colère de Sombreval, éclairaient mal de leur maigre lumière ce salon fait pour un jour plus largement répandu.

Les Herpin avaient regagné leur *chez eux* par la porte du jardin qui s'ouvrait sur la cour de la ferme... Néel ne songeait pas à partir. Il avait oublié Néhou. Il restait à veiller l'être qu'il aimait, et au milieu de sa pitié et de sa douleur il ressentait une inexprimable jouissance de passer la nuit auprès du lit de cette malade adorée, tête à tête avec ce père qui ne lui disait pas de s'en aller et qui le traitait déjà comme un fils !

Il passa la nuit, en effet, à cette place, attentif, anxieux, se partageant tout entier entre Calixte inanimée et Sombreval absorbé, — penché incessamment sur elle comme un vieux pilote sur une mer morte dont le fond lui serait inconnu.

Néel suivait les mouvements de cet homme

en qui il avait une foi involontaire, et qui interrogeait tantôt le cœur, tantôt la tempe de cette forme d'albâtre dont on ne voyait plus les veines, tant la paleur semblait avoir, en la pénétrant, changé la nature de cette chair ! Sombreval avait pris dans une cassette de la console une fiole d'un cristal glauque, et du doigt il en étendait doucement le contenu sur la lèvre supérieure de l'enfant sans souffle, qui ne pouvait plus rien aspirer.

Et comme le front grandiose et sombre du père de Calixte se sillonnait de mille plis, semblable à l'étang du Quesnay sous une bourrasque :

— La croyez-vous donc en danger ? dit Néel avec transe.

— En danger ! reprit Sombreval avec explosion.

Et ses yeux battirent et s'effarèrent sous leurs profondes arcades, pleines de feu et d'ombres, à l'idée d'un danger, quoiqu'il n'y crût pas.

— En danger ! non ! elle n'y est pas, du moins actuellement. J'ai vu bien des fois ces symptômes. Il y a tant de jeunesse en elle ! Un organisme sorti de Sombreval, une fille de cette race de gens comme nous, des fils de la terre, cache tant de ressources ! Mais il faut se hâter, car, à chaque accès de ce mal il y a perdition de la force nerveuse, consomption secrète, que sais-je, moi ? La coupe de la vie se survide. « Nous sortons de la vapeur pour rentrer dans la vapeur », a dit Paracelse. On a vu bien vite le fond de cette coupe d'éther !

Tout en disant cela, il fut, sans doute, frappé de la physionomie de Néel, cet observateur qui était partout et qui voyait tout en même temps !

— Ah ! il faut que nous réussissions, jeune homme ! lui dit-il comme pour ranimer son courage. Vous ou moi ! mais, moi, cela peut être trop long. La science n'a pas de pitié, pas d'entrailles. Elle est obstinée et cruelle. Elle dévore onze vies d'hommes et fond leurs cerveaux avant de dire son secret au douzième... La science, c'est le sphinx. Et puis il ne s'agit pas de ma vie, mais de la *sienne*, et nous n'avons pas le temps d'attendre. Nous sommes pressés. Tout nous déborde. Ah ! vous, vous êtes plus fort que moi ! C'est à un cœur de femme que vous avez affaire, et quel cœur ! Vous pouvez réussir plus vite. Vous êtes beau et vous avez l'amour, qui est une seconde beauté par-dessus la première. Moi qui étais laid, gauche et pesant, j'ai bien su me faire aimer de la mère de Calixte, et Calixte est plus sensible encore que sa mère. Pourquoi ne vous aimerait-elle pas ?... J'ai cette idée, ancrée en moi comme une certitude, que le mariage la sauverait. Faites-vous-en aimer !

Ce fut sous le coup de cette parole qu'il emporta en lui, comme un cheval saignant emporte dans son flanc l'éperon rompu de son maître, que Néel de Néhou (quand Calixte fut revenue de sa léthargie) réalisa cet acte inouï par lequel, — comme disait Sombreval, — il tenta de se faire aimer.

« Il a raison, le vieux Sombreval. L'amour est plus fort que tout, même que la mort, selon les Livres Saints, » se dit Néel, possédé par une délirante espérance, — l'espérance qui naît de la force de nos désirs ! Et il roula pendant des jours entiers, dans cette solitude qui met la tête en feu et change l'aspect des choses impossibles, ce problème qui a tué tant de cœurs acharnés à sa vaine poursuite : le moyen de se faire aimer !

En vain passait-il, par intervalles, dans cet esprit éperdu, cette vision, ce souvenir, cette confidence de Calixte : « qu'elle était l'épouse de Jésus-Christ, » il étouffait cela. Il se répétait : « On peut faire relever une fille si jeune de ses vœux, » et il reprenait l'ardent problème.

Fut-ce une intuition de la passion qui éclaira cet ignorant jeune homme ? mais il crut, comme s'il savait la vie, que le meilleur moyen d'inspirer l'amour, si l'amour pouvait naître à la volonté de ceux qu'il dévore, était encore de frapper l'imagination de la femme et de déchirer sa pitié, et il finit par s'arrêter à une de ces idées qui ne pouvaient surgir que dans un cerveau comme le sien.

Ce n'est pas assez de dire que ce fut une folie, — ce fut une folie... polonaise! comme parlent encore à l'heure qu'il est ces Normands, quand ils veulent qualifier ce qui est resté pour eux incompréhensible et ce qu'ils n'auraient jamais pu concevoir d'un normand comme eux.

XIII

T ils disent bien, ces têtes rassises, ces grands jugeurs ! C'était une folie polonaise ! Le sang des Sapieha et des Zips, exaspéré par un amour à qui on faisait respirer sa proie, monta au cerveau du Normand et l'embrasa comme de la poudre ! Néel tenait du pays où la vie ne pèse pas plus que la plume qu'on porte à son bonnet, impalpable aigrette ! et où les hommes, quand ils boivent seulement à leurs maîtresses, cassent sur leur occiput de lourdes coupes de cristal qui blessent plus cruellement que des sabres, et pétrissent dans leurs mains nues leurs verres comme du sable,

pour faire pâlir après dîner les joues qu'ils aiment.

Ce fut une folie polonaise ! la vanité et l'imagination des races Slaves y eurent autant de part que l'ardeur du sang. Les Polonais, qui touchent à l'Orient de la pointe de leurs lances, reçoivent la réverbération de ce pays, soleillant et fastueux, autant sur leurs mœurs que sur leurs armes.

Par sa mère, Néel était Polonais ! et quelque chose d'oriental, d'altéré d'éclat, d'amoureux du splendide, se jouait dans sa pensée, dans sa franchise et dans sa vaillance.

Le caftan de diamants qui manquait à cette poitrine, faite pour le porter, il l'avait sur tous ses sentiments et il aimait à l'y étaler. C'était sa force ou sa faiblesse, mais c'était sa nature ! Dites-vous-le bien ! ou, comme ces Normands qu'il révolta par son action insensée, somptueuse et sauvage, vous ne le comprendriez pas ! Tout autre aurait comme lui pu risquer ses jours, mais il voulut les risquer d'une manière poétique, dramatique, pittoresque, qui laisserait au moins dans l'âme de sa bien-aimée un souvenir inextinguible, s'il succombait, — un spectacle qu'elle n'oublierait plus !

Il se prépara un magnifique suicide avec l'art et la coquetterie d'un Sardanapale. Il joua tout sur cette carte étincelante, — la magie d'un superbe danger ! Il y avait certainement dix à parier contre un qu'il y mourrait, que la chance serait contre son courage : mais s'il ne mourait pas, peut-être serait-il aimé de Calixte, et ce *peut-être*-là valait dix fois plus que sa vie !

Il y avait plusieurs jours que le projet de Néel fermentait en lui, et personne, dans son entourage, ne se serait douté de ce projet sinistre et terrible. Sa belle tête idéale avait la même expression de physionomie. Seulement, un peu de mélancolie, la mélancolie d'une passion cachée et qui est déterminée à jouer son va-tout, en adoucissait l'ardente et romanesque fierté.

Mademoiselle Bernardine de Lieusaint le trouvait plus beau et plus touchant avec cette teinte de tristesse qui ombrait son front, mais cette beauté la faisait trembler. Des propos échappés au mécontentement du vieux Bernard contre son futur gendre avaient éveillé une vague terreur de jalousie dans ce cœur jusque-là tranquille.

Elle savait que Néel allait au Quesnay. Bien souvent, quand elle avait passé par là sur la croupe du cheval de son père, elle avait jeté de loin, du sommet de la butte Saint-Jean, sur ce château fermé et solitaire, le regard effrayé d'un enfant qui regarde dans le fond d'un puits

Elle avait le pressentiment que le malheur couvait là pour elle, et Bernard sentait alors trembler sur sa poitrine ce bras si frais qui l'entourait, par-dessus sa casaque de cheval, comme un ceinturon couleur de rose.

Bernardine avait aperçu Calixte à l'église, sous son voile, et ce qu'elle avait pu en voir lui semblait singulier et funeste. Calixte l'attirait et la repoussait en même temps. Elles s'étaient quelquefois agenouillées ensemble, l'une à côté de l'autre, à la Sainte-Table. La charité de la chrétienne comprenait qu'une telle fille dût être malheureuse avec un tel père. Mais était-ce l'horreur de ce père ou le pressentiment du mal que lui causerait la fille, qui la faisait frissonner près de Calixte, lorsque son coude touchait le sien, sur les degrés de l'autel, la nappe blanche de la table sainte entre ses mains ?

On était dans les derniers beaux jours de novembre qu'on appelle l'été Saint-Martin. Néel, qui ce soir-là avait soupé avec son père et qui s'était promis d'exécuter le lendemain sa résolution, annonça au vicomte Ephrem qu'il irait le lendemain à Lieusaint et qu'il partirait de bonne heure. Il ne voulait pas réveiller le vieillard pour lui dire adieu, et il l'embrassa (ce pouvait être pour la dernière fois) avec une émotion dont le vieillard, ému lui-même, s'aperçut :

— Tu t'en vas à Lieusaint pour deux jours, et tu m'embrasses comme si tu partais pour ta première bataille !

Le vicomte ne croyait pas si bien dire. C'était, en effet, pour son fils la première bataille et il allait plus s'y exposer qu'en se mettant à la gueule même du canon.

Néel ne répondit pas, mais il ne put s'empêcher de sourire de cette sagacité paternelle, et le vicomte fut la dupe de ce sourire.

— A la bonne heure ! fit-il joyeusement, — est-ce que ta bataille n'est pas encore gagnée contre mademoiselle de Lieusaint ?...

Le lendemain, Néel se leva avant le jour, et, selon sa coutume, il descendit à l'écurie pour y préparer son départ. D'ordinaire, dans ces tournées de chasse qu'il faisait dans tous les châteaux environnants, il allait indifféremment à cheval ou dans une espèce de *briska* ramené par son père de l'émigration, d'une structure inusitée dans le pays et auquel le vicomte Ephrem donnait je ne sais quel nom polonais.

C'était une voiture très versante et très légère, car on l'avait extrêmement élevée sur ses roues pour éviter les éclaboussures de ces effroyables boues de la Pologne à travers lesquelles elle avait été destinée à passer. On n'y pouvait guère tenir que deux. Découverte, elle avait presque la grâce d'un char antique, mais il était facile de ramener la capote de cuir nécessaire contre la température pluvieuse et froide du Nord.

Un seul cheval aurait suffi pour enlever cette voiture construite d'après un système qui la rendait extrêmement roulante, mais Néel aimait à en mettre deux, et il lui fallait une adresse et une vigueur de main supérieures pour les conduire, sans accident, dans les chemins pierreux du Cotentin.

— Il va chez sa maîtresse et il veut *faire le araud*, — pensa le vieux palefrenier Jean Bellet, qui couchait à l'écurie avec ses bêtes, quand il le vit regarder l'essieu du briska. — Et le brave homme, se tirant de dessous ses serpillères, se prépara à atteler les chevaux qui servaient habituellement à cette voiture ; mais quel ne fut pas son étonnement et même son épouvante, quand Néel lui dit :

— Ce ne sont pas là les chevaux qu'il faut atteler, Jean ! mais les poulains du Mellerault.

Jean Bellet crut que son jeune maître devenait fou. Les poulains du Mellerault étaient de l'air et du feu sous des nerfs et des muscles. C'étaient de jeunes chevaux, effrayants d'ardeur. Néel aimait les chevaux comme tout gentilhomme de loisir ; il faisait des élèves. Les poulains du Mellerault (comme il les appelait du haras de ce nom) étaient des chevaux de trois ans, magnifiques d'encolure dans leur robe d'ébène, étoilés au front, les yeux bordés du ruban de feu qui indiquait la flamme intense de leur sang. C'étaient des chevaux, selon Jean Bellet, à faire mettre à genoux tous les maquignons de la Sainte-Croix et de la Saint-Floxelles, mais ils n'avaient jamais senti ni le fouet ni le mors, et Néel parlait de les atteler !

— Sainte-Marie de la Délivrande de Rauville, — dit Jean Bellet, — y pensez-vous, monsieur Néel ?

Et le vieux palefrenier stupéfait en oublia de passer la manche de sa veste.

Néel y pensait très bien.

— Je le veux ! fit-il, impérieux comme toujours.

Mais Bellet, tout respectueux qu'il fût pour ses maîtres, trouva la force de lui résister.

— Vous le voulez ! mais moi je ne veux pas votre mort, monsieur Néel. Je ne veux pas être chassé comme un chien galeux de la maison de votre père pour avoir aidé à vous rompre le cou. Vous pouvez jouer de la cravache, si cela vous plaît, sur les vieilles épaules qui vous ont porté tout jeune, mais les chevaux que vous me demandez, non, monsieur Néel, je ne les attellerai pas !

— Eh bien ! je les attellerai, moi ! fit Néel, blanc de colère et avec une résolution à laquelle le vieillard commença de comprendre qu'il n'y avait pas à s'opposer.

— Il est timbré, pensa-t-il, mais je vais réveiller le vieux vicomte. — Et il déposait déjà sur le coffre à l'avoine la lanterne qu'il tenait à la main, quand Néel, qui avait vu l'intention et le mouvement à la lueur de cette lanterne : — Reste là, lui dit-il en le saisissant par le collet, — pas un mot ! pas un geste ! Tu sais ce que je veux et si je le veux ! — ajouta-t-il avec l'accent qu'aurait le bronze, si le bronze parlait. Tu ne me quitteras que quand je serai en voiture et hors de la cour !

— Non, monsieur Néel, — dit alors le vieillard, — je ne vous quitterai pas, puisque vous le voulez. Mais il y a deux places dans la voiture, et, si vous y montez, j'y monte avec vous !

Néel fut touché de ce dévouement.

— Tu es un brave homme, mon vieux Jean Bellet, dit-il au fidèle serviteur de sa maison. Mais, si tu viens avec moi, qui soignera les chevaux ? Ils ne connaissent que toi et moi. Il faut que tu restes. D'ailleurs, il n'y a pas de danger, ajouta-t-il avec le mensonge d'une confiance superbe, — car il allait en courir un terrible et il s'élançait au devant : — n'est-ce pas toi qui, dès que ma main a su tenir des guides, m'as appris à conduire ? Tu sais si je peux mener !

— Oui, dit Bellet, vous n'êtes pas un achocre[1]. Il n'y a que vous, dans tout le pays, — car me v'là vieux, — qui puissiez passer maintenant à la Sangsurière ou dans les perditions de Gavré. Mais ces chevaux-ci sont *pucelles* de bride et d'attelage. C'est de la poudre, et vous êtes de la flamme, et quand cela se rencontre...

Un geste compléta sa pensée.

— Sois tranquille, dit Néel, je serai aussi prudent que toi, mais je veux les chevaux ! je vais chez ma fiancée. C'est une bonne occasion pour les essayer. Tiens, ajouta-t-il en lui tendant quelques flocons de ruban rose qu'il avait pris dans la corbeille de Calixte et qu'elle lui avait donnés, — mets-leur ceci à la têtière ! Il faut que nous soyons beaux et que nous piaffions, puisque nous allons faire la cour à la future châtelaine de Néhou !

— Future et prochaine, — dit Jean Bellet, à qui toute cette légèreté joyeuse de jeunesse envoya un reflet de gaîeté sur sa figure rude et tannée. Seulement ce fut le diable, pour parler comme le vieux palefrenier, que d'atteler les bêtes. Elles ruèrent, hennirent et se cabrèrent, offrant un spectacle à recommencer toutes les terreurs de Jean Bellet, s'il ne s'était appliqué sur la conscience cette raison suprême : « Après

[1]. Maladroit.

tout, il faut bien qu'ils soient domptés, ces rageurs-là, et monsieur Néel vaut mieux pour cela que tous les *piqueurs* de la contrée ! »

La lutte fut longue. Quand ils furent mis à la voiture, ils étaient déjà couverts de sueur, tremblants dans ces liens inusités, et ils raclaient de leurs fers avec impatience le pavé de la remise. Néel monta, s'assit et prit les rênes. Il faisait grand jour.

— Ne touchez pas le fouet, monsieur Néel ! dit Jean Bellet, menez-les doucement. Parlez-leur. Ils connaissent votre voix. A présent, que Notre-Dame-de-la-Délivrande de Rauville vous protége ! Et claquant de la langue contre son palais, ancienne habitude de manége : « En route, mauvaise troupe ! » fit-il aux chevaux. Son mot de postillon.

Tout effrayé qu'il fût de la témérité du jeune homme, il était intéressé, comme cocher et comme palefrenier, à la manière dont Néel s'y prendrait pour se tirer de sa dangereuse entreprise. Il le regarda rendre la main aux chevaux étonnés et frémissants, sortir de la cour en frisant adroitement de l'essieu les poteaux de la barrière et enfiler le chemin du bourg de S... « sans trop de cérémonie, » au grand trot.

— *Ça y est tout de même !* — fit-il, et il souffla sa lanterne d'écurie. S'ils ne *farcent* pas d'ici le Lude, ils iront à Lieusaint sans encombre.

Les chevaux sont comme les hommes. Tout dépend de la manière de s'y prendre et des commencements. Ils sentent fièrement bien avec *qui qu'ils* sont! Ils sont *invectifs*[1]. Hennissent-ils! Hennissent-ils! reprit-il, ne les voyant plus mais les entendant jeter dans les airs, par-dessus les haies, des hennissements furieux et répétés!

— Ils vont s'affoler, s'ils hennissent ainsi longtemps, — fit-il soucieux, — mais le souci ne resta pas longtemps sur sa vieille figure. « Bah! reprit-il, si, comme ils disent, il y a un bon Dieu pour les ivrognes, pour*quoi qu'il* n'y en aurait pas un *itou* pour les amoureux ?... »

Le but de Néel n'était pas Lieusaint; ce n'était pas le Quesnay non plus, du moins pour l'instant : il était de trop bonne heure. Les persiennes fermées y dormaient par-dessus les stores et les rideaux, quand il descendit le mont Saint-Jean, d'un trot qui devenait de plus en plus rapide, car les deux chevaux s'animaient, l'un par l'autre, par le grand air, par le bruit des roues sur les pierres, et par leurs propres hennissements, répercutés de tous côtés par les échos.

Comme il dévalait de la butte qu'il avait tant de fois montée avec *elle*, il envoya de sa main

---

1. Méchants à force d'ardeur.

gantée et libre un baiser d'amoureux éperdu à ces quatre murs blancs qui renfermaient la bien-aimée pour laquelle il allait peut-être mourir. Le briska volait dans la poussière. Les paysans qui allaient aux champs se rangeaient sur le bord du chemin et sentaient le vent chaud de ses roues, quand il passait de ce train rapide.

« C'est monsieur Néel, disaient-ils, qui s'en va de cette fois à sa noce, car il est beau comme un *bruman*[1]. » Il avait mis ses habits de fête, ce costume que dans son tableau de Corinne le génie de Gérard a consacré en le donnant à lord Nevil. Gracieusement assis dans la conque de cette voiture découverte, son manteau flottant derrière lui dans l'air du matin, il rappelait, par la beauté correcte de son visage et le calme plein de sécurité et de puissance de son attitude, ces coureurs olympiques, aimés de la peinture d'alors, et il semblait s'élancer avec l'enthousiasme de la jeunesse et de l'amour vers toutes les couronnes de la vie ! Un poète qui l'aurait rencontré eût pensé à une ode de Pindare.

Sous sa main qui lâchait de plus en plus les rênes, en les secouant, les chevaux eurent bientôt dépassé le Lude et dévoré l'espace qui sépare Néhou du bourg de S... Il y entra par

1. Bruman, — fiancé.

la vieille rue qu'on appelle encore la *rue aux Lices*, dans cet ancien bourg féodal, brûlant le pavé sous ses roues, et il s'arrêta devant la porte de l'auberge borgne, connue sous le nom d'*Hôtel de la Victoire*, ne pouvant s'empêcher, — superstitieux comme on l'est toujours dans les circonstances décisives de la vie, — de remarquer ce nom qui lui parut d'un bon présage.

Il venait, en effet, chercher la mort ou la victoire! Parti de bonne heure de Néhou afin d'éviter l'œil et peut-être les ordres de son père, il avait résolu de mettre à exécution une pensée à laquelle certainement tout le monde, à Néhou, se serait opposé. C'était de faire boire à ses chevaux un breuvage qui les rendît sauvages, — qui leur donnât cette impétuosité surnaturelle à laquelle il allait confier sa fortune de cœur, — sur laquelle il allait jouer le tout pour le tout de sa destinée!

En revenant de la chasse aux sarcelles sur les bords de la rivière de Douve, il s'était, comme disait le vieux Picot, parfois réchauffé *la caillette*[1] avec du vin du Rhône, capiteux et turbulent, acheté par le digne aubergiste à la vente d'un curé défunt. Il en demanda deux bouteilles qu'il versa dans l'avoine de ses che-

1. Ou caïette —? — le centre même de l'estomac.

vaux. « Je vais leur faire boire des éperons, » fit-il gaiement au groupe d'oisifs, familiers à toute cour d'auberge, qui le regardaient avec étonnement.

De fait, c'étaient là des éperons, que ce breuvage, qui devait allumer en quelques tours de roue, dans les veines de ces animaux, si violents déjà, un épouvantable incendie. Personne ne se doutait de ce qui devait suivre... Ils crurent à quelque pari forcené et ils ne s'opposèrent pas à cette frénésie. D'ailleurs, il n'était pas très facile ni très prudent de s'y opposer.

Néel était connu comme un *crâne*. Il était aussi *entier*, disait Jean Bellet, que ses chevaux. L'idée d'un pari, qui est une manière de gagner de l'argent, et l'idée d'une lutte engagée contre le plus effroyable danger, — deux sortes d'idées qui intéressent le plus les têtes normandes, — les arrêtèrent, fascinés de curiosité, quand ses chevaux repus et enivrés, le téméraire enfant remonta lentement sur sa voiture et s'élança d'un galop, à fond de train, par le chemin où il était venu. De cette fois, il avait pris le fouet, et il en cinglait les bêtes électrisées, dont les pieds étaient huit éclairs!

— *Mal-au-Ventre*, mon brave garçon, — dit le perruquier Landre à Guilbert, dit *Mal-au-Ventre*, son voisin, — en voilà un qui ne connaît pas ta colique!

Guilbert était un poltron fieffé chez lequel la conscription du temps avait déterminé les accidents les plus grotesques et lui avait valu son surnom.

— Mais il pourrait bien, avant peu, connaître le mal à la tête ! — répondit tranquillement Mal-au-Ventre, — qui avait l'impudence de sa poltronnerie et qui était le premier à en plaisanter.

— Il est flambé ! dit un troisième. C'est tout le bout du monde s'il va jusqu'à la fontaine du Gripois.

Le briska disparu ne s'entendait même plus au loin sur la chaussée. Néel volait comme un oiseau... monstrueux !

On n'a jamais bien su et lui-même n'a pas raconté tous les détails de cette épouvantable course qui n'eut pas lieu en ligne droite, mais en spirales, redoublées les unes sur les autres, à travers les fossés et les haies contre lesquels il poussait ses chevaux et faussait les ressorts du plus moelleux acier. Ceux qui le virent emporté ainsi à travers tout dirent que ce n'était plus là une voiture, des chevaux, un homme, mais une trombe, un tourbillon, une foudre qui rayonnait en zigzags meurtriers, à travers l'espace, sifflant et embrasé. Des chiens errants le long des routes furent trouvés coupés par la moitié du corps et gisants sur le sol le lendemain. Ils n'avaient pu fuir. Un *limonier*, attelé à une charrette, qui ne se dérangea pas assez vite devant cette furie', fut atteint par le moyeu de la roue et eut le poitrail emporté. Enfin un taureau effaré et pris de peur se jeta sur le char lancé, et la roue, l'implacable roue, toujours tournant, lui cassa les cornes dans ses irrésistibles rayons !

Partout ce fut dégât et désastre ! car ce Mazeppa à deux chevaux, que sa volonté seule liait à leurs croupes, n'avait pas les steppes infinis du désert pour s'y enfoncer. De toutes parts, résistances et obstacles ! Il trouvait des arbres qu'il cognait et dont il arrachait l'écorce; des haies qu'il trouait; des barrières dont il renversait les poteaux ! Il traînait après lui des débris de toute sorte dont les chemins restaient jonchés quand il était passé. Les chevaux fumants, écumants, toujours plus fouettés, toujours plus rapides, devinrent de plus en plus fous. Ils couraient et marchaient dans leur propre écume, ruisselante autour d'eux; dans leur propre sang qui commençait de rouler sur leur musculature déchirée aux buissons et de pourprer leur jais profond d'un rouge sinistre.

Quelques tours de roue de plus, ils allaient peut-être s'abattre et rester sur le flanc, mais Néel avait calculé l'heure. Lorsqu'après tous ces *lacs d'amour* tracés par son briska dans cette poussière, il monta le plateau de la lande qui dominait le Quesnay, c'était le moment de la matinée où Calixte venait d'ouvrir sa fenêtre et regardait dans la campagne... Son père placé près d'elle vit le premier, de cet œil pour lequel il n'y avait pas de distance, la voiture lancée, et il reconnut Néel. Mais il ne voulut pas effrayer Calixte :

— Voilà Néel qui vient au Quesnay d'un train terriblement rapide, dit-il froidement. On dirait qu'il ne peut plus gouverner ses chevaux. Ils auront eu peur et ils ont pris le mors aux dents. Rentre, mon enfant : moi je vais descendre. J'ai le bras bon. Avant qu'ils ne soient à la barrière contre laquelle ils peuvent se heurter, je les aurai arrêtés.

Une pâleur affreuse sembla s'incruster dans la pâleur habituelle de Calixte, puis elle devint du ton de feu de son bandeau et repâlit horriblement encore... Ce fut rapide comme la pensée.

— Oh ! père, dit-elle, j'ai de votre courage. Allez et descendez bien vite ! Il peut se briser, sauvez-le !

Toujours et à propos de tout, elle invoquait son père. Elle croyait à sa force comme à Dieu. Elle avait peur pour Néel ; elle n'avait pas peur pour son père, du moins dans ce monde :

elle ne tremblait pour lui qu'en pensant à l'éternité.

Sombreval la quitta, — traversa la cour; mais Néel, aperçu, il n'y avait que quelques secondes, sur le haut du plateau, en descendait la rampe. Ce n'étaient plus, lui, les chevaux, le briska, que sang et boue, car il avait traversé plusieurs fondrières, et comme les chevaux qui le traînaient, il s'était aux halliers et aux branches des arbres déchiré le visage et les mains. Ah! il avait calculé juste !

Du haut du plateau, il avait vu la persienne poussée, la fenêtre ouverte, la tête qu'il aimait, l'étoile de sa vie, y apparaître, et c'était sous ses regards charmés d'effroi et de pitié, c'était à ses pieds, sur les marches du perron qui conduisait vers elle, qu'il voulait mourir ! — Ah ! il faut qu'elle tremble pour moi, disait-il ; — et il ne cinglait plus la croupe de ses chevaux, il les sabrait ; — il faut qu'elle me croie perdu. Il faut qu'elle me voie fracassé! A force de me frapper, peut-être, je trouverai la place de son cœur !...

Et il se précipitait vers la barrière. Les chevaux, au dernier degré de la furie, ne hennissaient plus, mais criaient comme des hommes. Tout à coup Sombreval parut et se planta comme un cyclope entre la grille et la voiture.

— Otez-vous de là, monsieur Sombreval ! s'écria Néel. Il faut qu'elle m'aime !

Et Sombreval, aussi sublime que le magnanime enfant, s'écarta.

Il avait compris et il l'admirait. Les chevaux, dans le paroxysme d'une rage que rien ne pouvait plus augmenter, mais maintenus par le poignet de fer qui faisait sentir la bascule du mors à leurs bouches sanglantes, entrèrent dans la cour comme deux flèches, et Néel, pour fatiguer et épuiser leur fureur, — car il semblait impossible de les arrêter en les ramenant sur leurs jarrets, — les fit tourner autour du grand gazon ovale, sous les yeux de Calixte, qu'il sentait sur lui ; qui lui jetaient dans la poitrine plus de flammes que le vin du Rhône n'en avait versé au flanc de ses chevaux !

— Bien mené, monsieur Néel ! firent les Herpin, accourus à l'étrange spectacle.

Quand tout à coup par un mouvement de main d'une énergie suprême, Néel imprima à la bouche broyée de ses chevaux une secousse, — la secousse désespérée du dernier effort sur lequel il avait compté. Les malheureux firent un écart à se rompre aux aines, et ils se précipitèrent d'effarement et d'angoisse sur les marches en granit du perron. Ils y tombèrent à faux.

Ce fut un craquement auquel répondit un

cri de la fenêtre. Néel, en s'abattant, put l'entendre encore ; mais le briska éclata, fracassé, — et, mort ou vivant, le jeune homme roula inanimé dans ses débris.

— A son secours ! dit Sombreval aux fermiers, — mais Lui, lui courut à Calixte. Il la trouva sans connaissance. La main crispée de cette fille nerveuse tenait l'espagnolette comme une pince, et cette crispation l'avait empêchée de tomber.

Les Herpin ramassèrent Néel, — fracassé aussi comme sa voiture. L'un des chevaux s'était éventré sur l'angle d'un soubassement et perdait ses entrailles. L'autre était fourbu pour jamais. Quand les fermiers relevèrent de dessous les débris de son attelage ce jeune homme si beau il y avait quelques heures, si méconnaissable à présent, les roues flambaient. Elles avaient pris feu !

Quelques heures après cet évènement (devait-il être heureux ou funeste ?) Néel était couché dans le lit que Sombreval avait fait dresser pour sa fille dans le grand salon du Quesnay. Le médecin de S... avait été mandé sur-le-champ. Néel s'était, en tombant, brisé le col du fémur et la clavicule droite. Ses bras, ses mains, son front, avaient été déchirés par les éclats de la voiture et les angles du perron sur lequel il avait roulé. Les blessures étaient assez profondes pour faire craindre des cicatrices. Le médecin, aidé de Sombreval, dont la force lui fut d'un grand secours, réduisit les os et mit les premiers appareils sur les plaies. Néel, au milieu des plus vives douleurs, ne sentait pas son mal et ne pensait qu'à Calixte... Lorsque le médecin fut parti, Sombreval, qui voulait scruter les impressious de sa fille, l'amena au bord du lit du jeune homme : « Je le mets sous la garde de tes soins, » lui dit-il ; et il les avait laissés seuls.

On voyait encore sur le visage de la jeune fille les traces de l'épouvantable terreur qui l'avait fait s'évanouir à la fenêtre.

— O Calixte ! lui dit Néel rayonnant de la voir si émue, — me pardonnerez-vous ?

— Vous pardonner ? — fit-elle étonnée.

— Oui, — reprit-il, — je voulais mourir. Je souffre tant depuis que je vous aime ! Je suis parti ce matin de Néhou avec la ferme résolution de me briser à midi sur le perron du Quesnay, — et il ajouta avec une joie presque fière, — je viens d'accomplir mon dessein.

— Oh ! — dit-elle, comme si une lueur affreuse l'avait pénétrée, et elle se cacha la figure dans ses mains pour se soustraire à ce qu'elle voyait.

— Je voulais mourir devant vous, — reprit Néel, qui continuait de frapper sur cette âme pour en faire jaillir cette goutte de vie à laquelle il voulait boire, — mourir sous vos yeux, pour qu'au moins, si vous ne m'aimiez pas, vous ne puissiez plus jamais m'oublier !

Elle resta muette un instant, ses belles mains pâles, faites pour porter la palme verte des martyrs, collées à ce visage qu'il cherchait à voir à travers ses mains.

— Otez vos mains que je vous voie, Calixte, — lui dit-il avec l'aspiration impérieuse d'un homme qui demande bien plus que la vie, que je puisse voir si vous m'avez pardonné !

Elle les ôta et il la vit. Il chercha l'amour dans ces traits, qui peut-être lui envoyèrent au cœur une espérance, car il lui sembla que la pitié y tenait moins de place que la confusion.

— Ce n'est pas à moi de vous pardonner, Néel, — dit-elle. Je suis affligée et non offensée... C'est à celui qu'on offense à pardonner, et il y est toujours prêt, vous le savez bien, mon cher Néel. Moi, je ne puis que le prier pour vous. Hélas ! je l'avais bien prié déjà. Depuis le jour où vous m'avez dit qu'être mon frère n'était pas assez, je l'ai bien prié pour vous ôter du cœur cette pensée... pour y faire descendre sa force et sa paix. Mais je ne suis pas heureuse, — ajouta-t-elle avec une adorable tristesse, — ce que je demande à Dieu, je ne l'obtiens pas !

Les larmes en vinrent aux yeux de Néel, qui comprit et s'oublia.

— O cher holocauste ! dit-il, vous l'obtiendrez un jour. Dieu qui vous éprouve doit exaucer une âme comme la vôtre. Vos prières le vaincront, cher ange irrésistible, mais ne le priez pas pour que je cesse de vous aimer comme je vous aime. Il vous exaucerait aussi peut-être, et je ne veux pas qu'il vous exauce ! Je veux vous aimer jusqu'à la mort, sans espoir et toujours.

Sombreval rentra.

— Monsieur Néel, — dit-il en rentrant, j'ai envoyé l'un des fils Herpin à Néhou pour apprendre à monsieur votre père que vous étiez forcément l'hôte du Quesnay pendant quelques jours. Sans votre accident d'aujourd'hui, je crois bien que le vicomte Ephrem n'aurait jamais mis le pied dans la maison du vieux Jean Gourgue, *dit* Sombreval. Et c'est tout simple, avec ses idées ! mais la circonstance est impérieuse. Le vicomte Ephrem me fait dire qu'il va venir tout à l'heure visiter son fils.

— Merci ! monsieur, d'avoir pensé à mon père, — répondit Néel en essayant de lui tendre une main reconnaissante.

— Au Quesnay, on pense toujours aux pères, n'est-ce pas, ma Calixte ? fit Sombreval en prenant d'une main celle du jeune homme et en saisissant de l'autre le cou de sa chère enfant, dont il amena le front sous ses lèvres et qu'il embrassa par-dessus ce bandeau qu'elle y portait pour lui.

— Le vicomte Ephrem ne tardera pas, — reprit Sombreval, — il faisait atteler son char-à-bancs quand le fils Herpin est parti. Herpin n'a d'avance sur lui que parce qu'au lieu de la route il a pris à travers les clos. Monsieur de Néhou va donc arriver. C'est à toi de le recevoir, ma Calixte. Moi, je monte au laboratoire. J'ai à travailler. Je n'en descendrai que ce soir.

Je n'offrirai pas au vicomte le visage d'un homme odieux qui lui gâterait par sa présence le bord du lit de son fils unique, malade et blessé. Je ne rendrai pas l'hospitalité plus pesante à un vieillard pour qui, dans les évènements de ce jour, elle est déjà assez cruelle. Tu es là, toi, et tu es chez toi ; tu me remplaces, ma Calixte aimée... Qui peut résister à l'influence aimable et charmante qui sort de toi, cher orgueil de ma vie ? Sois donc la fée de ma maison et fais oublier à ceux qui le haïssent le vieux Sombreval !

— Non, monsieur, dit Néel, touché de cette délicatesse. Restez avec nous, je réponds de mon père. Il ne verra en vous que ce que vous êtes..., l'ami de son fils.

— Noblement répondu ! — dit Sombreval,

— mais ce serait peut-être une raison de plus pour qu'il souffrît de ma présence. Vous êtes jeune, Néel, et vous avez du cœur : mais moi je connais les hommes, et j'ai le droit de me défier d'eux. Ce que je suis à votre père, aucun service rendu à son fils ne pourrait l'effacer. Je serai toujours pour lui un... Il s'arrêta en voyant l'air de sa fille et n'acheva pas le mot terrible. Puis en reprenant : Ne faisons donc pas des visites d'un vieillard d'horribles corvées, et que, sans dégoût, il puisse revenir, quand il lui plaira, s'asseoir au chevet de son enfant.

Néel insista en vain, — fortement, — Calixte aussi, mais d'une voix plus faible, car elle avait conscience de l'effet que produisait son père, et son séjour dans ce pays où tant de détails avaient marqué cet effet redoutable n'avait pu la blaser sur la honte, — l'immense honte qu'elle n'épuisait pas ! La tache d'un rouge hâve qu'elle avait presque sous les yeux, tant c'était haut sur la pommette pâle ! révélait toujours cette honte, quand elle y pensait... Mais Sombreval ne voulut rien entendre, et il se sauva.

— Quel homme, Calixte, que votre père ! — dit Néel, car sincèrement il l'admirait.

— Ah ! fit-elle, c'est plus qu'un génie, c'est une âme, lui qui ne croit pas à l'âme ! Pauvre père ! Mais voici le vôtre, Néel, j'entends sa voiture dans la cour ; — et elle alla jusqu'à la fenêtre dont elle fit retomber le rideau.

— Il n'est pas seul, ajouta-t-elle en revenant vers le lit de Néel, — deux autres personnes l'accompagnent et sont descendues du char-à-bancs après lui.

— Ah! s'il y a du monde avec mon père! dit Néel contrarié, ce ne peut être que monsieur de Lieusaint et sa fille! Il n'y a qu'eux qui puissent venir me voir.

XVI

'ÉTAIENT eux, en effet. Ils étaient à Néhou, venus du matin même, quand la nouvelle de l'accident de Néel y avait été portée par le fils Herpin. A cette nouvelle qui les atteignait presque autant que le vicomte lui-même, Bernardine s'était évanouie. Elle aimait Néel et le regardait toujours comme lié à elle par la promesse, quoiqu'elle sentît bien qu'il ne l'aimait plus.

Doublement malheureuse ce jour-là, l'énergie ne lui était revenue que quand on avait parlé d'aller voir le blessé au Quesnay. Pendant tout le temps du trajet avec son père et le vicomte, cette idée du Quesnay lui faisait plus de mal que l'idée de Néel brisé, abîmé, peut-être mourant.

Oui, cette idée qu'il allait passer, là, bien des jours, — on parlait de quarante, seulement sans se lever du lit où il gisait, — dans cette maison où il était bien trop allé, peut-être, la pensée que cette Calixte dont elle était jalouse déjà et qu'elle ne pouvait s'empêcher de trouver si belle et si touchante, pourrait soigner son fiancé, à elle, et que n'étant que sa fiancée, elle ne pourrait disputer ce bonheur à une étrangère, la mordait au cœur, sous son châle bleu qu'elle tenait croisé dans ses mains crispées, silencieuse au fond du char-à-bancs, pendant que les deux vieillards parlaient de la chute de celui qu'ils appelaient également leur fils.

Ces vieillards, qui étaient deux soldats et qui avaient vu sur les champs de bataille de bien autres blessures que celles de Néel, étaient calmes, malgré leur tristesse. Mais, quand ils entrèrent dans ce salon où Néel était étendu, l'œil plein de feu, la bouche souriante, malgré ses douleurs, parce qu'il avait près de lui son dictame vivant, *sa* Calixte, ils retrouvèrent la gaieté et la plaisanterie d'hommes forts qui n'ont pas élevé dans du coton leur progéniture et qui aiment les périls, gaillardement bravés.

— Diable ! chevalier, — dit le vicomte que l'air de son fils électrisa, — tu vas bien, — un peu roide pourtant ! Un cheval éventré, l'autre sur les dents, ruiné à jamais ! le meilleur briska de la Pologne en quarante morceaux comme un flacon de vin du Rhin qu'on jette d'un quatrième étage, et toi, en trois ou quatre morceaux aussi, à ce qu'il paraît...

— Bah !... une cuisse cassée... qu'est-ce que cela ? — fit Néel, qui était de sa race et qui regarda Calixte avec la coquetterie triomphante de l'espèce de martyre qu'il souffrait pour elle.

— J'ai eu la jambe brisée en trois endroits, — reprit le vicomte, — et trois mois après, jour pour jour, je pinçais si fort mon cheval à la bataille de..... qu'en roulant les quatre fers en l'air dans cette carrière que le brouillard nous empêchait de voir, et où nous nous engouffrâmes tout un escadron de hulans, j'emportai avec moi ma selle, croupière rompue, sangle brisée, comme si j'avais été vissé et pattefiché sur son cuir.

Cependant Bernardine restait les dents serrées sous ses belles lèvres roses. Son œil, si doux d'ordinaire, affreusement dilaté maintenant, allait incessamment du visage de Néel au visage de Calixte, et du visage de Calixte retournait au visage de Néel. C'était l'attention fixe et perçante qui dominait en elle d'ordinaire et qui n'était pas méchante encore, quoiqu'elle eût un sillon creusé par la peine entre ses deux sourcils d'or bruni. Elle voulait savoir s'ils s'aimaient. Elle était venue pour cela encore plus que pour le voir, *lui*. Esclave de cette avide et cruelle préoccupation, elle avait oublié de s'asseoir dans le fauteuil que Calixte avait traîné vers elle, et, debout, les bras appuyés sur le bois doré du lit où Néel était étendu, avait — serrée comme elle l'était dans son châle bleu qu'elle tenait toujours collé à ses hanches et qui lui faisait comme une tunique par-dessus sa robe sombre — l'attitude pensive de la Polymnie. Immobile, elle observait en silence. Elle s'imbibait lentement de douleur. Elle s'en pénétrait pendant que son père et le vicomte Ephrem disaient leurs joyeusetés autour de Néel, exalté, triomphant, et couché sur ce lit de soie verte avec l'air superbe qu'il aurait eu sur un pavois de lauriers.

« Il l'aime ! » — pensait-elle, mais il lui était impossible de savoir si Calixte partageait l'amour qu'elle inspirait à Néel. Calixte, la pure et tranquille Calixte, échappait au regard qui l'étudiait et qui cherchait en elle l'ombre d'un trouble. Elle y échappait comme l'éther échappe à la vue dans les profondeurs bleues du ciel. « Elle est peut-être trop malade pour aimer, » se disait Bernardine, car le bruit qui courait dans le pays, et qui était venu jusqu'à elle, d'une incompréhensible maladie qui dévorait Calixte, était justifié par l'étrange et pâle matidité de son teint et par ce bandeau qui lui liait le front à la maison comme à l'église et qui cachait, sans doute, quelque plaie par laquelle s'en allait la vie. « Cependant, disait ingénument en soi la pauvre Éprise, si je n'avais, moi, que deux jours à vivre, je l'aimerais encore ces deux jours. » Cette idée d'une mort prochaine menaçant une rivale qu'elle croyait heureuse, puisqu'elle la croyait aimée, ne causait pas, du reste, de joie amère à ce cœur que la jalousie déchirait sans le dépraver. Cette jalousie n'était pas cruelle. Et comment l'aurait-elle été avec Calixte, avec cet agneau? Calixte, qui n'avait jamais eu d'amie, qui avait passé son enfance solitaire dans l'intimité sérieuse de son père et de son aïeul, éprouvait alors pour la première fois cette sympathie des êtres jeunes les uns pour les autres, et elle la montrait délicieusement à cette fille de son âge dont elle voyait le cœur avec le regard intuitif de l'innocence. Elle devinait que mademoiselle de Lieusaint aimait Néel et commençait d'être jalouse, et la pitié qu'elle avait pour Bernardine lui faisait prendre mille adorables précautions pour ne pas augmenter le mal dont l'infortunée était atteinte.

Les cœurs qui souffrent ont leur finesse. Bernardine comprit et fut touchée. Elle était sous le charme dont avait parlé Sombreval. Ils y étaient tous ! Les deux vieillards, gens de l'ancien monde et d'une société où les femmes tenaient beaucoup de place, reprenaient le ton de leur jeunesse avec cette douce personne qui leur paraissait tout à la fois imposante et touchante, et ils montraient la plus belle chose peut-être qu'on puisse admirer dans la vie, la majesté de la vieillesse inclinée devant la pureté de la jeune fille, — de presque un enfant ! En la regardant, ils oubliaient son origine.

Quand, suivant l'immémorial usage en Normandie, elle leur offrit le verre de vin hospitalier qui s'offrait encore à cette époque dans toute visite à la campagne, ils acceptèrent. Ils ne se souvenaient plus qu'ils étaient au Quesnay, chez l'*abbé* Sombreval, et qu'ils allaient mettre entre eux et lui le lien de ce verre de vin, pris sous son toit et versé par la *fille au prêtre !*

— Nous avons passé le Rubicon, Lieusaint, — fit à voix basse le vicomte à son ami en lui montrant la couleur du vin dans son verre, pendant que Calixte, pour vaquer à ses soins de maîtresse de maison, s'était un instant éloignée. — Après ce vin là (comment le trouvez-vous?) nous ne pouvons plus nous dispenser de lui parler de son père !

Aussi, comme elle revenait vers eux : — Mademoiselle, fit le vieillard en belle humeur, remerciez pour nous tous, et surtout pour moi, monsieur votre père, et dites-lui bien que de tout ce que nous avons trouvé chez lui, ce n'est pas son vin qui nous a semblé le meilleur, quoiqu'il soit fort bon !

Et ce n'était pas là une vaine politesse. Quand il fut remonté dans son char-à-bancs et qu'il eut repris la route de Néhou : — Il faut avouer, compère, dit-il à M. de Lieusaint, — que Dieu permet quelquefois au Diable de travailler aussi bien que lui. Comprenez-vous que ce prêtre marié de Sombreval ait une fille pareille à celle que nous venons de voir?...

M. de Lieusaint en était tout aussi étonné que le vicomte, et ses inquiétudes le reprenaient. Il n'osait pas exprimer devant Bernardine les pensées que ce qu'il venait de voir lui inspirait, mais il sentait, ainsi qu'il le dit le soir même au vicomte, que « c'était le mariage de Néel qui avait versé et qui s'était cassé la tête et les jambes. » — Et si ce n'était que cela, ajoutait-il, nous sommes de trop anciens amis, compère, pour que nos relations ne résistent pas à cette culbute, mais le cœur de Bernardine en sera brisé.

Pendant sa visite au Quesnay, il avait été frappé de la profonde altération des traits de sa fille et de son silence. Mais il n'avait pas tout vu, M. de Lieusaint. Les jours sont courts à la Saint-Martin et la nuit tomba vite sur le char-à-bancs, attardé par le mauvais état des routes. Bernardine s'était placée derrière les deux vieillards au fond de la voiture pour y pleurer tout à son aise les larmes qu'elle avait jusque-là réprimées.

Elle les versa dans le bouquet que lui avait donné Calixte et dont elle se voilait le visage, en les respirant. Calixte avait cueilli pour Bernardine les plus belles fleurs de la serre du Quesnay.

Ces magnifiques fleurs, apportées avec une générosité si sincère par cet ange, — cet *Ange blanc* (comme l'appelait Néel), qui aurait voulu donner avec à Bernardine la paix du cœur, brûlaient les mains de la jalouse par la pensée que ces fleurs venaient de la femme qui lui prenait le cœur de son fiancé, et elle fit un mouvement pour les jeter furtivement dans la fondrière du Bocquenay, quand ils y passèrent. Mais quelque chose du charme de Calixte était infusé dans ce bouquet, et elle le garda.

— Ce n'est pas sa faute, après tout, à elle, s'il l'aime ! pensa-t-elle.

Et, le visage enseveli dans les fleurs qu'elle ne jeta pas, elle prit ce soir-là une résolution héroïque, celle de renoncer à Néel pour toujours. Comme toutes les femmes qui aiment à s'enterrer vives de leurs propres mains, elle ne parla de sa résolution à personne. Seulement, le jour que Bernard de Lieusaint et le vicomte Éphrem retournèrent voir leur blessé au Quesnay, elle voulut encore aller avec eux.

Elle y vint donc, grave, calme, et déjà pâle, avec une tache de pêche meurtrie aux joues. Ce n'était plus cette Bernardine, qu'on aurait dû appeler Ambroisine bien plutôt, si l'on avait pu deviner l'espèce d'ambroisie qu'il y aurait un jour dans sa beauté savoureuse ! Elle y fut douce avec Calixte dont elle prit mélancoliquement la main qu'elle garda longtemps dans les siennes.

Néel s'étonnait et s'émerveillait de cette douceur dont il imputait le miracle à la puissance irrésistible de la bien-aimée. Mais, quand l'égoïste amoureux voulut, pour lui marquer sa reconnaissance, lui serrer la main, à la fin de sa visite, mademoiselle de Lieusaint la retira sans rudesse, et en la retirant elle laissa sur le lit la petite boîte en galuchat si connue de Néel et qui renfermait les topazes sibériennes et l'opale arlequine de la belle Polonaise,

— Ah ! dit-il, heureux et délivré du lien quelle venait de dénouer plutôt que de rompre, Bernardine ne veut plus des bijoux de ma mère. Elle a compris, Calixte, que je vous aimais !

Il avait ouvert l'écrin qui renfermait les parures maternelles, et Calixte, enfant et femme tout ensemble, pencha curieusement son front sur ces pierres qui renfermaient des fascinations.

— Voici l'anneau de ma mère ! — dit Néel avec l'ardeur d'une prière qu'il ne faisait pas.

Elle l'entendit, et secouant avec mélancolie son front penché auquel le feu orangé des topazes envoyait des lueurs mystérieuses :

— Rendez-le à qui vous l'aviez donné, — fit-elle. Vous avez mon secret, Néel ; moi aussi je suis promise ; mais je serais libre, que ce n'est pas moi qui pourrais jamais séparer les deux mains que Dieu a unies.

— Mais nous ne sommes pas fiancés — comme vous l'entendez, Calixte ! — reprit Néel. Nos pères seuls, à Bernardine et à moi, se sont entendus pour ce mariage...

— Mais les pères, Néel, c'est Dieu sur la terre ! — interrompit-elle ; et, comme Sombreval, qui allait toujours se cacher au fond de son laboratoire, quand les Néhou et les Lieusaint venaient au Quesnay, rentrait dans la chambre : — N'est-ce pas, père ? ajouta-t-elle avec une coquetterie filiale, croyant qu'il l'avait entendue.

— Ah ! Dieu, c'est toi ! répondit-il en l'enlevant joyeusement sur son cœur avec ses mains noires de son fourneau et de sa chimie. Si les pères étaient Dieu sur la terre, est-ce que toi tu résisterais au tien !...

Ce mot gaiement lancé, mais qui disait pour la première fois devant Néel de Néhou qu'il y avait une chose sur laquelle Calixte ne cédait pas au désir ou à la volonté de son père, fit monter le rouge passager de la confusion sur le visage de la pure enfant, comme si elle eût été coupable.

Dans l'intimité où ils vivaient tous les trois, elle ignorait qu'il y en eût une autre entre Néel et Sombreval. Elle ignorait qu'ils se fussent rencontrés, un soir, chez la Malgaigne, qu'ils se fussent parlé, qu'ils se fussent tout dit, qu'ils eussent mis enfin en commun leur désir de la voir rentrer dans la santé et dans la vie par le mariage et par l'amour, et comploté presque l'un et l'autre contre la tranquillité de son cœur !

Elle savait que son père, cet homme d'une sagacité si redoutable, avait pénétré l'amour de Néel et qu'il le voyait avec joie. Comme il l'avait confié à Néel dans le chemin de Taillepied, Sombreval parlait souvent à Calixte de cet amour du jeune de Néhou et du bonheur qu'il aurait de la voir mariée à ce bel et noble enfant, mais il avait toujours trouvé une résistance absolue aux sentiments qu'il voulait faire naître, et c'est à cette résistance qu'il venait de faire illusion.

Hélas! ils se résistaient tous! La vie n'est faite que de résistances. Quand elles ne viennent pas des évènements qui composent l'indifférente destinée, elles viennent jusque des êtres que nous aimons le plus. Néel, pour la première fois, en refusant de rendre à Bernardine les bijoux de sa mère, résistait à Calixte elle-même.

Calixte résistait à l'amour de Néel et au désir de son père, qui voulait la voir mariée, heureuse et guérie ; et lui, à son tour, Sombreval, résistait à sa toute-puissante Calixte vaincue, qui voulait le ramener à Dieu et qui ne le pouvait pas !

Et le temps qui passait ne diminuait point ces résistances. Elles jetaient entre eux une tristesse qu'ils sentaient, mais qu'ils ne se reprochaient pas. Sans cette tristesse dont il avait sa part, sans cette certitude de n'être pas aimé comme il voulait l'être de cette créature inouïe de charme, mais désespérante de fermeté, Néel aurait été, sur son lit de douleur, le plus heureux des hommes.

Les quarante jours de repos et d'immobile attitude nécessaires à sa guérison, passaient bien vite pour ce jeune impatient qui, à Néhou par exemple, se serait dévoré de rester si longtemps à la même place, cloué sur ce lit insupportable, même quand on n'y souffre pas, aux êtres d'une activité si bouillante.

Néel mettait toute sa vie dans la contemplation de Calixte. Il ne sentait rien que sa vue, comme les fakirs qui ne sentent pas la douleur dans leur extase et vivent absorbés dans la chimérique vision de leur dieu. Il faut avoir été soigné par une femme aimée pour savoir toute la profondeur et toute l'ivresse de ce bonheur lentement dégusté, dont chaque goutte est un infini! Il faut avoir senti autour de son pauvre visage enfiévré les souffles chargés de vie de la robe qui renferme la femme qu'on aime; il faut l'avoir longuement regardée, debout devant vous, attendant que vous ayez bu la potion calmante qui ne vous calmera pas, parce qu'elle l'a touchée, et être retombé de cette contemplation éperdue au fond de l'oreiller, relevé par elle, et où vous sentez errer le long de vos tempes ses mains fraîches! Délices qui payeraient mille fois la vie!

Vous figurez-vous ce qu'elles furent pour Néel pendant ces quarante jours d'intimité sous le plafond de la grande chambre du Quesnay ?... Il n'aurait pas été insensé déjà de Calixte qu'il le serait devenu. Seul le plus souvent avec elle (Sombreval étant toujours à ses fourneaux et d'ailleurs espérant toujours que du tête-à-tête l'amour jaillirait un jour pour sa fille), il lui parlait sa passion pour elle avec des flammes d'expression qui l'auraient enfin pénétrée, si elle n'avait pas mis entre elle et lui cette croix de la chrétienne qui est le meilleur bouclier.

Dans ces longues conversations au bord du lit de Néel, Calixte revint plus d'une fois à ces bijoux répudiés par Bernardine et que Néel avait été presque heureux de reprendre, quand elle les avait rapportés. En les reprenant, il s'était comme repris lui-même à mademoiselle de Lieusaint, car à ses yeux les bijoux portés par sa mère et donnés à Bernardine formaient comme une chaîne qu'il aurait eu peut-être la superstitieuse faiblesse de ne pas briser. Tous les sentiments profonds sont-ils autre chose que des superstitions de nos âmes? Il y avait plusieurs sentiments dans sa manière d'aimer sa mère. Il l'aimait parce qu'elle était une mère adorable, et il l'aimait encore comme un astre charmant qui s'était couché derrière la première aurore de sa vie, et sur ces pierreries il en retrouvait les rayons!

— Maintenant, disait-il en étalant les richesses de son écrin sur sa courte-pointe de soie verte, — ah! maintenant ces bijoux, ces reliques vénérées, qui ont encore le parfum de la peau de ma mère, ne seront à personne... ou seront à vous, ma Calixte chère ! Il n'y a que vous de digne à mes yeux de porter ce qu'elle porta ; ce qui fut longtemps autour de son cou, sur son front, autour de ses bras ! — Et, enfant comme tous les amoureux, il voulut un jour attacher un de ces bracelets autour du poignet délié de Calixte.

— Voyez-vous ! — lui dit-il en lui montrant le diamètre de ce bracelet, dentelle d'or, semis d'étoiles en pierreries, chef-d'œuvre d'un orfèvre polonais du dix-huitième siècle ; — il n'y a que vous qui puissiez passer à votre bras cette merveille de fée. Les gros bras roses de Bernardine n'y tiendraient jamais... Vous seule avez le bras assez fin pour entrer dans le bracelet de ma mère ; et il essaya de le lui agrafer.

— Non, — dit-elle, de souriante devenant tout à coup sérieuse, en retirant doucement le bras qu'il avait pris, — la règle de mon Ordre s'y oppose, Néel !

Par un tel mot, elle lui rappelait cette étonnante confidence dont elle l'avait foudroyé un jour. Elle lui rappelait ce qu'elle était, — la Carmélite cachée encore aux yeux des hommes, mais vouée à Dieu et acceptée ! Le front de Néel, guéri des blessures de sa chute, retrouva sa veine de colère.

Il trouvait Calixte si belle qu'il la croyait parée quand elle ne l'était pas, et que, pour la première fois, en la regardant, il s'apercevait que ses mains n'avaient pas de bagues, et que ses pauvres charmants bras étaient entièrement nus dans les manches flottantes d'une robe de laine brune.

— Monsieur Sombreval, lui dit-il, le soir, quand ils furent seuls, — j'ai voulu donner aujourd'hui à Calixte le bracelet que préférait ma mère.

— Si elle l'avait pris, — répondit Sombreval, qui lut dans la tristesse de Néel, — vous étiez aimé ! C'était là un symptôme ! Moi qui suis comme tous les idolâtres, enragé de parer mon idole, j'ai rempli ses coffrets d'une masse de bijoux à tourner toutes les têtes de jeunes filles, excepté celle de ce Chérubin qui ne va vêtu et orné que de sa lumière. Eh bien ! je suis resté avec mon bagage de vieil orfèvre et ma courte honte, car de tous ces bijoux dont les femmes raffolent, elle n'a jamais voulu rien porter !

XVII

EPENDANT mademoiselle de Lieusaint ne revint pas au Quesnay. Les deux pères y revinrent seuls tous les cinq à six jours, quand les chemins étaient praticables. On était en hiver. Bernardine, dans la délicate pudeur de sa jeune fierté, n'avait probablement rien dit à son père, puisque M. de Lieusaint n'avait pas retiré sa parole au vicomte de Néhou et qu'entre eux le projet de mariage subsistait toujours.

Le vieux Bernard n'en avait pas moins le front chargé de beaucoup de soucis. Il sentait bien que sa Bernardine était malheureuse, qu'elle portait jusqu'au cœur une effroyable meurtrissure. Toutes les fois qu'il venait au Quesnay, ce vieux normand que l'intérêt alarmé de sa fille rendait observateur, se prouvait davantage à lui-même que Néel aimait Calixte.

Le vicomte Ephrem se l'attestait aussi, mais il n'en souffrait pas, du moins au même degré. De jour en jour, il était plus enthousiasmé de cette virginale enfant chez qui la sublimité de l'expression ne tuait pas la grâce et dont il comparait la beauté, pour lui donner la palme, à tout ce qu'il avait vu de plus adorablement beau dans ses caravanes d'émigration. — Je crois, — disait-il un soir en revenant du Quesnay avec cette légèreté de leur jeunesse que les hommes de son temps ne perdirent jamais, — que, si j'avais l'âge du Chevalier, je ferais, ma foi ! la cour comme lui à cette ravissante fillette, quand même ce serait pour le mauvais motif, Bernard !

— La cour ! répondit en grommelant M. de Lieusaint ; — vous voilà bien, compère, avec les idées que nous avions dans les hulans, lorsque nous croyions qu'aucune femme ne pouvait tenir contre la tournure de nos pelisses et la flambante manière dont nous les portions : mais votre Néel ne fait pas la cour à Calixte. Il aime et se laisse dévorer par une folie qui sera incurable demain. Je vous le dis, moi qui ai de bonnes raisons pour voir clair. Quand Néel se retrouvera sur ses jambes, il n'aura plus de cœur du tout dont il puisse disposer.

— Ainsi fracassé d'abord, — fricassé ensuite! dit gaiement le vieil Ephrem incorrigible, en aspirant avec le geste historique de Frédéric de Prusse une longue prise de macoubac dans une fine boîte à médaillon sur laquelle était peinte la belle Gaétane-Casimire de Zips, coiffée à la polonaise, avec un bonnet placé moins bas que le bandeau de Calixte, mais qui le rappelait.

— Tenez, compère ! ne trouvez-vous pas qu'elles se ressemblent ? fit-il avec cette touchante préoccupation des vieillards qui croient revoir dans un dernier mirage ceux qu'ils ont aimés dans ceux qu'ils aiment ; — et il tendit la miniature à M. de Lieusaint, qui la connaissait.

— Allons donc ! — dit brusquement M. de Lieusaint, contrarié de la sympathie et de l'admiration de son ami, — Le tokay vous toque, mon compère ! car, le diable m'emporte ! c'est bien parfaitement du tokay que nous avons bu aujourd'hui à la santé et aux prochaines relevailles de votre fils ! Voilà pourtant les révolutions ! Du tokay chez Jean Gourgue Sombreval, un manant fait pour boire toute sa vie l'eau des mares ! Savez-vous que les armes de

France et d'Autriche étaient encore sur le cachet de la bouteille ? Dans quelle cave d'émigré le vieux Satanas du Quesnay a-t-il volé un pareil trésor ?...

— Cela doit-être, compère, fit le vicomte en clignant l'œil, le tokay de notre voisin le duc de Coigny, à qui la pauvre reine en avait donné dans le temps un panier qu'il eût regretté toute sa vie, s'il n'avait pas été guillotiné par cette benoîte révolution.

Lors de la pillerie du château, le bonhomme Desfontaines, du bourg de S..., qui n'était ni blanc ni bleu, mais un usurier et un fesse-mathieu sur toutes les coutures, acheta pour rien les bouteilles qui restaient, et il les aura sans doute revendues à Jean Sombreval. Tout apostat qu'il est devenu, Sombreval a été prêtre et, comme ses confrères, grands connaisseurs en bonnes choses, il est peut-être un robuste partisan de la tisane de bois tordu, — quoiqu'après tout nous n'en sachions rien par nous-mêmes, puisque nous buvons son meilleur vin sans qu'il y goûte, et qu'il a l'esprit de décamper de chez lui dès que nous y arrivons.

Tout en parlant ainsi ils avaient, dans leur char-à-bancs envasé, atteint le sommet de la butte Saint-Jean. « Laissez souffler vos chevaux une minute, Bellet ! » cria le vicomte ; et Jean Bellet, qui menait en postillon, se mit à siffler à la manière de tous les postillons du monde, quand ils veulent délasser leurs chevaux. La nuit tombait, mais on y voyait assez pour se conduire.

Les deux vieillards décrochèrent le tablier de cuir du char-à-bancs et descendirent pour se réchauffer les pieds, en battant la semelle contre les pierres du chemin. Une fois à terre, bien enveloppés dans leurs houppelandes, ils se mirent à regarder dans la vallée qui noircissait. Le Quesnay, perdu sous ses bois, n'était plus distinct, mais on voyait ses hautes lucarnes, en œils-de-bœufs, éclatant de cette âpre lueur rouge qui s'y allumait tous les soirs.

— C'est donc le Quesnay que cette rangée de feu là-bas? dit le vicomte. Eh! pardieu, oui, c'est bien le Quesnay! Ce sont les fourneaux, dans les combles, de ce vieux souffleur de Sombreval qui a gagné, à ce qu'il paraît, toute sa fortune dans la chimie, et qui continue son métier! Dans la nuit, comme nous voilà, c'est presque d'un effet sinistre, et doit pousser aux mauvaises pensées et aux mauvais bruits sur l'ancien prêtre. Avec ce cercle de lucarnes en feu, on dirait que le Quesnay porte la couronne de l'enfer.

— Et c'est la couronne de l'enfer aussi, — dit une voix calme auprès des deux vieillards; — ce n'est pas une apparence, un faux semblant, c'est la vérité ! Oui, c'est la couronne de l'enfer, car c'est la couronne de la science curieuse, de l'espérance insensée, de l'orgueil qui lutte contre Dieu, et cette couronne dévore ceux qui la portent, que ce soient des édifices ou des hommes !

— Eh ! c'est la grande Malgaigne, — dit le vicomte Ephrem, qui reconnut la grande fileuse de la contrée. — Vous rôdez bien tard par ici, la mère, et vous avez encore un fier bout de route devant vous, si vous retournez ce soir coucher à Taillepied.

— Que oui, j'y retourne, monsieur de Néhou, répondit-elle avec respect. Je m'en viens de journée, et je suis dans les chemins comme dans la vie, — une attardée et une esseulée, — pour qui l'heure n'est plus rien, ni la vie, ni les chemins non plus ! J'ai ouï dire aux Herpin, dont j'ai rencontré hier la charrette près le Vey du Pont-aux-Moines, que vous iriez au Quesnay aujourd'hui, et l'idée m'a prise de m'arrêter à la butte pour vous demander des nouvelles de la santé de monsieur Néel. Mais je m'étais tout absorbée en moi-même, comme ça m'arrive toujours en regardant les lucarnes du Quesnay, vomissant leurs flammes comme des fours à chaux dans la nuit, car j'ai bercé dans mes bras celui qui les allume et que leur feu doit, tôt ou tard, consumer !

— En effet, reprit le vicomte, je sais que vous avez vu le Sombreval enfant et que vous lui avez été maternelle, ne vous doutant guère de ce qu'il deviendrait un jour et du cadeau que vous feriez à la contrée !

— Vère ! — dit-elle avec une énergie familière, — je l'ai ramassé et lavé quand il était petit, et quand il a été un homme, il m'a méprisée, moi et les autres, car il n'a jamais *entendu qu'à lui* et au démon, son maître, et voilà comment ce qu'il avait d'idée, de sens et d'invention, s'est tourné à sa perdition éternelle. Alors, je le sais bien et je m'en confesse, je n'étais guère bonne non plus moi-même ! Lorsqu'il n'était encore, lui, qu'au seuil du mal, j'avais déjà les deux pieds dans le bourbier de devant la porte, mais la grâce de Dieu m'en a retirée, tandis que lui s'y est enfoncé toujours plus avant, comme le porc dans son ordure.

— Et si profondément, ajouta M. de Néhou, qu'il ne vous connaît plus probablement, maintenant, la vieille mère, qui l'avez soigné quand il n'était qu'un marcassin dans la bauge de son père, et qu'il ne veut pas que vous approchiez de sa maison, puisque vous voilà ce soir à la belle étoile, à m'attendre, pour des nouvelles de mon fils Néel, au lieu d'en demander au perron du Quesnay, en passant.

— Si je n'en demande pas, fit-elle, ce n'est pas ce que vous croyez, monsieur le vicomte. Non ! il n'a pas été ingrat. Il a été orgueilleux, têtu, bien indomptable, bien impie, un vrai Nabuchodonosor de vices : mais du moins il n'a pas ajouté l'ingratitude au dur compte qui lui sera demandé un jour. Quand il est revenu au pays et qu'il n'a pas craint d'acheter le Quesnay d'un argent qui lui venait de son apostasie, comme les trente deniers de Judas, puisque c'était la dot (qu'on disait) de celle qu'il avait épousée, il n'a pas eu honte de la vieille femme qui l'avait peigné et débarbouillé pendant qu'il n'était qu'un marmot, gardant nu-pieds la vache à son père. Oh ! non, il est venu à moi le premier et par plusieurs fois à Taillepied, au bourg et partout, me disant que je l'appelasse Jean devant le monde, comme au temps où il n'était qu'un écolier en camérie, au bourg de S..., et me tourmentant pour mettre bien des choses, dont je ne voulais pas, dans les poches de mon tablier.

Nombre d'autres fois, il m'a suppliée par lui et par son enfant, qui est bien plus que lui-même à ses yeux, de venir au Quesnay et d'y vivre quand je serai lassée de ma quenouille et que la salive me manquera pour mouiller mon fil. Mais j'ai tout repoussé, tout rejeté ; je me suis fait l'oreille dure ; j'ai été têtue comme lui, je n'ai voulu *entendre à rien ni à personne*. J'avais mon idée, et il la savait !

— Quelle idée ? — dit Bernard de Lieusaint qui s'était tu jusque-là et que l'intérêt saisissait aussi à la parole de cette femme, simple et mystérieuse, qui ne parlait jamais impunément deux minutes, quels que fusssnt le rang ou l'esprit de ses auditeurs.

— *Ceci doit rester entre nous deux*, fit-elle. Seulement ne dit-on pas, monsieur de Lieusaint, que ceux qui boivent à la même terrine s'exposent à trouver au fond la même couleuvre ?... Si ce n'était pas la place à Jean Gourgue, autrefois l'*abbé* Sombreval, que l'ancien château du Quesnay, troqué par la misère de ses maîtres contre de l'argent qui sue le sacrilège, la magie et l'impureté, ce n'était pas celle non plus de la vieille Malgaigne, la fileuse à la journée.

Aussi je le laissai seul dresser son front endurci sous ses solives qui se rompront peut-être un jour pour l'écraser ! Je ne remontai plus le perron que j'avais tant monté et descendu du temps des anciens maîtres, et ma main ne se posa pas une seule fois sur la grille de la cour ou sur la grande porte de la ferme, qui est à côté, si ce n'est pour y effacer l'injure à la craie que j'y trouvais le matin, en allant faire ma journée, et qu'en passant j'y essuyais !

— Il est donc toujours aussi honni, aussi méprisé, aussi haï que dans les premiers temps qu'il vint s'installer ici ? fit le vicomte. Cependant il vit bien retiré et bien seul... Il ne fait pas une grande poussière ! S'il a l'orgueil que vous dites, la Malgaigne, c'est un orgueil hagard et farouche qui s'écarte des autres plus qu'il ne les brave ! Voilà mon compère Bernard de Lieusaint et moi qui venons de voir Néel au Quesnay, et qui depuis un mois y allons régulièrement toutes les semaines. Eh bien ! là, dans sa maison même, nous n'avons jamais rencontré ni vu Sombreval.

— Et malgré cela, fit-elle à son tour, monsieur le vicomte, malgré son retirement de toute société et son assiduité à la messe et aux vêpres auprès de sa fille ; malgré bien des *chanteaux*[1] de pain et bien des fagots portés chez les pauvres de Monroc et de Néhou, qui ne veulent pas venir chercher à sa porte les morceaux et les os de la semaine, et qu'on ne voit plus le dos contre le grand mur de la cour, les mercredis et les samedis, comme du temps des anciens maîtres, c'est toujours la même malédiction sur lui quand on en parle, et rien n'y fait ! pas même son enfant, qui est bien un enfant-Jésus d'enfant pour la douceur

---

1 Le morceau de pain du ménage, en Normandie.

et pour la bonté ; qui leur crie assez grâce pour son père, mais qu'ils n'entendent pas, avec toute sa beauté de bonne Vierge, ses perfections et ses vertus !

— Mais ils finiront par l'entendre ! dit une autre voix qui s'éleva tout à coup sur la butte. N'est-il pas écrit dans ce livre de vie et d'espérance : « Frappez, et l'on vous ouvrira ? »

— Ah ! monsieur le curé de Néhou ! — s'exclama le vicomte, qui en sa qualité d'ancien chasseur de bécasses, y voyait sans lunettes dans la nuit et la brume mieux que dans son paroissien à la messe en plein jour, — vous nous écoutiez donc, pour avoir su de qui nous parlions ?

— Etait-ce donc si difficile, monsieur le vicomte ? répondit le curé. On parlait de perfection et de vertus demandant grâce pour un coupable. Est-ce avoir manqué à la charité que d'avoir deviné à ces paroles la nouvelle châtelaine du Quesnay, mademoiselle Calixte Sombreval ?

— Certes, non, curé, — fit cordialement le vicomte. Sans dire du mal de vos paroissiennes, vous n'en avez pas beaucoup dans le genre de celle-là. C'est une fille digne d'un meilleur père et qui honorerait une bonne race. Je ne l'avais aperçue encore que dans votre église, mais je la vois maintenant toutes les semaines, comme une sœur de charité et de providence, autour du lit de mon fils Néel, qui n'a pu être rapporté à Néhou, à cause de la gravité de sa chute et de ses blessures, — mais qui marchera dans quelques jours, la Malgaigne ! Et maintenant je comprends l'enthousiasme que je vous ai vu quelquefois pour elle, monsieur le curé.

— L'enthousiasme, fit tristement le curé, est bien difficile à qui confesse et pratique les âmes. Lequel d'entre nous, après dix ans de ministère, pourrait avoir un autre enthousiasme que celui que le grand Apôtre appelle la *Folie de la croix*, et qui est notre sagesse ? Et cependant c'est la vérité ! mademoiselle Calixte est un de ces vases d'élection fleuris de Dieu qui peuvent ranimer l'enthousiasme éteint, même dans le cœur austère d'un prêtre. Les saints sont peut-être au-dessus des anges parce qu'ils souffrent. Mais cette enfant a les deux natures. Elle est ange et sainte : ange par la pureté, sainte par la douleur !

Et la voix du curé trembla. Un inconnu qui eût passé par là et qui l'eût entendue aurait trouvé qu'elle tremblait trop. Mais ceux qui l'écoutaient connaissaient le curé de Néhou. Ils savaient que l'eau réservée au calice au fond duquel va s'accomplir la Transsubstantiation divine n'était pas plus pure que l'âme de ce prêtre qui parlait de pureté. Ils le connaissaient, et il faut aussi vous le faire connaître, avant d'aller plus loin dans cette histoire, car nous devons encore l'y rencontrer.

C'était un homme d'un âge peu avancé, qui avait apporté à l'autel des facultés plus faites pour le service de Dieu que pour celui des hommes, car au service des hommes elles brisent toujours celui qui les a. Il possédait une de ces natures délicates qu'on s'étonne toujours de voir vivre dans l'air épais de cette vie, tant elles sont organisées pour respirer l'air du ciel !

Né avec une imagination mélancolique et charmante, qui rappelait celle de Gray dans son *Cimetière de campagne* ou de Wordsworth dans sa délicieuse ballade *Nous sommes sept*, poète d'instinct et de génie, il avait, en devenant prêtre, commencé par jeter son génie dans la flamme de son sacrifice ; puis il y avait jeté son âme tout entière. Or, s'il s'était résigné à n'être jamais un grand poète, il trouvait plus amer et plus difficile de se résigner à n'être pas un grand saint.

Perdu pour toujours dans les soins d'une cure chrétienne et presque inamovible avec l'état des mœurs et des diocèses d'alors, il n'aurait jamais, comme saint Vincent de Paul, de monceaux d'enfants à ramasser dans les boues d'une grande ville, ni de femmes de la cour à qui il pût dire : « Ils seront tous morts demain, si vous les délaissez. » Dieu, qui éprouve les cœurs qu'il aime, lui avait donné une âme héroïque inutile et condamnée aux plus humbles vertus.

Poète deux fois, réduit deux fois aux proses de la vie ! Après avoir quêté pour les pauvres de Monroc et de Néhou dans les châteaux voisins où il n'avait à essuyer aucun refus ; après avoir mis en secret les deux tiers de sa cure dans le tronc de son église et donné sa dernière chemise aux malades qu'il administrait, comme saint Martin donnait son manteau, il avait épuisé tout ce qu'il pouvait faire de bien dans les médiocres conditions où la Providence l'avait placé.

Le poids de l'immense charité qu'il aurait voulu étendre sur le monde lui restait donc sur le cœur et le lui oppressait.

De même qu'il avait rêvé les dévouements des Vincent de Paul et des François-Xavier, il avait aussi rêvé la sublimité du martyre ; et, quoiqu'il en eût un terrible à supporter chaque jour dans sa propre maison, — une mère folle qu'il n'avait jamais voulu abandonner, — il se trouvait petit de toutes les façons devant Dieu par la douleur et par les œuvres.

Sans doute, il s'acceptait ainsi, — mais il n'en souffrait pas moins de cette petitesse de mérite, et c'était là son infirmité ! Comme Jésus-Christ au jardin des Olives, il ne priait pas pour que le calice s'éloignât de lui, mais pour qu'il s'approchât au contraire, et qu'il pût y boire à longs traits comme son divin Maître ; et c'était là son *calice*, à lui, de ne pouvoir se désaltérer à cette absinthe que Dieu a laissée pour boire après lui, à ceux qu'il préfère.

Mystique à la manière de saint Jean de la Croix et de saint Bonaventure, s'il n'avait pas pas été l'enfant craintif et soumis, — le brin d'herbe tremblant dans la lumière, — il aurait incliné, disaient les doctes, vers une mysticité trop tendre. Son cœur qui fondait de pitié aurait submergé la doctrine. Il s'en fondait, mais il ne s'en épuisait pas : citerne toujours pleine qu'alimentait le ciel !

De jour, c'était un grand jeune homme tout d'une venue, mais d'une certaine grâce dans sa maigreur longue, — comme un peuplier ou un tremble ; se penchant comme l'un et palpitant comme l'autre au souffle de la moindre pensée ! Il portait une soutane râpée, mais propre jusqu'à la dernière effilure du tissu rongé par l'usage, et il en relevait, pour la préserver, la queue dans ses poches, car c'était sa soutane de tous les jours et de cérémonie, qu'il fallait déployer sur les marches du chœur, quand il officiait à l'église.

Son visage, d'un ovale allongé, avait la pâleur de l'ivoire jauni d'un crucifix exposé à l'air d'une cellule, et les yeux, qui adoucissaient encore ce visage, étaient du même bleu épuisé qui veinait ses belles mains fines et longues, dignes de porter, sans gants, le saint ciboire, et d'offrir l'hostie aux lèvres virginales des premières communiantes.

Le seul luxe de cet homme de simplicité, c'était les jours de fête un peu de farine de pur froment jeté en guise de poudre sur ses cheveux blonds d'Éliacin, ses cheveux de diacre, comme il disait, et que les soucis du prêtre n'avaient pas flétris encore. Il s'appelait l'abbé Méautis.

Sa mère, une brave femme du peuple du bourg de B..., restée seule avec une fille de quatorze ans, pendant qu'il faisait sa dernière année de séminaire, avait perdu cette enfant d'une manière affreuse.

Un soir, en se baissant au foyer pour allumer la lampe de la veillée, la jeune fille avait incendié sa robe d'une étoffe légère, et, malgré les secours qu'on lui porta, elle avait été enveloppée et dévorée instantanément par la flamme. La mère, sortie quelques instants pour aumôner une pauvre voisine, rentra et trouva sa fille qui mourait, en lui souriant, car elle ne souffrait plus : le terrible travail du feu sur la colonne vertébrale avait consumé jusqu'au siège de la douleur. Du coup la malheureuse femme devint folle, mais d'une folie aussi déchirante que son malheur. Sa vie ne fut plus qu'une idée et qu'un geste. Elle tenait perpétuellement le bas de sa robe ou de son tablier contre sa poitrine dévastée avec une crispation pleine d'épouvante ; et quand elle l'avait froissé et macéré en l'étreignant ainsi contre elle, elle l'étendait sur ses genoux et disait horriblement : « Oh ! on pouvait l'éteindre ! » et fondait en pleurs... Excepté cette parole et cette navrante pantomime, répétée automatiquement vingt fois par jour, elle ne parlait ni ne bougeait plus.

Comme tous les fous tristes, elle restait constamment à la même place, assise par terre ou sur ses talons, s'usant la tempe contre le mur où l'on avait été obligé de clouer un bout de matelas pour qu'elle ne se brisât pas la tête. Dévorée par une fièvre interne qui la maigrissait, quand elle mangeait, elle ne prenait rien que de la main de son fils. « Il la *changeait même de tout*, comme un enfant, — disait Manette le Quertier, — la servante du curé, une bonne fille, mais qui n'aurait pas, pour tout l'argent qu'il y avait à Néhou, touché à cette folle dont la vue seule « lui tournait le sang. » Quand l'abbé Méautis n'était pas à l'église ou chez ses malades, il était auprès de la malheureuse insensée, épiant, espionnant, attendant un éclair de lucidité qui ne venait jamais. Il disait son bréviaire à côté d'elle : — et des mains qui avaient offert le divin Sacrifice, il faisait mieux que de laver des assiettes comme saint Bonaventure ; il lavait pieusement les souillures de cet objet immonde et sacré.

Il avait toujours beaucoup aimé sa mère, mais la pitié, qui était le génie de son âme, communiquait à son sentiment filial quelque chose de surnaturel. Le nom même de mère, ce nom seul à prononcer lui fondait le cœur, et comme dans ses instructions à l'église et au lit des mourants, il était bien obligé, le pauvre et saint pasteur, de parler de la Mère du Dieu-Homme, il ne pouvait s'empêcher de s'arrêter un peu, avaut de prononcer ce nom de mère et de refouler un sanglot... et rien n'était plus éloquent que cette hésitation sublime pour qui savait l'histoire du curé et son infortune ; rien n'était plus puissant sur les cœurs et ne les amenait mieux à lui !

Un tel homme ou plutôt une telle âme avait dû se prendre pour Calixte d'une sympathie qui n'a pas de nom dans les langues de la terre, mais qui en a un, sans doute, dans celle des Élus. Dès son arrivée au Quesnay, Calixte était devenue la pénitente de l'abbé Méautis. Il avait remplacé l'abbé Hugon.

Calixte avait pu verser à ses pieds, dans la la confession, tous les secrets de sa destinée, et il n'avait pu s'empêcher de la comparer à la sienne. Elle faisait, en effet, auprès de son père, — auprès du génie coupable, — ce qu'il faisait, lui, auprès de sa mère, — auprès de la folle innocente, et c'était lui peut-être qui était le moins malheureux ! Du reste, il croyait, comme l'avait cru l'abbé Hugon, que Calixte, cette fille de Jephté, dont il savait le sacrifice, obtiendrait de Dieu la conversion de Sombreval ; — et c'est cette idée, passée en lui à l'état de certitude, qui lui avait fait répondre comme il y avait répondu, aux paroles de la Malgaigne, quand il était arrivé sur la butte.

Cette idée, il l'exprima de nouveau. Il y insista, mais il trouva devant lui une incrédulité à laquelle il ne devait pas s'attendre, et ce ne fut point de la part du vicomte Ephrem, attiré par l'aimant de Calixte à tout croire. Ce ne fut même point de la part de ce renard madré de Bernard de Lieusaint, jaloux comme un père qui voyait une rivale de Bernardine en Calixte Sombreval, et qui lui aurait tout refusé, excepté le Paradis, s'il en avait eu la clef dans sa poche. Mais ce fut de la part de la grande Malgaigne, qui s'était tue jusque-là.

— Pardonnez-moi, monsieur le curé, — dit-elle enfin. Vous savez mon respect pour vous et ma confiance dans la prière, mais Sombreval ne se convertira jamais. Mes Voix me disent qu'il est damné!

— Quelles voix? dit Bernard de Lieusaint.

— Les Voix que j'entends quand je marche seule, le long des chesnaies, en m'en revenant de l'ouvrage, — répondit la grande fileuse. Depuis plus de vingt ans que je les entends et qu'elles m'avertissent, elles ne m'ont jamais abusée. Sombreval est perdu!

Elle dit cela avec un accent si convaincu et en même temps si triste, que l'abbé Méautis crut de son devoir de réagir contre une impression qu'elle lui faisait partager peut-être et qui inquiétait sa charité.

— Vous qui êtes une chrétienne et même une bonne chrétienne, la Malgaigne, — fit-il avec une sévérité pleine d'onction encore, — comment osez-vous préjuger les jugements de Dieu sur une âme à qui, dans sa miséricorde, il a laissé la liberté de se repentir?...

Mais elle n'écouta ni n'entendit l'objection du prêtre, et suivant sa pensée :

— Ah! cela m'a fait assez de peine, s'écria-t-elle, cela m'est un assez dur crève-cœur que de savoir qu'il n'y a plus de ressource et qu'il est perdu sans espoir ! Je me suis assez débattue contre mes Voix, quand elles m'annoncèrent sa perdition, mais elles ne se sont jamais démenties et elles m'ont soumise à la fin ! Et v'là bien des années, car, même avant qu'il reparût dans le pays, je causais de lui, quand j'étais seule avec mes pensées. Vère, sa fille, la Sainte de Néhou, ne gagnera le ciel que pour elle, mais le père est réservé au feu.

— Et même dès cette vie, à ce qu'il paraît, — dit le vicomte Ephrem avec la légèreté d'un grand seigneur qui plaisante de tout, — car voyez comme les combles du Quesnay brillent ! Votre vieux damné de Sombreval est, pardieu ! bien capable de l'incendier un de ces soirs, s'il continue à se chauffer de ce bois-là.

— Ah ! — fit la Malgaigne, dont la tête se montait toujours vite, dès qu'on parlait de Sombreval, — il vaudrait mieux pour lui qu'il roulât vivant dans les feux qu'il allume que dans ceux qui lui couvent déjà sous les pieds ! Pour ceux-là, rien ne les éteindra, ni prières, ni larmes. Non ! quand on en verserait autant qu'il y a de gouttes d'eau dans l'étang du Quesnay ou de feuilles qui y tombent par les ventées d'automne !... Croyez-vous que je n'aie pas prié et pleuré ?... Certes ! mes prières ne pèsent pas devant Dieu le poids de celles de

Calixte, la sœur des Saints Innocents, et l'eau croupie de mes vieux yeux ne compte pas devant ses belles larmes, mais Dieu prend tout et ne regarde pas, comme l'avare, au denier qu'on lui donne, et j'ai donné tout ce que j'avais !

J'ai payé bien des messes pour Sombreval avec les sous de ma journée. J'ai fait bien des des douzaines de communions et suis allée bien des fois, pieds nus, à la Délivrande du Mont de Rauville, et ça a été en vain ! Les Voix ont ri de moi et m'ont dit avec ironie : « Tu pleurerais à creuser le caillou du chemin et tu vidrais tous les ciboires de leurs hosties que tu ne pourrais pas le sauver ! »

— Taisez-vous ! dit l'abbé Méautis, pour cette fois sévère ; c'est assez de visions comme cela ! Vous êtes ma pénitente, la Malgaigne, et comme votre pasteur et votre confesseur, je vous défends de mêler ces honteuses et sacrilèges folies aux notions que l'Eglise nous donne de l'inépuisable bonté du Sauveur !

Le ton qui accompagnait ces paroles si peu ordinaires à ce prêtre, aussi doux que l'était son nom, imposa silence à l'enthousiasme de la Malgaigne, qui se tut comme si Dieu lui-même avait parlé. Réprimandée par un homme à qui la réprimande coûtait un effort et était plus amère qu'à la personne qui la méritait, la vieille filandière, confuse et troublée, resta un instant sur la butte après que le vicomte de Néhou et Bernard de Lieusaint furent remontés dans le char-à-bancs où ils donnèrent place au curé. Elle aimait et respectait son pasteur. Elle le regardait avec juste raison comme le plus saint prêtre de la contrée, et ce qu'il lui avait dit avec une voix qu'il n'avait jamais avec elle lui était allé droit au cœur.

Intelligente comme elle l'était, elle avait bien compris tout le sens des paroles du curé, et elle les opposait, dans sa conscience remuée, aux superstitions qui dominaient sa vie et asservissaient sa crédulité. Sa nature donnée, c'était déjà beaucoup pour elle que la Chrétienne eût ployé un instant cette tête hallucinée, car la Visionnaire devait la relever, mais plus tard. Aujourd'hui, toute à l'impression que venait de lui causer l'abbé Méautis, elle descendit la butte Saint-Jean, aussi agitée de voir dans la nuit de son âme deux vérités contraires, en qui elle croyait également, que si elle avait vu, des yeux de son corps, deux soleils !

C'était un tel désordre en elle qu'elle dépassa la grille du Quesnay sans l'apercevoir. — « Si le prêtre avait raison ! se disait-elle. Si tout n'était pas dit et qu'il fût temps encore ! Si mes Voix étaient de fausses Voix !! les menteries des Mauvais Esprits qui *déganent* [1] les bons dans les airs quand la nuit est tombée, — car le Démon, c'est le Prince des Airs et des Ténèbres ! » — Et rejetée de ce côté par sa pensée, elle revint brusquement sur ses pas et fit ce qu'elle n'avait pas fait depuis que Sombreval était au Quesnay.

Elle passa son bras entre les barreaux de la grille, qu'elle ouvrit, et bravement entra. La nuit était noire et sans étoiles. Les Herpin dormaient dans leur ferme comme ils dormaient tous au château, excepté Sombreval qui, selon son usage, veillait sous son toit, brillant comme un phare. Et c'était un phare, en effet, allumé, non plus sur l'abîme de la mer, mais sur les abîmes de la science, et pour sauver aussi la vie à un être qui périssait !

Tout était si profondément silencieux dans l'air de cette nuit tranquille qu'on entendait par une des lucarnes, restée ouverte, sans doute à cause de l'extrême chaleur du laboratoire, le ronflement de la flamme, grondant dans le fourneau du chimiste.

— Sombreval ! — cria la fileuse, d'une voix à laquelle son émotion donna de la force, — Sombreval !

Il parut dans l'orbe de flammes, et comme

1. Contrefont.

les sens de cet homme complet valaient son intelligence :

— C'est toi, la Malgaigne, qui m'appelles, dit-il. Attends, ma vieille mère, je descends !

Quelques secondes après, il ouvrait la porte vitrée du perron et descendait, un flambeau à la main.

— Ah ! dit-il joyeusement, car il sortait de faire une expérience dont il était content et il espérait — tu te décides donc à venir au Quesnay, ma vieille entêtée ?

Mais, avec un mot, la Malgaigne souffla sur sa joie :

— J'y viens, mais je n'y entre pas, fit-elle. Et toi, Jean, qui m'appelles entêtée, tu es plus entêté que moi !

— C'est toi qui m'as élevé, — répondit Sombreval avec ironie. — Il n'est plus temps de te plaindre de ton œuvre, la Malgaigne. Molle d'abord, l'argile devient dure, et la main qui l'a pétrie ne l'arrache pas du mur dont elle joint les pierres, une fois qu'elle y a séché.

— Mais les murs, même bâtis à la chaux, se renversent, — fit-elle presque irritée. Et pourquoi ne renverserais-je pas tout cet orgueil que j'ai bâti de mes deux misérables mains ?... Pourquoi, moi qui ai fait le mal et qui m'en repens, ne pourrais-je pas le réparer, en te rendant semblable à moi, comme je suis maintenant, après t'avoir fait d'abord comme j'étais?... Sombreval, Jean Sombreval, écoute-moi. Je t'adjure de m'écouter encore cette fois. Ce sera a dernière.

Il ne s'agit pas de ta vie ce soir, comme le jour de l'étang. Il ne s'agit pas de Calixte, ni de Néel de Néhou, ni de tes espoirs fous ou des siens. Vous êtes tous perdus ! Vous vous croyez vivants, vous ne l'êtes plus. Vous êtes morts. Je vous vois tous morts, couchés dans vos tombes, aussi clairement que si le dessus en était de verre. Il ne s'agit plus, Jean, de *rien de toi* que de ton âme, — de ton âme qui ne mourra point parce que tu meurs et qui peut-être, disait tout à l'heure l'abbé Méautis, n'est pas encore condamnée au tribunal de Celui qui doit tout juger ! Ah ! mon pauvre Jean ! est-ce que tu ne feras rien pour ton âme ? Tu n'es pas remonté sur l'étang. Tu ne m'as pas crue, mais tu as donné cette joie à ta fille de ne pas remonter sur cette eau.

Eh bien ! ne me crois pas encore, mais donne à cette enfant, mise, par toi, vivante dans le Purgatoire, de te savoir au moins délivré de l'Enfer ! Tiens, je m'en retournais à Taillepied et j'avais déjà dépassé ta demeure ; une idée m'a saisie. Il y a des idées qui sont la main de Dieu dans les cheveux !... C'est cette main-là que j'ai sentie me lever de terre et me porter ici pour te jeter ce dernier cri : « Aie pitié de ton âme, Jean ! »

Tu as renié comme Pierre, mais Pierre a pleuré. N'imite pas Judas, toi qui as été un apôtre : n'aurais-tu donc plus rien d'un homme? N'y aurait-t-il donc plus rien, — ce *qui s'appelle rien*, — que je puisse remuer dans cette poitrine que j'ai tant réchauffée contre la mienne, quand tu étais petit ?...

Et avec l'autorité familière et tendre d'une mère, elle caressait de sa main sèche cette poitrine d'Ésaü qu'il avait à moitié nue, car, à son fourneau, Sombreval se mettait à son aise comme un forgeron. A la voix de la Malgaigne, il était venu tout à coup comme il était là-haut, cette nuit-là, avec sa chemise ouverte, sa cravate rejetée, et ses cheveux balayés de son front jupitéréen par l'ardente main de la Préoccupation.

Mais il n'y avait plus que les foudres de la matière qui pussent pénétrer dans cette poitrine endurcie :

— Si Calixte y a perdu ses larmes, tu me pardonneras de ne pas t'écouter, ma vieille mère, — dit-il avec une bonté calme qui expirait au bord du mépris, mais qui n'y entrait pas.

— Ah ! je ne suis pas ta vieille mère, Jean, et tu me l'as prouvé ce soir, fit-elle désespérée. — Elle sentait amèrement que tout se brisait contre cet homme de bronze, — plus dur que le pied de bronze du flambeau qu'il tenait à la main et qui lui éclairait sa tête nue, forte et impassible, comme un globe qui obéit à sa loi !

— Je crois au sang, — fit-il, le chimiste, — et que rien ne peut le remplacer ! Il fait ce que vous autres appelez l'âme. Il fait les sentiments, la famille, l'amour de l'enfant pour la mère et de la mère pour l'enfant. Mais tu le vois, la Malgaigne, mon sang, ma chair, ma Calixte n'obtient pas plus de moi que toi de son père. N'en parlons plus, — ajouta-t-il, — et entre au lieu de rester à ma porte ! La nuit est épaisse ; Taillepied, loin ! Viens t'asseoir et te chauffer au feu du fourneau de ton fils Jean. Nous nous rappellerons l'ancien temps. J'ai des cordiaux pour ta vieillesse :

Mais pleine d'un ressentiment farouche :

— Moi ! entrer chez toi, Jean ! fit-elle. Tu viens de murer la seule porte par laquelle j'aurais pu passer !

Et son visage, pâle comme un linceul, recula, et disparut du cercle lumineux que formait la lueur du flambeau de Sombreval, au bas du perron, sur le gazon ovale. Sombreval le leva plus haut pour voir plus loin, et il aperçut la grande fileuse qui, le dos tourné, s'en allait muette dans l'ombre... Il ne la rappela pas.

Que lui aurait-il dit ? Il faillit prendre son bâton de houx et la suivre pour la protéger à cette heure de nuit, dans ces chemins creux que l'on apppelle encore présentement dans le pays des *Males Rues*. Mais il écarta vite cette pensée. Il avait à reprendre sa tâche, — le travail dans lequel il usait ses nuits ; et oubliant tout comme Newton, dans l'absorption de ce problème, auquel il pensait toujours, il prit le perron et remonta.

FIN DU TOME PREMIER

Achevé d'imprimer

le douze juin mil huit cent quatre-vingt-un

PAR CHARLES UNSINGER

POUR

ALPHONSE LEMERRE, ÉDITEUR

A PARIS

PETITE BIBLIOTHÈQUE LITTÉRAIRE
(AUTEURS CONTEMPORAINS)

Volumes petit in-12 (format des Elzévirs)
imprimés sur papier vélin teinté.
Chaque volume : 5 fr. et 6 fr.

Chaque ouvrage est orné d'un portrait gravé à l'eau-forte.

ANTHOLOGIE DES POÈTES FRANÇAIS depuis le XVᵉ siècle jusqu'à nos jours. 1 volume. . . . . 6 fr.
ANTHOLOGIE DES PROSATEURS FRANÇAIS depuis le XIIᵉ siècle jusqu'à nos jours. 1 vol. . . . . 6 fr.
LOUIS BOUILHET. *Festons et Astragale.* — *Melænis.* — *Dernières poésies.* 1 vol. . . . . 6 fr.
ALPHONSE DAUDET. *Lettres de mon Moulin.* 1 vol. . . 6 fr.
— — *Le Petit Chose.* Histoire d'un enfant. 1 vol . . . . 6 fr.
ALBERT GLATIGNY. *Poésies complètes.* — *Les Vignes folles.* — *Les Flèches d'or.* — *Gilles et Pasquins.* 1 vol. 6 fr.
JULES DE LA MADELÈNE. *Le Marquis des Saffras.* 1 vol. 6 fr.
VICTOR DE LAPRADE. *Psyché, Odes, Harmodius.* 1 vol 6 fr.
— — *Les Symphonies, Idylles héroïques.* 1 volume . . . . 6 fr.
— — *Poèmes civiques.* — *Tribuns et courtisans.* 1 vol. . . . . 6 fr.
— — *Les Voix du Silence.* — *Le Livre des Adieux.* 1 vol. . . . . 6 fr.
LECONTE DE LISLE. *Poèmes barbares.* Nouvelle édition considérablement augmentée. 1 volume . . . 6 fr.
ANDRÉ LEMOYNE. *Poésies (1855-1870). Les Charmeuses Les Roses d'antan.* 1 volume . . . . 6 fr.
LEOPARDI *Poésies et Œuvres morales.* Première traduction complète précédée d'un essai sur Leopardi, par F.-A. AULARD, professeur à la Faculté des lettres de Poitiers. 3 vol. Chaque vol. . . . . 6 fr.
* LE LIVRE DES SONNETS, avec préface par CH. ASSELINEAU. 1 volume . . . . 6 fr.
XAVIER DE MAISTRE. *Voyage autour de ma chambre.* — *La Jeune Sibérienne.* — *Le Lépreux.* 1 vol. . . 6 fr.
— *Fragments; correspondance inédite,* avec une notice et des notes par M. EUG. RÉAUME. 2 vol. . . . 12 fr.
8 Eaux-fortes dessinées et gravées par DUPONT, pour illustrer les *Œuvres de Xavier de Maistre* . . . 12 fr.
PAUL DE MUSSET. Biographie d'Alfred de Musset. 1 vol. 6 fr.
— — *Originaux du XVIIIᵉ siècle.* 1 vol. . . 6 fr.

PARIS. — CH. UNSINGER, imprimeur, rue du Bac, 83.

www.ingramcontent.com/pod-product-compliance
Lightning Source LLC
Chambersburg PA
CBHW050805170426
43202CB00013B/2564